GERNOT BAUER
ROBERT TREICHLER

KICKL

UND DIE ZERSTÖRUNG EUROPAS

Paul Zsolnay Verlag

Mit freundlicher Unterstützung der
Kulturabteilung der Stadt Wien,
Literatur und Wissenschaft, und des
Zukunftsfonds der Republik Österreich

1. Auflage 2024

ISBN 978-3-552-07503-0
© 2024 Paul Zsolnay Verlag Ges. m. b. H., Wien
Satz: Nele Steinborn, Wien
Autorenfoto: © R. Kahrer/Zsolnay Verlag
Umschlag: Anzinger und Rasp, München
Druck und Bindung: GGP Media GmbH, Pößneck
Printed in Germany

 MIX
Papier | Fördert
gute Waldnutzung
FSC® C014496

KICKL
UND DIE
ZERSTÖRUNG
EUROPAS

VORWORT

Herbert Kickl hat laut Umfragen in der österreichischen Bevölkerung einen Bekanntheitsgrad von 97 Prozent, und wem er nicht spätestens im bevorstehenden Nationalratswahlkampf medial oder sogar persönlich über den Weg läuft, der sollte seine Sinnesorgane durchchecken lassen. Der Parteichef der Freiheitlichen Partei Österreichs (FPÖ), Spitzenkandidat und selbsternannte »Volkskanzler« war bisher 16 Jahre Nationalratsabgeordneter, eineinhalb Jahre Innenminister und somit so lange im Rampenlicht der Berichterstattung, dass alle Politikinteressierten wissen, was man über Herbert Kickl wissen muss. Sollte man meinen.

Tatsächlich ist über den Mann, der von sich behauptet, volksnaher zu sein als seine Mitbewerber, erstaunlich wenig bekannt. Seine Familiengeschichte, seine Jugend, sein Weg zur FPÖ, sein Aufstieg zum Parteichef – all das bleibt bisher weitgehend im Dunkeln. Verantwortlich dafür ist vor allem einer: Herbert Kickl. Herbert Kickl, der zwar medial allgegenwärtig scheint, aber zur sprichwörtlichen Sphinx mutiert, sobald es um Details aus seinem Leben geht. Keine einzige Homestory gibt es von ihm, sein Lebenslauf ist karg wie Haferflocken, sein Lieblingsfrühstück. Immerhin das hat er in einem Interview mit dem Radiosender Ö3 verraten. Aber sonst? Wer waren seine Eltern, seine Großeltern? Wie ist er aufgewachsen? Wie kam er zur FPÖ? Die ungewöhnlich vielen weißen Flecken im Bild von Herbert Kickl sind der Ausgangspunkt für dieses Buch. Daraus folgt dessen Ziel: die Herkunft, den Charakter und Lebenslauf des möglicherweise ersten FPÖ-Kanzlers der Republik Österreich zu ergründen und zu beschreiben.

Herbert Kickls Biografie zu schreiben, enthält ein unbestreitbares Risiko, nämlich den Vorwurf, man erhöhe dadurch die Bedeutung eines umstrittenen Politikers. Ebenso gut möglich ist es allerdings, dass einem dieselben Leute vorwerfen, man habe ihn sträflich unterschätzt, wenn man sich nicht der Mühe unterzieht, seine Geschichte vollständig zu be- und durchleuchten.

Wir haben Herbert Kickl zu Beginn unserer Recherchen kontaktiert und über unser Projekt informiert. Mehrmals haben wir ihn entweder direkt oder über seine Mitarbeiter um ein Gespräch gebeten, um ihm Fragen zu stellen. All dies hat er abgelehnt.

Gernot Bauer hat in seinem Job als innenpolitischer Redakteur des Nachrichtenmagazins *profil* Herbert Kickl über viele Jahre beobachtet und ihn oft interviewt, zuletzt im Juni 2023. Bauers Kenntnis der Person Kickl ist so fundiert, wie eine jahrzehntelange professionelle Beziehung zwischen einem Journalisten und einem Politiker sein kann. Nicht zuletzt daraus schöpft dieses Buch viele Details und Zusammenhänge.

Wir haben bei der Recherche mit vielen Menschen gesprochen, die Herbert Kickl begegnet sind. In seiner Kindheit in Radenthein, am Gymnasium in Spittal an der Drau, während seines Studiums und natürlich später, als er seine Parteikarriere begann und bis zum Bundesparteiobmann aufstieg. Darunter sind ehemalige Nachbarn, Lehrer, Freunde, (ehemalige) Parteifreunde und politische Gegner, Menschen, die ihn seit langem begeistert unterstützen, und andere, die von ihm enttäuscht sind. Nicht alle wollten namentlich genannt werden, was wir selbstverständlich respektieren.

Diese Biografie hat die Besonderheit, dass sie sich an einem Punkt von der Person, die sie zeichnet, scheinbar entfernt.

Dies dient dem besseren Verständnis des Porträtierten, denn Herbert Kickl hat zwar wie jeder Mensch eine individuelle Geschichte, als Politiker ist er jedoch Teil einer Bewegung, die überall in Europa – und darüber hinaus – die politische Landschaft verändert. Man nennt sie den Rechtspopulismus, einen Begriff, den Kickl für sich ablehnt, der jedoch sowohl in der Politikwissenschaft als auch im weiteren Sprachgebrauch verwendet und verstanden wird. Robert Treichler verfolgt als außenpolitischer Redakteur des *profil* seit langem den Aufstieg der europäischen Rechtspopulisten. Er hat ihre Parteitage besucht, Wahlkämpfe verfolgt, unter anderem Marine Le Pen (Rassemblement National), Geert Wilders (Partei für die Freiheit) und Ungarns Außenminister Péter Szijjártó interviewt und vor allem mit vielen Anhängerinnen und Anhängern rechtspopulistischer Parteien intensive Gespräche geführt. Auch wenn Kickl ein österreichischer Politiker ist, zumal ein dezidiert nationaler, so ist seine politische Bedeutung nur zu erfassen, wenn man seinen Aufstieg im Zusammenhang mit Gleichgesinnten beschreibt, die sehr ähnliche Wege gehen: Alice Weidel, Marine Le Pen, Matteo Salvini, Geert Wilders, Viktor Orbán und etliche mehr. Was sie vereint, ist ihr gemeinsames Ziel: Sie alle wollen Europa von Grund auf verändern.

Lesen Sie dieses Buch, und Sie werden Dinge über Herbert Kickl erfahren, die Sie bisher nicht wussten, und vielleicht auch Zusammenhänge sehen, die Ihnen noch nicht klar waren. Eine Politikerbiografie enthält unweigerlich auch Wertungen und ist deshalb auch ein politisches Buch. Das vorliegende fügt sich nicht in die Reihe der bereits vorhandenen aktivistischen Publikationen, im Vordergrund steht das Bemühen, Herbert Kickl als Person und als Politiker fassbar zu machen.

Wir haben gute Gründe, uns bei vielen Menschen zu bedanken, ohne die wir dieses Buch nicht hätten schreiben können: bei allen, die bereit waren, mit uns über Herbert Kickl zu sprechen. Um dessen Familiengeschichte zu dokumentieren, konsultierten wir Archive in Österreich und Deutschland, auch für deren Arbeit bedanken wir uns. Wichtige Hinweise gab uns Michael Eisenriegler in seiner Eigenschaft als Ahnenforscher (genealogie.mediaclan.at). Selbstverständlich haben wir bei der Recherche auf Informationen zurückgegriffen, die bereits in Texten und Beiträgen von Kolleginnen und Kollegen vorlagen. Besonders hervorheben wollen wir die Arbeiten von unserer *profil*-Kollegin Christa Zöchling und von Nina Horaczek vom *Falter*. Sehr hilfreich war auch Martin Kowatsch, Autor des Buches »Radenthein – Arbeiterleben und Wirtschaftswandel – zur Entstehung eines Weltkonzerns«.

Schließlich gilt unser Dank dem Zsolnay Verlag und besonders dessen Leiter Herbert Ohrlinger, der sich, ohne zu zögern, auf unser Projekt einließ, und der uns zudem mit seiner Expertise als Lektor zur Seite stand.

Gernot Bauer und Robert Treichler
Wien, im Februar 2024

EINLEITUNG

Der 6.März 2021 ist ein kalter, klarer Spätwintertag. Die Sonne scheint bereits in der Früh, aber die Temperatur erreicht in Wien bis Mittag gerade sechs Grad. Doch ist die Stimmung in der Stadt an jenem Samstag fiebrig und politisch aufgeheizt. Der Ursprung des eskalierenden Konflikts ist die Covid-19-Pandemie. Über Monate hat sich eine Bewegung gebildet, die alle Maßnahmen kategorisch ablehnt, die von der Bundesregierung zur Eindämmung der Infektionszahlen getroffen werden. Esoteriker, Impfskeptiker, Verfechter der Alternativmedizin, Anhänger von Verschwörungsmythen, anarchistische Hippies und vor allem viele Regierungsgegner aus dem rechten Lager – bis hin zu Rechtsextremen – haben sich zu einer seltsamen, explosiven Menge zusammengefunden.

Ein Mann spürt von Anfang an, dass ihm diese Bewegung nützen wird, und er schürt ihre Aufgebrachtheit, wo immer er kann: Herbert Kickl, zu diesem Zeitpunkt Klubobmann der FPÖ. An diesem Samstag wird er dabei sein, ja mehr als das. Der 6.März 2021 wird für Kickl zu einem Triumph, der ihm bewusst macht: Ich bin mehr als der Antreiber, der Schlagwortlieferant – ich bin selbst die Nummer eins. Es ist ein folgenschwerer Moment in Kickls politischer Karriere, es ist ein schicksalhafter Moment für Österreich, womöglich für Europa.

Nicht weniger als 34 Demonstrationen sind in Wien angemeldet worden. Darunter solche, deren Forderungen geringes Echo finden würden, wie etwa »Österreich braucht Jesus« und »Für die Entschleunigung für Mutter Erde und für Menschenwürde als Grundrecht«. Die meisten jedoch vereint dasselbe Thema: die Maßnahmen der Regierung gegen die Covid-

19-Pandemie. »Corona-Wahnsinn«, »Gegen Corona Diktatur«, »Corona und seine Folgen!«, »Wirtschaftliche Folgen durch Corona«, »Spaziergang für die Freiheit«, »Für die Freiheit« und »Schluss mit experimentellen GenImpfungen und unverhältnismäßigen Maßnahmen!« lauten ihre Slogans. Sie alle wurden behördlich untersagt, da die Behörden davon ausgehen, dass während dieser Kundgebungen die Schutzmaßnahmen gegen Covid-19-Infektionen missachtet würden. Zur Erinnerung: Zu diesem Zeitpunkt muss auch im Freien eine FFP-2-Maske getragen und zu anderen Personen ein Mindestabstand von zwei Metern eingehalten werden.

Dass Demonstrationen wegen des Verbots abgesagt werden, glaubt niemand, am wenigsten die Exekutive selbst. Insgesamt 1521 Polizistinnen und Polizisten, darunter Beamte der Sondereinheit WEGA, werden einberufen, um, in den Worten des damaligen Innenministers Karl Nehammer, »eine Eskalation im Sinne einer Gefahr für Leben, Gesundheit und körperliche Unversehrtheit« zu verhindern.

Tausende Teilnehmer strömen bereits am Vormittag an die Orte der untersagten Kundgebungen, darunter Mitglieder der Identitären Bewegung, Anhänger der »Reichsbürger« und amtsbekannte Rechtsextreme wie Gottfried Küssel. Die Polizei versucht, die schließlich 20 000 Menschen durch die Stadt zu lotsen und Ausschreitungen zu verhindern – aufhalten können sie die Märsche nicht.

Am späten Nachmittag ziehen die Demonstranten auf einer nicht angemeldeten Route vom Maria-Theresien-Platz an der Wiener Ringstraße bis in den Prater. Auf der Jesuitenwiese ist eine Bühne mit Lautsprecheranlage aufgebaut. »Für unser Österreich – Freiheit, Demokratie, Grundrechte« ist auf dem rotweiß-roten Transparent im Hintergrund zu lesen. Österreich-

Fahnen werden geschwenkt, auch eine deutsche und eine israelische Flagge, Transparente fordern »Kurz muss weg«. Die Sonne steht tief, die Demonstranten warten auf den Höhepunkt des Tages: Herbert Kickl tritt vor das Mikrofon. Er trägt eine blaue Sportjacke mit türkiser Kapuze, legt sein Manuskript auf das Rednerpult und lässt den Blick über die Menge gleiten. Es ist nicht seine erste Rede an diesem Tag, schon am Heldenplatz hat er gesprochen, aber jetzt ist er beeindruckt. »Liebe Freunde der Freiheit!«, beginnt er. »Es gehört schon einiges dazu, dass es mir die Sprache verschlägt, aber heute bin ich knapp davor angesichts der Menschenmassen, die hier zusammenstehen, um für unsere Freiheit und Demokratie einzutreten!« Freudenbekundungen gehören nicht zum rhetorischen Standard-Repertoire des freiheitlichen Klubobmanns. Er gibt fast immer den Scharfmacher, attackiert, haut hin, provoziert. Kickl ist der Meister zorniger Formulierungen. Jetzt aber ist er vom Zuspruch überwältigt und zeigt es auch. Am Weg in den Prater habe er viele tolle Slogans gesehen, sagt er und ruft einen davon in die Menge: »Kurz wegkickln«, und im Kärntner Dialekt fügt Kickl hinzu: »Des gfollt ma guat!« Die Leute jubeln.

Kickl ist der Star. Vierzig Minuten lang wird er die Menge einschwören auf den »Sieg« und die »Rückgewinnung unserer Freiheit«. Er zieht Parallelen zu »denjenigen, die vor uns für die Freiheit gekämpft haben und dafür Verfolgung in Kauf genommen haben«. Es ist nicht klar, wen er damit meint. Kickl liebt es, seine ideologischen Positionen mit Geschichte aufzuladen. Und mit Bedeutungsschwere: »Wir lösen ihnen gegenüber eine Schuld ein!«

Rasch ist die positive Ouvertüre verklungen, und die Menge der Wütenden bekommt, was sie nährt: Schmähungen des

»Systems, das gegen uns ankämpft«, und Verachtung für »die da oben, die uns beherrschen wollen, egal ob in Berlin, ob in Paris oder sonst wo auf dieser Welt«.

Applaus, Jubel, Parolen. Kickl skandiert mit: »Kurz – muss – weg! Kurz – muss – weg!« Bundeskanzler Sebastian Kurz steht hier für das System, für Die-da-oben und für alle Anti-Covid-19-Maßnahmen sowieso.

Kickls Rede besteht nicht bloß aus aneinandergereihten Phrasen. Gewissenhaft hat er sich auf diesen Auftritt vorbereitet. Mit einem kurzen Ausflug in die Philosophie leitet er den Begriff der Freiheit her und zitiert aus Jean-Jacques Rousseaus »Gesellschaftsvertrag«: »Der Mensch ist frei geboren, und überall liegt er in Ketten.« Dieser Satz habe sich während seiner Studienzeit »bis ins Mark eingebrannt«, sagt Kickl, der sein abgebrochenes Philosophie-Studium noch einmal strapaziert und sich und der Menge (annäherungsweise) in Kants Worten bescheinigt: »Wir haben Mut, unseren eigenen Verstand zu benutzen.« Gemeint ist im konkreten Fall allerdings recht profan: anstatt auf die Ratschläge der Epidemiologen zu hören.

Vierzig Minuten Aufmerksamkeit, vierzig Minuten Applaus. Dem drahtigen Mann am Mikrofon tost die Verehrung der Masse entgegen. Am Ende liest er ein selbst verfasstes, fünfstrophiges Gedicht vor, in dem er »nicht alle beugen ihr Haupt« auf »statt leise sind wir laut« reimt; sogar dafür gibt es Beifall.

Die Position im Mittelpunkt ist eigentlich nicht diejenige, die Herbert Kickl für sich beansprucht. Er gibt wenig von sich und seiner Herkunft preis, lediglich, dass er aus »kleinen Verhältnissen« stammt. Von da schaffte er es dank seiner intellektuellen Begabung, besonders seines sprachlichen Talents, in die Politik. Doch Kickls Aufstieg endete stets auf Platz zwei. Er war der Mann hinter FPÖ-Chef Jörg Haider, dessen Reden er schrieb; dann hinter dessen Nachfolger Heinz-Christian Strache, jetzt wieder hinter dessen Nachfolger Norbert Hofer. Mehr als ein Vierteljahrhundert im Schatten des jeweiligen Anführers zu stehen, kann zermürben. »Herbert, Herbert, Herbert«, skandiert die Menge in der Abendsonne im Prater. Parteichef Norbert Hofer ist nirgendwo, weder ist er hier präsent noch in der erbittert geführten Debatte. Hofer verweigert die Scharfmacherei gegen die Covid-19-Maßnahmen und lässt sich sogar impfen.

Die gedankliche Radikalität, seine scharfe Argumentationsweise und auch sein politisches Handeln standen Kickl lange im Weg. Jetzt aber entspricht diese Radikalität dem Zeitgeist, vor allem wenn sie politisch rechts beheimatet ist. Nicht nur in Österreich. Europa hat in den vergangenen zwei Jahrzehnten eine enorme politische Umwälzung erfahren. Als die FPÖ unter Kickls Ziehvater Haider im Jahr 2000 als Koalitionspartner der christlich-sozialen ÖVP in die Regierung eintrat, empfand die politische Klasse in Europa dies als Tabubruch. Heute tragen rechtspopulistische Parteien in mehreren Staaten der Europäischen Union Regierungsverantwortung, und es gibt kaum ein Land, in dem sie bei Wahlen nicht auf den vorderen Plätzen liegen.

Hinter diesen Wahlergebnissen steckt eine Werteverschiebung nach rechts, eine politische Kulturrevolution, die auf allen gesellschaftlichen Ebenen zu spüren ist. Kickl hat diese Entwicklung mitgestaltet, er ist ein Teil von ihr. Er prägt die FPÖ zwar in einem anderen Stil als Marine Le Pen, Matteo Salvini, Alice Weidel und andere Parteichefs ihre jeweilige rechtspopulistische Formation. Aber gemeinsam bilden sie eine politische Macht, deren Aufstieg in Europa anhält.

Mit ihr wächst der Rechtsextremismus vom Randphänomen zu einer beunruhigenden politischen Größe. Alle rechtspopulistischen Parteien haben entweder Wurzeln im Rechtsextremismus, oder sie pflegen Kontakte zu rechtsextremen Gruppierungen und Personen – oder beides. Herbert Kickl weist – wie alle Rechtspopulisten – jeglichen Extremismus von sich, Berührungsängste kennt er in dieser Richtung allerdings kaum. Das Transparent „Kurz wegkickln", das er am 6. März 2021 von der Bühne aus lobend hervorhebt, wird von Mitgliedern der Identitären Bewegung in die Höhe gehalten. Diese Gruppe, die laut Bundesamt für Verfassungsschutz und Terrorismusbekämpfung (BVT) »exemplarisch für den Bereich des sogenannten modernisierten Rechtsextremismus« steht, nennt Kickl eine »NGO wie Greenpeace oder Global 2000«.

Wo endet bei Kickl die Lust an der Provokation, und wo beginnt die gefährliche Drohung?

Nach seinem umjubelten Auftritt im Prater ist jedem – sowohl den Beobachtern als auch Kickl selbst – bewusst, dass er bald die neue Nummer eins in der FPÖ sein würde. Die Journalistin Christa Zöchling schreibt damals im Nachrichtenmagazin *profil*: »Er weiß um die Macht der Straße und nützt sie. Parteichef Norbert Hofer wird da nicht mehr viel tun können, auch wenn er wollte.« Drei Monate später gibt Hofer seinen Rücktritt als FPÖ-Parteiobmann bekannt.

Seit Kickl die Partei übernommen hat, ist sie in den Umfragen vom dritten Platz auf den ersten Platz vorgestoßen, und von 17 Prozent auf knapp dreißig. Bei den Nationalratswahlen im Herbst 2024 will Kickl die FPÖ auf Platz eins führen und danach eine Regierung bilden – als »Volkskanzler«, wie er es nennt. »Wir sind das Volk«, rufen seine Anhänger auch am 6. März in den Straßen. Die Polizei zählt rund um die Demonstrationen 3183 Anzeigen und 42 Festnahmen.

Die Herbert-Kickl-Story handelt von dem am schwierigsten einzuschätzenden Kanzlerkandidaten der zweiten österreichischen Republik. Lange Zeit als politisches Leichtgewicht abgetan, löst der ehemalige Innenminister – und der erste entlassene Minister seit 1945 – bei politischen Gegnern heute schwere Besorgnis aus. Der gegenwärtige Bundeskanzler Karl Nehammer nennt ihn ein »Sicherheitsrisiko«, Bundespräsident Alexander Van der Bellen warnt vor einem »starken Mann«.

Kickl selbst macht plakative Andeutungen, etwa dass er eine »Festung Österreich« errichten wolle, und er orakelt, dass »das Recht der Politik zu folgen hat und nicht die Politik dem Recht«. Niemand jedoch weiß, wie weit der »Volkskanzler« gehen würde. Wenn er sagt, dass er es »Orbán nachmachen« will, meint er damit die Migrationspolitik? Oder plant er, Österreich in einen sogenannten »illiberalen« Staat zu verwandeln, in dem Menschenrechte von Minderheiten, die Medienfreiheit und die Unabhängigkeit der Justiz weitgehend abgeschafft sind? Obwohl Kickl so offensiv formuliert wie niemand sonst in der österreichischen Politik, bleiben seine konkreten Absichten im Dunkeln. Weiß sein engster Kreis über seine Vorhaben Bescheid?

Auch das Privatleben des 1968 geborenen Kärntners ist abgesehen von ein paar dürren Fakten bisher ein Mysterium. Grund für diese Leere ist nicht mangelndes Interesse an seiner Person, sondern die Tatsache, dass Kickl allen Fragen dazu ausnahmslos ausweicht. Worin gründet seine Verschlossenheit? Wer kennt den Mann wirklich, der sich volksnah geben will?

Will man etwas über Herbert Kickl in Erfahrung bringen, muss man sich auf eine mühsame Spurensuche begeben.

Hier beginnt sie.

DER BUB AUS DER BERGBAUSTADT

Herbert Kickl wächst in bescheidenen Verhältnissen
in der Kärntner Provinz auf. Die Familie ist NS-belastet.

»Ich bin der Bub einer Arbeiterfamilie. Ich komme aus wirklich bescheidenen Verhältnissen. Ich bin in einer Arbeitersiedlung groß geworden.« Selten erzählt Herbert Kickl von seiner Herkunft, und Details erwähnt er auch diesmal nicht, als er beim »Heimatherbst«, dem FPÖ-Oktoberfest in der steirischen Gemeinde Hartberg, zu seinen Anhängern spricht. Er wirft in der Rede Bundeskanzler Karl Nehammer Abgehobenheit vor und präsentiert sich selbst als einen Mann, der auf dem Boden geblieben sei. »Ich habe meine Wurzeln und meine Herkunft nicht vergessen«, beteuert Kickl und fügt hinzu, dass er im Leben »sehr, sehr oft Glück« gehabt habe, denn man müsse die »richtigen Menschen und die richtigen Entscheidungen treffen«, und man brauche auch »ein bisschen Unterstützung vom Herrgott«.

Herbert Kickls Wurzeln liegen in der Kärntner Gemeinde Radenthein unweit des Millstätter Sees. Genauer: in der sogenannten Erdmannsiedlung. In der Bachstraße steht das kleine, gelb gestrichene Haus. An der Straßenseite im Erdgeschoß liegen neben der Eingangstür drei kleine Fenster, das mit Eternit-Platten gedeckte Dach ist tief heruntergezogen. Im ersten Stock befindet sich eine Dachgaube mit einem Fenster, und darüber, etwas versetzt, ein Schornstein. Klein ist das Haus, schlecht isoliert und im Inneren wegen der kleinen Fenster wohl recht dunkel. Zum Heizen dient ein Holzofen, der in der Küche steht.

Hier wächst Herbert Kickl auf, geboren am 19.Oktober 1968 in Villach. Er wohnt mit seinen Eltern, Andreas und Herta Kickl, im Erdgeschoß, in der Wohnung darüber lebt Leopoldine Lackner, seine Großmutter mütterlicherseits. Damals lautet die Adresse noch Erdmannsiedlung 79, die hübschen Straßennamen wie »Bachstraße« werden erst 2017 eingeführt. Die Familie wohnt zur Miete, Eigentümerin des Hauses ist die Gemeinnützige Wohnungs- und Siedlungsgesellschaft Neue Heimat. Rechts und links stehen weitere, identische Familienhäuser, weiter unten an der Straße gehen sie in Reihenhäuser über, doch der Bauplan ist immer derselbe. Alle wohnen gleich, allerdings haben die meisten Familien damals mehrere Kinder und leben deshalb gedrängter. Herbert ist ein Einzelkind.

Noch heute nennen manche Bewohner diesen Teil der Siedlung, der den Hügel hinauf am Rand des Waldes liegt, »Kanaltaler Siedlung«. Als Kanaltaler bezeichnete man Deutschsprachige, denen vom nationalsozialistischen Deutschland im Zuge der »völkischen Flurbereinigung« die Wahl gelassen wurde, aus dem Kanaltal, das seit dem Friedensvertrag von St.Germain von 1919 zu Italien gehörte, »heim ins Reich« zu kommen. Die meisten von ihnen entschieden sich nach 1939 für diese Option, und um die »Umsiedler« zu beherbergen, baute oder erweiterte der NS-Staat in Kärnten mehrere Siedlungen. Nichts deutet darauf hin, dass Kickl selbst von Kanaltalern abstammt, wohl aber manche seiner Nachbarn.

Weitere Häuser werden gebaut, vor allem, weil wegen des wirtschaftlichen Aufschwungs der Österreichisch-Amerikanischen Magnesit AG (ÖAMAG, heute: RHI Magnesita) immer mehr Arbeiter nach Radenthein ziehen. Die Siedlung bekommt offiziell den Namen Erdmannsiedlung, benannt nach Konrad Erdmann, einem Werksdirektor der ÖAMAG.

Es ist die Zeit der Patriarchen und der strengen Hierarchien. Der Generaldirektor wohnt in einer Werksvilla, Angestellte essen im Angestellten-Kasino, Arbeiter in der Werkskantine. Doch alle sind froh, einen Job bei der ÖAMAG zu haben, denn das Unternehmen bemüht sich, Leute nach Radenthein zu holen und sie hier zu halten. Die Arbeiter bekommen eine Kinderzulage, eine Wohnungszulage, sechs bezahlte Krankheitstage pro Jahr und drei freie Tage zur Gesundheitsvorsorge.

Herbert Kickl hat recht, wenn er von »wirklich bescheidenen Verhältnissen« in der Arbeitersiedlung spricht, in der er aufgewachsen ist. Doch die Familien in der Erdmannsiedlung sehen die Möglichkeit des sozialen Aufstiegs. Die Gehälter steigen, und wer sparsam ist, kann auf Urlaub fahren, ein Auto kaufen oder sein Kind in eine höhere Schule schicken. Die Welt, in die Herbert Kickl geboren wird, ist eine optimistische, und er wird von diesem Fortschritt profitieren.

Florian Johann Kickl, Herberts Großvater väterlicherseits, wird am 4. Mai 1904 in Sittich, einer Ortschaft der Gemeinde Feldkirchen in Kärnten geboren. Er ist das uneheliche Kind von Agnes Kickl, einer Dienstmagd, und wird katholisch getauft.

Am 7. Februar 1932 heiratet er Maria Reimann, geboren am 26. August 1909 als Tochter eines landwirtschaftlichen Hilfsarbeiters. Zu diesem Zeitpunkt haben die beiden bereits einen Sohn namens Walter. Florian Kickl ist Hilfsarbeiter. Das Ehepaar wohnt in Niederdorf, Ortschaft Sittich, in Feldkirchen. Florian und Maria Kickl werden laut dem Trauungsbuch der Diözese Gurk Eltern von 13 Kindern. Der uneheliche Sohn Walter wurde 1940 legitimiert.

Am 26. Februar 1933 tritt Florian Kickl der Nationalsozialistischen Deutschen Arbeiterpartei (NSDAP) bei. Er gibt als

Beruf »Hilfsarbeiter« an und erhält die Mitgliedsnummer 1451800, Ortsgruppe Feldkirchen. Die Mitgliedskarte wird am 23. März ausgestellt. Sie ist im Deutschen Bundesarchiv unter der Signatur »BArch R 9361-XI KARTEI / 19991558« archiviert.

Wenige Wochen vor Kickls Eintritt in die NSDAP, am 30. Jänner 1933, ist Adolf Hitler in Deutschland zum Reichskanzler ernannt worden, und seine Machtergreifung verleiht auch den österreichischen Nationalsozialisten Aufwind. Der Historiker Alexander Verdnik beschreibt in einem Beitrag für die *Kleine Zeitung*, wie die NSDAP in Feldkirchen dieses Ereignis feierte: »Am Abend des 6. März 1933 veranstaltete die zu diesem Zeitpunkt noch legale NSDAP in Feldkirchen zu Ehren des neuen deutschen Reichskanzlers Adolf Hitler einen Fackelzug. Um zirka 19 Uhr sammelten sich am Bahnhof rund 700 NS-Anhänger, die unter großem Jubel der Feldkirchner durch die Stadt marschierten. Danach fand im Hotel Feldkirchnerhof eine Massenversammlung statt.«

In Österreich setzt in den Monaten nach Hitlers Machtergreifung eine Terrorwelle ein. Nach einem tödlichen Attentat der Nazis in Krems wird die NSDAP schließlich am 19. Juni 1933 verboten. NSDAP-Mitglieder wie Florian Kickl sind jetzt illegal.

Die Nazis setzen ihre Anschläge und Propagandaaktionen auch nach dem Parteiverbot fort, wobei sie in Kärnten besonders aktiv sind. Historiker Verdnik berichtet von einem Vandalenakt auf die katholische Kirche von Bodensdorf, etwa zehn Kilometer von Feldkirchen entfernt. Unbekannte brechen in der Nacht zum 16. Juli 1933 in die neu erbaute Kirche ein und malen mit schwarzer Farbe Schmähungen an die Wände: »Heil Hitler« und »Nieder mit der schwarzen Brut«.

Am 8. Juli 1944 kommt Herberts Vater, Andreas Siegfried

Kickl, in Feldkirchen in Kärnten auf die Welt. Er ist im Eintrag seiner Eltern im Trauungsbuch als elftes Kind vermerkt. In den Geburtenbüchern der Diözese Gurk sind einige seiner Brüder auffindbar: Walter (1929), Volkmar (1940), Adolf (1941), Max (1942), Gerhard (1947), Anton (Geburtsjahr unleserlich). Am 1. August 1944, kurz nach der Geburt von Andreas Kickl, tritt Florian Kickl, Herberts Großvater, aus der Kirche aus. »Apostasiert und gottgläubig geworden«, lautet der Eintrag im Geburtenbuch. Der erste Begriff zeigt, dass Kickl die Kirche verlassen hat (Apostasie, der Abfall vom Glauben). Der Vermerk »gottgläubig« geht auf einen Erlass des deutschen Reichsinnenministeriums aus dem Jahr 1936 zurück, der festlegt, dass die bis dahin üblichen Einträge »dissident« und »konfessionslos« durch »gottgläubig« zu ersetzen sind. 13 Jahre später, am 4. Mai 1957, kehrt Florian Kickl laut Geburtenbuch »zur Kirche zurück«. Er stirbt am 4. Dezember 1970, Herbert ist zu diesem Zeitpunkt zwei Jahre alt.

Kickls Großvater mütterlicherseits, Johann Lackner, wird am 11. Jänner 1905 in der Ortschaft Lang im steirischen Bezirk Leibnitz geboren. Er ist der Sohn eines Bauunternehmers. Von Beruf wird er »Beamter der Versicherungsgesellschaft der Österreichischen Bundesländer«. Er wohnt in Niederdellach, einem Ortsteil von Radenthein in Kärnten. Am 27. September 1931 heiratet er dort Leopoldine Maier, Tochter eines Fleischermeisters aus Niederdellach. Sie ist am 1. April 1913 geboren und zum Zeitpunkt der kirchlichen Trauung 18 Jahre alt, nach damaligem Recht also minderjährig.

Johann und Leopoldine Lackner werden Eltern eines Mädchens, das den Namen Herta bekommt. Am 20. Oktober 1938 treten sowohl Johann als auch Leopoldine Lackner aus der katholischen Kirche aus. Johann dient laut Dokumenten des

Österreichischen Staatsarchivs während des Zweiten Weltkriegs bei einer Flak-Einheit der Luftwaffe der Wehrmacht. 1943 wird er zum Stabsgefreiten befördert. Bei Kriegsende gerät er in britische Gefangenschaft, aus der er im Oktober 1945 entlassen wird. Nach dem Krieg werden Johann und Leopoldine geschieden. Johann Lackner geht 1955 in Salzburg eine zweite Ehe ein. Er stirbt im April 1992 in Salzburg. Leopoldine Lackner bleibt mit ihrer Tochter Herta in Radenthein.

Hier lernen einander Andreas Kickl und Herta Lackner, Herberts Eltern, kennen. Andreas Kickl ist laut der Erinnerung eines damaligen Freundes gelernter Maurer, doch seine Leidenschaft gilt dem Fußball. Er spielt zunächst für den SV Feldkirchen, ehe er – vermutlich im Jahr 1965 – ein Angebot von der Werkssportgemeinschaft Radenthein bekommt. Die WSG Radenthein ist zu dieser Zeit ein finanziell gut ausgestatteter Verein, der in der Regionalliga Mitte spielt. Die drei Regionalligen bilden die zweite Leistungsstufe gleich unterhalb der Nationalliga, die der heutigen Bundesliga entspricht.

Der Verein WSG gehört der ÖAMAG, der die Gemeinde Radenthein ihre Bedeutung verdankt. Hatte der Ort zu Beginn des zwanzigsten Jahrhunderts gerade einmal zweitausend Einwohner, steigt diese Zahl bis Anfang der 1970er Jahre um das Dreieinhalbfache auf mehr als siebentausend.

Die ÖAMAG, Vorgängerin des heute an der Londoner Börse notierten Unternehmens RHI Magnesita, ist nicht nur die größte Arbeitgeberin im Ort. Das »Werk«, wie das Unternehmen bis heute in Radenthein genannt wird, kümmert sich um alle Lebensbereiche. In den 1920er und 1930er Jahren stiftet der Generaldirektor der Gemeinde zwei Kindergärten und übernimmt zwei Drittel der Kosten für den Bau einer Volksschule. Das Werk stellt den Arbeitern Baugründe zur Verfügung, hilft mit Krediten und Baustoffen, und es vergibt Wohnungen zur Miete. Neben der Werkskulturgemeinschaft, die den Bau einer evangelischen Kirche, Theatergruppen und eine Werkskapelle finanziert, betreibt das Unternehmen auch die Werkssportgemeinschaft mit zirka zwanzig Sparten: Schispringen, Basketball, Badminton, Gewichtheben, Fußball ... Ursprünglich zur Ertüchtigung der Arbeiter gegründet, entwickelt die WSG bald den Ehrgeiz, in den höchsten Ligen mitzuspielen.

So kommt Andreas Kickl aus Feldkirchen als Abwehrspieler zur WSG nach Radenthein. Er ist 21 Jahre alt, kampfstark am Feld und bei den Mitspielern beliebt. Hans Neuwirth, ein Mannschaftskollege, beschreibt ihn als ruhigen, introvertierten, jungen Mann. Einige der Spieler gehen gern und oft aus, doch der »Andi« ist da selten dabei. »Er war kein Trinker«, sagt Neuwirth. Manchmal wird die ganze Mannschaft nach dem Spiel zu einer Jause eingeladen. Einmal ist Kickl dabei, er hat seine Gitarre mitgebracht, erinnert sich Neuwirth. Das Instrument hat Kickl als Autodidakt erlernt. »Komm, Andi, spiel was, und wir singen«, sagen die Teamkollegen. Sie erwarten sich Kärntnerlieder. Doch Kickl sagt: »Das kennt ihr sicher alle«, und beginnt ein amerikanisches Lied zu singen: »Hang Down Your Head, Tom Dooley«. Alle lachen. Ein anderes Mal trägt Kickl ein Lied vor, dessen Text er selbst geschrieben hat. Es heißt: »O du mein Untertweng«. Untertweng ist eine Ortschaft in Radenthein.

Die Momente, in denen Andreas Kickl für andere Gitarre spielt, sind selten. Meist bleibt er der stille, freundliche Kumpel. Karl-Heinz Gross, ein anderer aus der Mannschaft, sagt, dass sich Kickl in der Siedlung um kranke Nachbarn gekümmert hat und für sie einkaufen gegangen ist. Auch er bestätigt, dass Kickl sehr zurückgezogen gewesen sei. Bei den späteren Treffen der ehemaligen Vereinskollegen sei er nie aufgetaucht. Von den Fußballspielern hat der zwei Jahre jüngere Franz Buchacher den engsten Kontakt zu Andreas Kickl. Er ist Torwart der WSG Radenthein, Betriebsrat im Werk und später SPÖ-Bürgermeister der Gemeinde. Auch Buchacher beschreibt Kickl als auffallend in sich gekehrt: »Am liebsten war er allein.« Doch er sei ein »durch und durch liebenswerter Mensch«, sagt Buchacher. Bei Auswärtsspielen teilen sich die beiden ein Hotelzimmer. Als sie einmal in Wien spielen, weckt Kickl Buchacher mitten in der Nacht auf.

»Was ist los, Andi?«

»Du, Franz, ich glaub, ich hab einen Toto-Zwölfer gemacht!«

Kickl hat mit einem Kollegen gemeinsam einen Toto-Wettschein abgegeben; zusammen haben sie ungefähr fünfzigtausend Schilling gewonnen. »Das war ein Haufen Geld«, erinnert sich Buchacher. Als Spieler verdient er 1500 Schilling pro Monat, plus 1000 Schilling für jeden Meisterschaftspunkt. Die meisten Spieler sind Amateure, arbeiten im Werk der ÖA-MAG und kicken am Wochenende für die WSG Radenthein. Beim Fußball verdienen sie mehr als im Werk.

Andreas Kickl ist in einer Abteilung beschäftigt, die für die Hauspost und den Kopierdienst zuständig ist. Bei der ÖA-MAG lernt er Herta Lackner kennen. Sie arbeitet im Werkskaufhaus, wo die Arbeiter Lebensmittel und Dinge des täglichen Bedarfs günstig bekommen.

Herta Lackner wird im Vergleich zu Andreas Kickl als extrovertierter beschrieben. Ihr fällt der Kontakt mit anderen leichter. Sie hat einen Führerschein, er nicht. Die beiden werden ein Paar. Am 19. Oktober 1968 kommt ihr Sohn Herbert auf die Welt. Die Eltern heiraten laut Trauungsbuch knapp zwei Monate später am 28. Dezember 1968. Sie ziehen in das Haus Erdmannsiedlung 79, wo auch Hertas Mutter wohnt.

Kickl erlebt mit der WSG Radenthein Erfolge und Misserfolge. Die Mannschaft steigt insgesamt dreimal von der Regionalliga in die Nationalliga auf und jedes Mal wieder ab. 1973 wird der Teilweise-Profibetrieb des Vereins eingestellt, die WSG Radenthein fusioniert mit dem Villacher SV. Kickl beendet seine Karriere und wird Spielertrainer beim unterklassigen Verein Untertweng.

Franz Buchacher sieht seinen ehemaligen Zimmerkollegen nur selten, obwohl beide in der Erdmannsiedlung wohnen. Kickl absolviert regelmäßig Ausdauerläufe und kommt dabei auch an Franz Buchachers Haus vorbei. Doch selbst dann »spricht er fünf Worte und läuft weiter«, sagt Buchacher.

Die meisten seiner ehemaligen Mitspieler und Bekannten sagen, Andreas Kickl sei nach seiner Fußballkarriere einfach verschwunden. Er ging nicht mehr auf den Fußballplatz, nicht zu den geselligen Treffen, nicht in die Gaststätten in Radenthein. Dieser Wesenszug des Vaters wird auch bei Herbert Kickl eine Rolle spielen.

Als Kind hat Herbert Kickl den besten Spielplatz vor der Haustür: den Wald. Die Eltern sind berufstätig, oft passt seine Großmutter Leopoldine auf ihn auf. In der Siedlung findet Herbert sehr früh seinen bis heute besten Freund. Er heißt Bernhard, die beiden sind unzertrennlich, »wie Pech und Schwefel«, sagt Bernhards Mutter. Herbert sei ein »sehr braves Kind« gewesen, erinnert sie sich. Meistens streifen die Buben durch den Wald, wo es Höhlen gibt und einen Bach.

Herbert und Bernhard besuchen dieselbe Klasse der Volksschule in Radenthein und sind Sitznachbarn. Herbert erweist sich als guter Schüler. Noch etwas fällt sofort auf: Er ist klein, verfügt aber über großes Bewegungstalent. Beim Fußball ist er einer der Besten, und beim Sechzig-Meter-Lauf besiegt er alle anderen Schüler, erzählt ein Schulfreund.

Herbert verbringt die Nachmittage oft in der Wohnung von Bernhards Eltern. Die beiden Buben wachsen auf wie Brüder. Im Sommer fährt Herbert mit der Familie seines Freundes mit auf Urlaub nach Bibione, auch ein Tagesausflug nach Venedig steht auf dem Programm.

Am Ende der vier Volksschuljahre werden nur drei Kinder ins Gymnasium geschickt. Herbert Kickl ist eines davon. Bernhard kommt in die Hauptschule. Doch der Freundschaft tut das keinen Abbruch. Sie ziehen an den Nachmittagen weiter stundenlang durch den Wald. Einige in der Siedlung erinnern sich daran, dass die heranwachsenden Buben immer Kleidung im Military-Look trugen. Manchmal liegen sie auch mit Steinschleudern bewaffnet im Gebüsch und zielen – gänzlich harmlos – auf vorbeigehende Mädchen, erzählt eine Frau, die heute in einem Café in Radenthein arbeitet.

Das nächstgelegene Gymnasium befindet sich in der Bezirkshauptstadt Spittal an der Drau, etwa eine halbe Stunde entfernt von Radenthein. Die Klasse, in die Herbert Kickl kommt, erweist sich als eine Gruppe von bemerkenswerten jungen Leuten. Darunter sind etwa Eva Glawischnig, die spätere Bundessprecherin der Grünen, Johannes Strobl, ein heute international gefragter Organist, und Matthias Geist, der aktuelle Wiener Superintendent der Evangelischen Kirche.

Einer von Kickls Klassenkameraden ist Wolfgang Polanig. Er arbeitet heute für eine soziale Non-Profit-Organisation in Spittal an der Drau und ist SPÖ-Stadtrat in Radenthein. Polanig sitzt jeden Morgen neben Herbert Kickl im Bus. Bereits die

Volksschule haben sie gemeinsam besucht. Ein dritter Freund aus der Klasse ist auch immer dabei, und die drei nutzen die Zeit, um sich zu unterhalten, Hausübungen rasch fertig zu machen oder auch abzuschreiben. »Die Busfahrt war wichtig für uns«, erinnert sich Polanig. Man tauscht sich aus und erzählt einander Neuigkeiten. Zum Beispiel an einem Dezembermorgen 1980, die Schüler sind in der zweiten Klasse Gymnasium, und Wolfgang Polanig hat gelesen, dass John Lennon erschossen worden ist. Kickl, der das noch nicht wusste, reagiert entsetzt. Wie viele in seiner Klasse mag er die Beatles.

In der Pubertät entwickelt Kickl seinen eigenen Stil. Er trägt auch in der Schule Militärhosen, die er im US-Army-Shop in Spittal kauft. Dazu kurz geschorene Haare, eine kreisrunde Nickelbrille, wie die von Lennon, und bald einen Dreitagebart, erinnert sich Polanig. Alles, was mit dem Militär zusammenhängt, fasziniert Kickl. Darin kennt er sich gut aus, und in der vierten Klasse eröffnet er seinen Mitschülern, dass er die Schule wechseln wird. Kickl will das Oberstufenrealgymnasium an der Theresianischen Militärakademie in Wiener Neustadt besuchen. Dort tragen die Schüler auch im Unterricht Uniform und erhalten eine vormilitärische Ausbildung. Polanig erzählt, Kickl habe sich am Ende des Schuljahres verabschiedet. Doch am ersten Schultag der fünften Klasse sitzt Herbert Kickl wieder im Bus zum Gymnasium in Spittal. Warum aus dem Schulwechsel nichts wurde, weiß Polanig nicht.

Die Klasse von Kickl, Glawischnig und Co wächst im Lauf der Jahre zu einer verschworenen Gemeinschaft zusammen. Kickl ist mit einigen gut befreundet und macht auch bei den Partys mit. Er sei in der sozialen Hierarchie »eher weiter oben« gestanden, sagt ein Mitschüler. Man feiert in der Gaststätte, die von Glawischnigs Eltern geführt wird, oder im Jugend-Treff

»Postskriptum« in Döbriach, einer Ortschaft, die zu Radenthein gehört. Bei einem dieser Abende küssen Glawischnig und Kickl einander im Zuge des Partyspiels »Flaschendrehen«, erzählt Glawischnig 2023 in einem Interview mit Krone TV.

Kickl fühlt sich im Kreis der Klassenkameraden wohl, mag aber sonst keine Gruppen. Am liebsten verbringt er Zeit mit seiner Freundin – sie heißt Susanne – oder, wie schon seit der frühen Kindheit, mit seinem besten Freund Bernhard. Seine große Leidenschaft ist der Sport. Bis ins Alter von 16 Jahren spielt er in den Jugendmannschaften der WSG Radenthein, danach betreibt er ein Jahr lang Judo. In der Schule glänzt er beim Handball und beim Geräteturnen. Er und seine Freunde sind Anhänger des Eishockeyvereins KAC.

In der Oberstufe macht Kickls Klasse wegen eines kleinen Aufstands von sich reden. Eine Mathematik-Schularbeit wird zunächst abgesagt, weil zu viele in der Klasse krank sind – eine Grippewelle geht um. Doch am fraglichen Tag sind plötzlich gerade so viele Schüler da, dass die Schularbeit abgehalten werden kann. Der Lehrer verteilt die Prüfungszettel, doch die Klasse hat sich bereits abgesprochen: Der Großteil wird ein leeres Blatt abgeben, damit die Schularbeit wiederholt werden muss. Nur ein paar, die in Mathematik Probleme haben, nutzen den Termin, um eine zweite Chance zu haben.

In der Schule herrscht nach diesem Eklat Aufruhr. Die »Verweigerer« werden zum Direktor zitiert und gemaßregelt. Das schweißt die Klasse noch mehr zusammen. Weil sie – im Gegensatz zu den Schülerinnen und Schülern der Parallelklasse – nicht aus der Bezirksstadt Spittal, sondern aus dem provinziellen Umland kommen, nennen sie ihre Klassenzeitung ironisch *Plebs aktuell*. Beim traditionellen Maturastreich mauert die 8A die Tür zum Konferenzzimmer zu. Die Ziegel und den Mörtel besorgt eine Mitschülerin, deren Vater einen Baumarkt leitet.

Herbert Kickl ist ein ausgezeichneter Schüler. Auffallend ist sein Formulierungstalent. »Seine Aufsätze hatten eine eigene Qualität«, erinnert sich ein Mitschüler. Auch in den anderen Fächern hat er keinerlei Probleme. Er lernt Englisch und Französisch und nimmt teil an den Klassenfahrten nach England und Frankreich.

In der sechsten oder siebenten Klasse organisiert der Französischlehrer zu Ostern eine Fahrt nach Marseille. Dort lernen die Schüler in einer Kneipe Eric kennen, einen Soldaten der französischen Fremdenlegion. Der lässt für eine Weile sein »Képi blanc«, die für die Fremdenlegion typische, weiße Kopfbedeckung, am Tresen liegen. Als er zurückkommt, fragt ihn Kickl, was passiert wäre, wenn sie das Képi genommen hätten. »Ich hätte dich gefunden, und ich hätte dich getötet«, soll der Fremdenlegionär geantwortet haben. Den Teenager Kickl dürfte die Begegnung beeindruckt haben, jedenfalls erzählt er die Geschichte zu Hause begeistert seinen Mitschülern, die nicht in Marseille dabei waren.

Auch wenn Herbert Kickls Eltern alles andere als wohlhabend sind, geben sie ihm immer etwas Geld. Ein Mitschüler sagt, Kickl habe andere auf eine Wurstsemmel eingeladen, wenn jemand kein Geld dafür hatte. Mit 18 besitzt Kickl ein Motorrad, Marke Yahama XT 600 Ténéré in den Farben Blau und Gelb, manchmal fährt er auch mit dem blauen Renault 4 seiner Mutter.

Die ehemaligen Mitschüler, die bereit waren, mit uns zu sprechen, äußern sich allesamt positiv über den jungen Mann. Wolfgang Polanig sagt, Kickl sei ein »totaler Kumpel« und »zu hundert Prozent verlässlich« gewesen.

Einer aus der damaligen Maturaklasse 8A berichtet, dass sowohl bei Glawischnig als auch bei Kickl Anzeichen für ihre späteren Karrieren zu erkennen gewesen seien. Eva Glawischnig, die spätere Bundessprecherin der Grünen, führt in der Klasse 1981 die Mülltrennung ein – damals eine exotische Idee. Kickl wiederum gibt Kostproben seiner Rolle als Provokateur zum Besten, erzählt der Mitschüler. Er habe sich aber »nicht als Rotzbub« benommen, indem er sich Lehrern gegenüber süffisant äußerte. Vielmehr habe er seine intellektuelle Ebenbürtigkeit zum Ausdruck bringen wollen. Er sucht Anerkennung und erhält sie von der Klasse.

In einem Interview mit dem Magazin *News* beschreibt sich Kickl selbst: »In der Volksschule war ich eher ein ruhiger Schüler, im Gymnasium bin ich dann – wie man so schön sagt – richtig aufgetaut. Ich war sicher nicht der Leichteste im Umgang mit einigen Lehrern, weil ich mir kein Blatt vor den Mund genommen habe. Ich habe gern und leidenschaftlich diskutiert und auch Konflikte nicht gescheut, wenn ich der Meinung war, dass es etwas Ungerechtes zu bekämpfen gibt.« Schon als Gymnasiast ist Kickl ein Widerspruchsgeist, der sein Selbstwertgefühl aus intellektuellen Konfrontationen mit Autoritäten bezieht. Zu ihnen stellt er sich in Opposition und punktet dabei mit rhetorischem Talent. Das formt seinen Charakter, und als in ihm politisches Interesse aufkeimt, ist klar, dass Kickl seinen Platz nicht auf der Seite der etablierten und – aus seiner Sicht – langweiligen und selbstgefälligen Mächtigen sieht.

Radenthein ist eine rote Gemeinde, als Herbert Kickl dort aufwächst. Wer in die ÖAMAG eintritt, unterschreibt zuerst den Arbeitsvertrag und geht anschließend zum Betriebsrat und zur Gewerkschaft, »und damit war man quasi bei den Roten«, erinnert sich Franz Buchacher, der im Werk arbeitete und später SPÖ-Bürgermeister wurde. In fast jedem Haushalt der Erdmannsiedlung wohnte mindestens ein Werksmitarbeiter oder eine Werksmitarbeiterin.

Leopoldine Lackner, die Großmutter, mit der die Kickls das Haus teilten, wählte die SPÖ, ist sich Buchacher sicher. Regelmäßig besuchte er sie auf seiner Tour durch die Siedlung. Kickls Eltern äußerten sich politisch gar nicht, erinnert sich Buchacher: »Sie waren politisch eher Blutgruppe null.«

Die Bezirkshauptstadt Spittal an der Drau, wo Kickl das Gymnasium besucht, wird damals durchgehend von SPÖ-Bürgermeistern regiert. Im Bundesland Kärnten stellt die SPÖ den Landeshauptmann, seit Kickl denken kann. Und Österreich insgesamt ist noch sehr paritätisch zwischen der SPÖ und der ÖVP aufgeteilt. Man nennt das den Proporz.

Diese politische Landschaft wird abrupt von einem jungen Mann gestört, der als Obmann der Kärntner FPÖ nicht nur SPÖ und ÖVP, sondern auch die eigene Bundesparteiführung frech kritisiert: Jörg Haider. Kickl dürfte noch Gymnasiast gewesen sein, als er ihn zum ersten Mal sah. Haider besuchte als Schullandesrat zwischen 1983 und 1986 das Gymnasium in Spittal. Dem Wirtschaftsmagazin *trend* sagt Kickl: »Der junge Jörg Haider hat mich als Schüler sicher interessiert. Das war alles ganz anders als bei meinen Lehrern, die fast alle links waren, auf eine billige Art links.« Haider steht für eine Art von Widerspruch, die Kickl fasziniert. In seiner Persönlichkeitsentwicklung vollzieht sich etwas, das, transformiert auf das große Ganze, den Aufstieg der FPÖ und den Abstieg der SPÖ im Arbeitermilieu bedeutet.

Dabei funktioniert das große Versprechen des Aufstiegs, die Legitimation der Sozialdemokratie, während der achtziger Jahre noch ganz gut. Herbert Kickl, der Bub aus der ärmlichen Erdmannsiedlung, absolviert das Gymnasium und geht bald nach Wien, um als Erster seiner Familie an einer Universität zu studieren. Hätte man Kickls Mitschüler und Nachbarn gefragt, bei welcher Partei er anheuern würde, hätten wohl die meisten auf die SPÖ getippt. Doch Herbert Kickl hat sich charakterlich davon entfernt, vorgezeichnete Wege zu gehen. Er hat Freude an der Verneinung gefunden, darüber hinaus neigt er zum Militärischen – eine behäbige und vor allem in den Jugendgruppen pazifistische Großpartei wie die SPÖ entspricht seinem Wesen ganz und gar nicht. Jörg Haiders rebellisches Aufbegehren und dessen Eintreten für die Kriegsgeneration imponieren ihm dagegen sehr.

Wohin ihn diese jugendliche Prägung führen wird, ist für seine Umgebung nicht auszumachen. Seine Mitschüler von einst wären jedenfalls nicht auf die Idee gekommen, dass ihr Freund einmal so radikale Positionen vertreten würde, wie er das heute tut. Einer von ihnen sagt, er würde gern mit Kickl unter vier Augen reden, mit der Zusicherung, dass nichts von dem Gespräch nach außen dringen würde. Er wolle verstehen, wie Kickl zu dem werden konnte, der er heute ist.

Der nächste Punkt in Herbert Kickls offiziellem Lebenslauf lautet: »Präsenzdienst (Gebirgsjäger) 1987–1988«. Tatsächlich meldet sich der 18-Jährige zur Einjährig-Freiwilligen-Ausbildung und wird den Gebirgsjägern zugeteilt. Andere, zum Beispiel Wolfgang Polanig, entscheiden sich für den achtmonatigen Grundwehrdienst. Eines Tages trifft er in der Kaserne in Spittal seinen ehemaligen Mitschüler Kickl. Die Ausbildung bei den Gebirgsjägern hat er abgebrochen und ist in den normalen Grundwehrdienst gewechselt. Warum? Das sagt er nicht. Im Herbst 1988 übersiedelt Kickl nach Wien, um zu studieren. Dort bezieht er eine Wohnung in Ottakring, dem 16. Gemeindebezirk. Später wird er festhalten: »Damals, als ich dort eingezogen bin, war die österreichische Bevölkerung im gegenüberliegenden Gemeindebau die Mehrheitsbevölkerung. Es hat nicht allzu lange gedauert, dann habe ich dort andere Zustände gesehen. Dann hat man dort kaum noch österreichische Kinder, keine österreichischen Staatsbürger gesehen. Ich habe dort einen starken Zuwachs von verschleierten und vermummten Menschen wahrgenommen. Das ist natürlich eine Änderung der Bevölkerungszusammensetzung, was denn sonst?«

Die Wahl des Studiums trifft Kickl allein. Seinen Eltern ist er bis heute dankbar dafür, dass sie ihm die Freiheit lassen, »dem zu folgen, was mich interessiert«. Praxisbezogene Studien gehören nicht dazu. Kickl ist ein abstrakter Charakter. Geschichte interessiert ihn von klein auf. Theodor Mommsens Klassiker »Römische Geschichte« nennt er als eines seiner Lieblingsbücher. Philosophie ist seine Leidenschaft. »Dieses Feuer brennt heute noch wie damals«, sagt er in einem Interview. Doch der Zwanzigjährige entscheidet sich zuerst für Publizistik und Politikwissenschaft, Studienrichtungen vor allem für politisch Interessierte. Zwei Semester später ist es damit schon vorbei, er inskribiert Philosophie und Geschichte.

Diese Fächerkombinationen verweisen auf eine gewisse Orientierungslosigkeit. Wie tausende andere kommt er aus der Provinz in die Hauptstadt. Dort, in Kärnten, zählte er zu den Besten. An der Universität muss er sich neu beweisen. Und hier herrscht, vor allem in den sozial- und geisteswissenschaftlichen Fächern, ein »linker Zeitgeist«, wie Kickl es nennt. Doch er stößt – wohl nicht ganz zufällig – am Institut für Philosophie auf einen Professor, der linke Theorien verabscheut: Franz Ungler, 1945 in Wels in Oberösterreich geboren, Spezialist für Kant, Hegel und den deutschen Idealismus.

Der 2003 verstorbene Philosophieprofessor wird für Kickl nach dessen Worten »fast eine Vaterfigur«, »ein Fels in der Brandung des Zeitgeistes«. Folgerichtig hat er einen Bezug zu den Freiheitlichen: Im 800-seitigen Jahrbuch für Politische Erneuerung der FPÖ-Akademie 1994 schreibt er über den »Freiheitsbegriff bei Hegel«. Der Text gerät stellenweise zur Polemik. Ungler kritisiert darin Hedonismus und Utilitarismus; »die Beseitigung des abendländischen Verstands«; »das Marx-Freud-Gemisch einer bekannten, eine sogenannte Studentenrevolution initiiert habenden Schule«; »die ziellose Progressivität, die in ständiger Enttabuisierung und Gesellschaftskritik dazu gelangt, das Perverse hochzuschätzen«. Viel von Kickls Denken wird in diesem Aufsatz spürbar. Der Philosophiestudent der späten achtziger und frühen neunziger Jahre nimmt in einer Parlamentsrede gegen eingetragene Partnerschaften für Homosexuelle eine direkte Anleihe bei seinem Lehrer: »1968 lässt grüßen – etwas anderes ist das gar nicht. Eine Vermanschung der Ideologie eines Karl Marx mit den vermeintlichen Errungenschaften der Psychoanalyse – das ist es! Freudomarxismus, das wird heute hier umgesetzt.«

Ungler ist mehr Vermittler als selbständiger Denker, er publiziert wenig, beeinflusst als gewandter Lehrer aber einige seiner Studenten nachhaltig. Dem jungen Kickl rät er, nicht viele Denker oberflächlich zu studieren, sondern sich auf einen zu konzentrieren. Kickl wählt Georg Wilhelm Friedrich Hegel (1770 bis 1831) und verbeißt sich in die »Wissenschaft der Logik«, eines der Hauptwerke des deutschen Idealismus. Dennoch schließt er das Studium nicht ab. Die Diplomarbeit mit dem Titel »Die transzendentale Deduktion der Kategorien und Bewusstseinskapitel in Hegels Phänomenologie« bleibt unvollendet.

Die zahlreichen linken Studentengruppierungen interessieren Kickl naturgemäß überhaupt nicht, es treibt ihn aber auch nicht zum Ring Freiheitlicher Studenten (RFS) oder auf die Buden deutschnationaler Burschenschaften, Landsmannschaften, Sängerschaften oder Corps. Sein studentischer Weg führt ihn somit weder zu einem Abschluss noch in die Nähe eines Berufs, noch in eine Vereinigung, deren Mitgliedschaft ihn weiterbringen könnte. Um ein Haar hätte er im Nichts geendet.

DER TALENTIERTE NICHTSKÖNNER

Herbert Kickl heuert als Studienabbrecher bei der FPÖ an.
Der Beginn einer Karriere mit anfänglichen Hindernissen.

Herbert Kickls Karriere in der FPÖ beginnt mit einer Notiz auf einem Bierdeckel. In der Parlamentscafeteria trifft sich der Studienabbrecher 1995 mit Fritz Simhandl, heute FPÖ-Bezirksrat und Fachreferent für Sozialpolitik im FPÖ-Parlamentsklub. Damals ist Simhandl stellvertretender Geschäftsführer der neu aufgestellten Freiheitlichen Akademie. Es ist ein Vorstellungsgespräch, bei dem Kickl offenbar zu überzeugen weiß. Simhandl notiert die Telefonnummer der Akademie auf dem Bierdeckel und sagt Kickl, er solle sich bei Interesse melden. So beginnt er in der FPÖ zu arbeiten, die damals in der Kärntner Straße 28 in der Wiener Innenstadt eingemietet ist. Nach Feierabend sagt Kickl im Kärntner Dialekt zu seinen Kollegen: »Gemma noch ans tscheppern.« Er trinkt gern Bier. In die Bars und Klubs der Wiener Innenstadt zieht es ihn nicht. Lieber geht er in eines der Gasthäuser und Beisln, die es in der City noch gibt, etwa zum Reinthaler nahe der Parteizentrale.

Kickl erzählt, er habe sich bei den Freiheitlichen mit den Worten vorgestellt: »Ich kann zwar nichts, aber ich kann alles lernen.« Die Studien ohne Abschluss zählen wenig, im herkömmlichen Verständnis tatsächlich nichts. Mediziner, Juristen, Betriebswirte und Diplomingenieure werden damals in der FPÖ bevorzugt. Die Freiheitlichen sind – wenn auch nicht mehr ganz so ausgeprägt wie einst – eine Honoratiorenpartei aus Anwälten, Ärzten, Notaren, Architekten und Apothekern.

Geschichte und Philosophie besitzen in diesen Zirkeln einen gewissen Stellenwert, Politikwissenschaften und vor allem Publizistik gelten als brotlose Kunst.

Doch die Universitätssemester werden Kickl auf einem Umweg dahin lenken, wo er seine Lebensaufgabe findet. Über das Philosophiestudium ist er in einen Kreis von Anti-Linken gelangt. Einer davon ist Johannes Berchtold aus Bregenz. Er studiert Philosophie, Politikwissenschaft, Soziologie und Psychologie in Innsbruck und Wien. Im Gegensatz zu Kickl schließt er sein Studium ab. Der Titel seiner Dissertation lautet: »Die Aufhebung der dritten Antinomie Kants durch Hegel im Rahmen des Problems der Freiheit in der Tradition spekulativer Philosophie«. Kickl und Berchtold – zwei Rechts-Hegelianer finden zusammen.

Im Jahr 2001 erreicht Berchtold im innenpolitischen Betrieb eine gewisse Prominenz. In der ÖVP-FPÖ-Regierung unter Wolfgang Schüssel fällt den Freiheitlichen das Sozialministerium mit den Frauenagenden zu. Ressortchefin wird die Kärntner FPÖ-Landesrätin Elisabeth Sickl. Schon wenige Monate später tritt sie zurück. Neuer Minister wird der FPÖ-Abgeordnete Herbert Haupt, ein Tierarzt aus Kickls Heimatbezirk Spittal an der Drau. Ein Mann als Frauenminister, das sorgt EU-weit für Erstaunen – auf Gruppenfotos von EU-Gipfeln der Frauenministerinnen ist der spätere Vizekanzler und FPÖ-Obmann Haupt als einziger Mann im Kreis seiner Amtskolleginnen zu sehen.

Haupt richtet in seinem Frauenministerium eine eigene Männerabteilung ein und beauftragt Johannes Berchtold mit deren Leitung. Viel gibt es nicht zu tun. Die Abteilung betreut den Männerbericht, den jährlichen »Boys Day« und Themen wie »männerspezifische Aspekte der Gleichstellung«, »Identitätsbildung von Buben und männlichen Jugendlichen«, »Vereinbarkeit von Beruf und Familie – aktive Vaterschaft« und Gewaltprävention. Als die Grünen im Jänner 2020 das Gesundheitsministerium übernehmen, wird die Abteilung aufgelöst. Johannes Berchtold sattelt von Männer- auf Sicherheitspolitik um und wird Lektor für Politische Theorie an der Theresianischen Militärakademie. In die Politik zieht es ihn nicht.

Doch ohne es zu ahnen, ist er für eine der wichtigsten Weichenstellungen des Rechtspopulismus in Österreich verantwortlich. Berchtold ist es nämlich, der Kickl 1995 an die Freiheitliche Akademie vermittelt. Er selbst ist dort beschäftigt und für die Publikationen zuständig. Die Akademie besteht aus zwei Abteilungen, eine für die Schulung, die andere für inhaltliche Grundsatzarbeit. Hier arbeitet Kickl. Seine Aufgaben sind anfangs überschaubar. Er hilft bei der Organisation, besorgt Flipcharts oder stellt Poster bei den Diskussionsabenden, Enqueten und Symposien auf. Ein Parteigänger erinnert sich an den jungen Mitarbeiter: »Er machte immer einen leicht aggressiven Eindruck. Er war der leicht empörte, kleine Mann aus Kärnten.«

FPÖ-Funktionäre sind damals entweder Wirtschaftsliberale oder Nationale, die in Vereinen und Verbänden verankert sind. Kickl ist weder noch. Einmal wird er von einem Vorgesetzten gefragt: »Wenn du hier niemanden magst, was machst du dann hier?«

Geschäftsführer der Freiheitlichen Akademie ist zu dieser Zeit Karl-Heinz Grasser, ihm folgt der Nationalratsabgeordnete Herbert Scheibner. Regelmäßig tritt Parteichef Jörg Haider bei Veranstaltungen auf. Im Jahr 1995, zu Kickls Arbeitsbeginn, sieht Haider in einer Diskussion über »Ein Jahr EU-Votum« seine schlimmsten Befürchtungen über die Folgen des Beitritts bestätigt. Die Regierung habe »falsch verhandelt«. Kickl lernt Haider aus der Nähe kennen; er kann beobachten, wie er argumentiert; wie Haider zu jedem Thema etwas zu sagen hat, weil er ein guter Improvisator ist, es in der politischen Kommunikation mehr auf die Verpackung als auf den Inhalt ankommt. Kickl, sozial etwas verkrampft, bewundert Haiders spielerisch leichten Umgang mit den Leuten.

Im Juni 1995 beauftragt der Bundesparteiobmann die Akademie mit einem besonderen Projekt. Sie soll die Texte für Haiders »Vertrag mit Österreich« liefern. Diesen Vertrag kündigt der FPÖ-Chef in einer groß inszenierten Veranstaltung im Wiener Palais Ferstel an. Die Idee hat er sich von den US-Republikanern abgeschaut, die einen »Contract with America« abschließen. Der »Vertrag mit Österreich« soll »die Weiterentwicklung der Zweiten zur Dritten Republik, der Bürgerrepublik« bringen. Per Unterschrift müssen sich alle FPÖ-Mandatare verpflichten, ihn umzusetzen. In der Freiheitlichen Akademie wird der Prozess initiiert. In acht Hauptarbeitskreisen sollen Experten Haiders Vorstellungen umsetzen. Herbert Kickl kann sich dabei endlich nützlich machen. Ende November unterschreiben die blauen Abgeordneten den Vertrag. Sie verpflichten sich darin zu Sparsamkeit, Steuersenkungen, Pensionserhöhungen, mehr direkter Demokratie und zum Kampf gegen die Einwanderung. Teil des Vertrags ist auch die Begrenzung der monatlichen Bezüge für FPÖ-Politiker auf 60 000 Schilling (zirka 4500 Euro). Als Beifutter gibt die Akademie eine eigene Buchreihe mit dem Titel »Vertrag mit Österreich« heraus.

Die Akademie ist Jörg Haiders persönlicher Thinktank. Wann immer er eine Idee hat, greift er auf ihre Grundsatzabteilung und Mitarbeiter zurück. Sie muss das »Bündnis mit dem Bürger« und den »Vertrag mit Österreichs Lehrlingen«

entwickeln. Im März 1998, zum 150-Jahre-Jubiläum der Revolution von 1848, organisiert die Akademie einen Festakt in der Wiener Hofburg. Umrahmt von Mozart und Beethoven und einer Lesung aus den Werken Heinrich Heines, hält Haider die Festrede, in der er den »politisch Korrekten« vorwirft, von den Bürgern »die passende Gesinnung abzufragen wie früher der Pfarrer den Katechismus«. Irgendwo im Saal befindet sich wahrscheinlich Herbert Kickl, der 25 Jahre danach ähnlich formulieren wird.

Anlässlich von »1000 Jahre Österreich« im Jahr 1996 veranstaltet die Akademie ein Symposium zum Thema »Österreichs Beitrag zur deutschen Geschichte und Gegenwart«. Am selben Wochenende findet auch ein großer Kommers der Burschenschafter mit tausend Besuchern in der Wiener Hofburg statt, an dem zahlreiche FPÖ-Politiker teilnehmen. Federführend ist die weit rechts stehende Wiener Burschenschaft Olympia, die zu diesem Zeitpunkt den Vorsitz im Dachverband der Burschenschaften innehat. Ihr Sprecher ist der Jurist Harald Stefan, der von »einer Kulturnation Österreich, die völlig selbständig ist und mit dem Deutschtum nichts zu tun hat«, wenig hält. 2008 zieht er als Abgeordneter der FPÖ in den Nationalrat ein. Als der ehedem kleine Mitarbeiter der Parteiakademie Herbert Kickl 2021 zum FPÖ-Obmann aufsteigt, wird Stefan, mittlerweile aus der Olympia ausgetreten, zu einem seiner Vertrauten im FPÖ-Klub. Stefan, im Zivilberuf Notar mit Kanzlei in der Wiener Innenstadt, ist Kickls Verbindungsmann zu wichtigen Kreisen in Industrie, Wirtschaft und Justiz.

Kickls Begabung ist es, aus dem Bildungsgemisch von Publizistik, Politikwissenschaft, Philosophie und Geschichte eine Dienstleistung zu entwickeln, die der Partei nutzt. Man kann ihn einen Universaldilettanten nennen. Junge Uni-

Absolventen dieser Studienrichtungen – ob mit oder ohne Abschluss – landen in diesen Zeiten im Journalismus, in Werbeagenturen, PR-Firmen, Parteien, Parteiakademien, Kammern und Interessenvertretungen. »Ich wollte wissen, was ich mit meinem Wissen in Philosophie und Politologie umsetzen kann«, sagt Kickl.

Das Helferdasein in der Freiheitlichen Akademie fordert ihn wenig. Er zeigt großes Engagement, wird wichtiger – und will noch wichtiger werden. In der Akademie kümmert er sich nun um die Erarbeitung von Inhalten und beantwortet Anfragen zu Wahlkampfthemen. Die FPÖ-Zentrale schickt ihn in den Monaten vor Regionalwahlen in die Bundesländer, um dort die politische Lage zu erkunden, Themen aufzubereiten und ein Wahlprogramm zu entwickeln. Innerhalb der Akademie gilt Kickl als Linker, denn er kümmert sich um vernachlässigte Themen wie Soziales und Umwelt. Seine Vorgesetzten haben es nicht leicht mit ihm. Zwar hat er innovative Ideen, doch er ist seit Schulzeiten ein unruhiger Geist, der gern widerspricht. Von der Partei hält er sich – abseits der Akademie – fern. Im Wirtshaus äußert er sich sarkastisch über die FPÖ-Führung, auch über Jörg Haider. Selbst einstecken kann er schlecht. Kollegen von einst erinnern sich, Kickl sei bei einem Ausflug der Akademie wütend und mit den Worten, er werde kündigen, abgezogen, nachdem er Opfer von Spötteleien seiner Kollegen wurde. Letztlich ist er doch geblieben. Schon damals zeigt sich: Kickl will zwar nicht – wie Haider und Heinz-Christian Strache – persönlich geliebt werden, erwartet aber Anerkennung für seine Leistungen. Wird ihm diese Wertschätzung versagt, ist er in seinem Gerechtigkeitsempfinden gekränkt. Kickl ist ein Gerechtigkeitsfanatiker – vor allem sich selbst gegenüber.

Anfang 2002 wechselt Herbert Kickl von der Parteiakademie in Wien in die Landesgeschäftsstelle der Kärntner Blauen nach Klagenfurt, allerdings nicht ganz freiwillig. Die FPÖ trägt mittlerweile Regierungsverantwortung in der schwarz-blauen Koalition unter ÖVP-Kanzler Wolfgang Schüssel, und Parteichefin ist seit Mai 2000 Susanne Riess, die mit Kickl nichts anfangen kann. Sie kennt ihn aus ihrer Zeit im FPÖ-Generalsekretariat.

In der Kärntner Landespartei schreibt Kickl Reden, betreut die Kommunikationsarbeit, kümmert sich um Pressefotos von Veranstaltungen und lädt zu Pressekonferenzen von Jörg Haider. Dieser stänkert aus Klagenfurt regelmäßig gegen das eigene Regierungsteam in Wien. Dass sich Susanne Riess und die FPÖ-Minister von ihm abgenabelt und Wolfgang Schüssel zugewandt haben, verkraftet er schwer. Im Sommer 2002 wird aus der Irritation eine Konfrontation. Ein Jahrhunderthochwasser verursacht Milliardenschäden in Österreich. Die schwarz-blaue Regierung verschiebt die geplante Steuersenkung, weil das Geld für den Wiederaufbau benötigt wird. Haider besteht auf der Steuerreform und droht mit einem Sonderparteitag, um Riess unter Druck zu setzen. Zur Warnung lässt er ein Delegiertentreffen im steirischen Knittelfeld organisieren, auf dem Stimmung gegen die FP-Regierungsmitglieder gemacht wird. Der Kärntner Abgeordnete Kurt Scheuch zerreißt auf offener Bühne ein von Haider und Riess akkordiertes Kompromisspapier. Dann geht alles sehr schnell: Am 8. September 2002 erklären Riess, Finanzminister Karl-Heinz Grasser und FPÖ-Klubobmann Peter Westenthaler ihren Rücktritt. Westenthalers letzte Worte: »Wir nehmen den Hut, wir sagen Adieu.« Wolfgang Schüssel beendet die Koalition.

Während die einen gehen, kehrt Herbert Kickl zurück

nach Wien. Haider hat ihn zum Geschäftsführer der Freiheitlichen Akademie gemacht. Riess-Mitarbeiter verlieren ihre Jobs. Die sogenannten Knittelfelder übernehmen das Management der Bundespartei. Neuer Obmann wird mit Herbert Haupt ein Kompromisskandidat. Der Sozialminister stammt aus der Kärntner Landespartei, war aber auch Riess gegenüber loyal. Haupt wird Spitzenkandidat bei der Neuwahl 2002 und Vizekanzler in der Neuauflage der ÖVP-FPÖ-Regierung. Für die Landtagswahl 2004 beordert Haider Kickl dann wieder zurück nach Klagenfurt. Nach all den Verwerfungen in der FPÖ rechnet der Landeshauptmann mit einer Niederlage. Kickl erfindet den Slogan »An Bessern kriag ma nimma«. Bei der Wahl erhält die FPÖ 42 Prozent und bleibt stärkste Partei.

Herbert Kickl ist happy. Als Geschäftsführer der Freiheitlichen Akademie hat er nun sein eigenes kleines Reich und ein Budget, mit dem er Leute einstellen kann. Im März 2003 lädt die Akademie zu einer Buchpräsentation. »Zu Gast bei Saddam – Im Reich des Bösen«. Der Autor, Jörg Haider, ist anwesend. In der FPÖ-Hierarchie ist Herbert Kickl nun gleich mächtig wie der Parteigeschäftsführer und der Klubdirektor. Er gehört dem Bundesparteivorstand an und hält für Haider in Wien Augen und Ohren offen. Kickl ist Mitte dreißig, erfolgreicher politischer Dienstleister, aber noch kein Politiker.

HEIMAT, HELDEN, HEGEL

Herbert Kickls Weltbild weist in die Vergangenheit
und enthält überraschende linke Einsprengsel.

Das Weltbild des Herbert Kickl kann man mit drei Begriffen umfassen: Heimat, Helden, Hegel. Den ersten erhöht er zum blauen Grundprinzip. Von Kickl stammt die Positionierung der FPÖ als »soziale Heimatpartei«. Das aktuelle FPÖ-Parteiprogramm trägt den Titel »Österreich zuerst«, beschlossen am Parteitag in Graz 2011, vier Jahre bevor Donald Trump in einem Beitrag für das *Wall Street Journal* den Slogan »America first« erstmals verwendete. »Österreich zuerst« war auch der Titel des »Anti-Ausländer«-Volksbegehrens, das Jörg Haider 1992 initiierte.

Kickl entwickelt aus »Österreich zuerst« die bekannten Slogans »Daham statt Islam« oder »Mehr Mut für unser Wiener Blut – zu viel Fremdes tut niemandem gut«. Im Innsbrucker Gemeinderatswahlkampf 2012 übertrumpft die lokale FPÖ sogar die Bundespartei: »Heimatliebe statt Marokkaner-Diebe«. Der österreichische Botschafter in Marokko wird daraufhin ins Außenministerium in Rabat zitiert, die Staatsanwaltschaft nimmt Ermittlungen wegen Volksverhetzung auf. FPÖ-Spitzenkandidat August Penz entschuldigt sich und lässt die Plakate entfernen. In Wien sieht Generalsekretär Kickl dafür keine Notwendigkeit: »Es ist ein Faktum, dass die kriminelle Szene in Innsbruck von marokkanischen Einwanderern dominiert wird.«

Im Bundespräsidentschaftswahlkampf 2016 entwickelt Kickl für den FPÖ-Bewerber Norbert Hofer einen moderaten Claim: »Deine Heimat braucht dich jetzt«. Die Kampagne des grünen Spitzenkandidaten Alexander Van der Bellen kapert den Begriff und affichiert: »Heimat braucht Zusammenhalt«. Kickl sieht »einen unglaubwürdigen Wahlkampfgag« und nennt Van der Bellen einen »Last-Minute-Patrioten«.

Wie alle Rechtspopulisten will Kickl die Heimat exklusiv vertreten – und verteidigen. Vor der Nationalratswahl 2017 – sie wird die Freiheitlichen in die Regierung bringen – fordert er ein »Ministerium für Heimatschutz und Leitkultur«. Diese Leitkultur müsse den »Parallelgesellschaften« entgegengesetzt werden, bevor es für Österreichs »Lebensart und Werte« zu spät sei. An den Kampf der Kulturen glaubt Kickl tatsächlich. Die Befreiung Wiens von der Türkenbelagerung im Jahr 1683 hat für ihn noch immer Relevanz. »Vielleicht wären wir sonst so gar nicht hier«, sagt er.

Im Advent 2018 zeigt Innenminister Kickl der Interviewerin der *Kronen Zeitung*, Conny Bischofberger, voller Stolz den prächtigen Christbaum in seinem Büro in der Wiener Herrengasse: »Das ist eine Zirbelkiefer.« Ein Geschenk des Bürgermeisters von Deutsch-Griffen, der Christbaumschmuck wurde in einem Betreuungsheim gebastelt. »Für mich ist es ein Stück Kärntner Heimat«, sagt Kickl.

Als Kärntner ist er von der Gedenkkultur um den Abwehrkampf geprägt. Nach dem Ersten Weltkrieg liefern sich Verbände der Kärntner Landesregierung bewaffnete Auseinandersetzungen mit Truppen des Königreiches der Serben, Kroaten und Slowenen um Gebiete im Südosten Kärntens. Am 10. Oktober 1920 spricht sich eine Mehrheit in Südkärnten, darunter viele Angehörige der slowenischen Minderheit, in einer Volksabstimmung für den Verbleib bei Österreich aus. Der 10. Oktober wird zum Landesfeiertag. Der Streit um zweisprachige Ortstafeln in Südkärnten beschäftigt die Landespolitik jahrzehntelang. Radenthein, Kickls Heimatgemeinde, befindet sich im Nordwesten des Bundeslandes. Den Streit um die Ortstafeln kann Kickl daher nie ganz nachvollziehen.

In einem wuchtigen Gestell in einer Ecke seines Büros im FPÖ-Klub steht eine Österreich-Flagge mit Bundesadler. Sie reicht fast bis zur Decke. In seinen Räumlichkeiten im Innenministerium befand sich auch eine Europa-Fahne, hier fehlt sie. Bei FPÖ-Veranstaltungen sorgen die Organisatoren für ein rot-weiß-rotes Fahnenmeer. Zum Schluss von Wahlkampf-Events spielt die John Otti Band, die freiheitliche Hauskapelle, »Immer wieder Österreich«. Erklingt die Bundeshymne, singt Herbert Kickl lautstark mit, ausnahmslos die Version ohne »große Töchter«.

In der Gedankenwelt des Herbert Kickl ist die Heimat nicht nur durch »Parallelgesellschaften« bedroht, sondern auch durch Fehlentwicklungen wie »die zerstörerische Wirkung der 68er«, »den Gender-Irrsinn« und »den Woke-Wahnsinn«, der dazu führe, dass Winnetou und der Räuber Hotzenplotz als »gefährlich« gelten würden. Die Beleuchtung des Parlaments in Regenbogenfahnen im Pride-Monat kritisiert er scharf.

Die Identitätspolitik der LGBTQ-Community ist ihm ein Gräuel. Er sieht darin einen Angriff auf die Familie, die ein wesentlicher Wert in Kickls Vorstellungswelt ist – und mindestens so gefährdet wie die Heimat: von den 68ern, den Grünen und den »Horkheimers und Adornos« (Anm.: Max Horkheimer und Theodor W. Adorno, zwei der wichtigsten Vertreter der philosophischen Richtung der Frankfurter Schule), wie Kickl 2009 im Parlament schreit, als dieses über ein von der SPÖ-ÖVP-Koalition vorgelegtes Gesetz zur eingetragenen Partnerschaft für Homosexuelle abstimmt. Ziel der Regierung sei es,

»die Kinder aus der Familie herauszubekommen, um sie möglichst früh nach ihren gesellschaftspolitischen Vorstellungen
malträtieren zu können«. Ideengeber dafür sei »der Herr
Marcuse« (Anm.: Herbert Marcuse, Theoretiker der 68er-Be-
wegung), der davon gesprochen habe, »dass es eine ›Verweige-
rung der zeugenden Sexualität‹ geben müsse«. Kickls Tirade
ist im stenografischen Protokoll des Nationalrats vom 10. Dezember 2009 festgehalten. Das blaue Gegenkonzept zu den
vermeintlichen Irrungen der Frankfurter Schule findet sich
im aktuellen FPÖ-Programm unter den »Leitsätzen freiheitlicher Politik«: »Die Familie als Gemeinschaft von Mann und
Frau mit gemeinsamen Kindern ist die natürliche Keimzelle
und Klammer für eine funktionierende Gesellschaft und garantiert zusammen mit der Solidarität der Generationen unsere Zukunftsfähigkeit.«

Aus Kickls Sicht ist die klassische Vater-Mutter-Kind-Fami-
lie nicht nur die bevorzugte Form der Lebensgestaltung, sondern ein Mittel gegen die von der FPÖ seit Jörg Haiders Zeiten
beschworene »Überfremdung«. Im Kapitel »Heimat, Identität
und Umwelt« des FPÖ-Parteiprogramms findet sich das Pos-
tulat: »Österreich ist kein Einwanderungsland. Wir verfolgen
daher eine geburtenorientierte Familienpolitik.« Mit nur einem Sohn entspricht Kickl dieser Geburtenorientierung nicht
ganz.

Kickls Denken gleicht jenem des 1968 in Meran geborenen
Marc Jongen, der als »Parteiphilosoph« der Alternative für
Deutschland (AfD) gilt und für diese seit 2017 im Bundestag
sitzt. Jongen war Assistent von Peter Sloterdijk an der Staatlichen Hochschule für Gestaltung Karlsruhe, der sich von seinem Schüler seit langem distanziert und ihn als »kompletten
Hochstapler« bezeichnet. Jongen ortet eine »Dekonstrukti-

on von Volk und Familie« und versteht Migration als »Invasion«. »Der Amoklauf der Moderne« würde »ein Zerstörungswerk« anrichten. Kickl sieht es auch so, mit anderer Wortwahl. Er nennt das »Zerstörungswerk« einen »Crashkurs« und die Invasion eine »Völkerwanderung«.

Der FPÖ-Chef glaubt fest an hegemoniale Übernahmeversuche durch die Erben der 68er: Die Woke-Bewegung, so Kickl in einem *profil*-Interview, sei »ein Kult« einer »lauten und gut vernetzten Minderheit«, die »normalen Menschen ihre Art zu leben aufzwingen« wolle und »als Inbegriff des Fortschritts präsentiert«. Aber: »Mein Philosophie-Lehrer meinte: So manches, was als besonders modern daherkommt, ist in Wahrheit präantik.« Kickl bleibt ein treuer Schüler von Franz Ungler und kokettiert, wann immer sich eine Gelegenheit bietet, selbst mit der Rolle des philosophischen Gelehrten:

»Das dialektische Prinzip Hegels ist ein Teil von mir geworden, ich habe es verinnerlicht, es wurde zu einer Konstante in meinem Leben«, sagt er gegenüber der *Kronen Zeitung*. Im Magazin *Datum* nennt er als Entspannungslektüre seinen »Lieblingsdialog von Platon, den herrlich dialektischen Parmenides, der unerschöpflich zu sein scheint«. Da blitzt sie auf, Kickls Eitelkeit. In den Regalen in seinem Büro im Parlamentsklub stehen alte Ausgaben von Schiller, Hugo, Kant, Hegel und Rousseau. Für Besucher sind sie nicht zu übersehen.

Wer Kickls Denken studieren will, wird in der Parlamentsbibliothek am Wiener Karl-Renner-Ring fündig, in der Nationalratspräsidenten und Klubvorsitzende fünf prägende Bücher ausstellen, die sie den Bürgern zur Lektüre empfehlen. Kickl wählt – erwartungsgemäß – drei Philosophen: Immanuel Kants »Kritik der reinen Vernunft«, Hegels »Wissenschaft der Logik« und Rousseaus »Bekenntnisse«; dazu »Les Misérables«

von Victor Hugo, ein Roman, der vom sozialen Elend der Unterprivilegierten – Kickl würde sagen: »der kleinen Leute« – handelt; als fünftes Buch empfiehlt er Schillers »Die Verschwörung des Fiesco zu Genua. Ein republikanisches Trauerspiel«. Der Protagonist, Fiesco, Graf von Lavagna, ist ein ebenso junger wie schöner Kämpfer für die Freiheit. Schiller zitiert Kickl gern in seinen Reden, vor allem aus der Dramentrilogie »Wallenstein«.

Heldencharaktere spielen im Weltbild des Herbert Kickl eine wichtige Rolle. Er schwärmt für Heerführer, Militärgeschichte, Schlachten, Soldatentum und waghalsige Expeditionen. Sein Faible für politische Strategie lässt sich aus dem militärischen Interesse erklären. *News* beschreibt, wie Kickl als Innenminister seinen Spitzenbeamten bei Klausuren die Geschichte der HMS Endeavour erzählt, jenes Segelschiffs, auf dem der Seefahrer und Entdecker James Cook um 1770 die Weltmeere befuhr. Gern lässt Kickl seine Gesprächspartner wissen, dass er Plutarchs Parallelbiografien gelesen hat, in denen dieser jeweils einen berühmten Griechen mit einem Römer vergleicht, darunter Alexander, Caesar, Cicero und Perikles.

In Kickls Büro hängt ein Kreuz. Er sagt von sich, »ein gläubiger Mensch«, aber »kein Kirchgänger« zu sein. Nach der Renovierung seines Büros lässt er die Räumlichkeiten segnen. In einer FPÖ-Sitzung referiert er lange über die umstrittene Regensburger Rede von Benedikt XVI. aus dem Jahr 2006, in der dieser Kritik am Islam übt. Bei einem von der Wiener Kommunikationsagentur C3 organisierten Auftritt sagt Kickl einen bemerkenswerten Satz: Es bedeute ihm viel, wenn Menschen für ihn beten. Bei seiner Angelobung als Innenminister am 18. Dezember 2017 verzichtet er aber auf ein religiöses Bekenntnis. Das sei Privatsache.

Auch Jörg Haider und Heinz-Christian Strache bezeichneten sich als »gläubige Katholiken«. Strache lässt sich im Juni 2009 von einem Militärdekan in Wiener Neustadt nachträglich firmen. Bei Wahlkämpfen tritt er gelegentlich mit einem Kreuz in der Hand auf. Aus ihrer Entstehungsgeschichte heraus ist die FPÖ jedoch eine antiklerikale Partei. Nationalliberales Gedankengut – lange prägend für die Freiheitlichen – und Christentum passen nicht zusammen. Auch der gläubige Herbert Kickl vermag mit der Amtskirche nichts anzufangen. Als die Erzdiözese Wien während der Pandemie eine Impfstation in der Barbarakapelle des Stephansdoms einrichtet, wirft ihr Kickl »Stimmungsmache zugunsten milliardenschwerer Pharmakonzerne« vor. Im August 2022 fordert er »als Akt der christlichen Nächstenliebe« öffentlich die Aussetzung der Kirchenbeiträge. Es mag eine Revanche an Kardinal Christoph Schönborn sein, der im ORF in Zusammenhang mit Impfgegnern sagte: »Gott, lass Hirn regnen.« Im EU-Wahlkampf mahnt Schönborn, das Kreuz bei Veranstaltungen nicht »als Kampfsymbol gegen andere Religionen« politisch zu missbrauchen. Auch den blauen Wahlslogan »Abendland in Christenhand« rügt er. Kickls Konter: Das Kreuz stehe für »eine abendländische Tradition, unsere Kultur und unsere Werte«. Warnungen vor einem politischen Missbrauch seien überflüssig.

Wie die Familienplanung hat auch der Glaube bei Kickl und der FPÖ eine über das Religiöse hinausreichende politische Dimension. Im Kapitel »Heimat, Identität und Umwelt« des Parteiprogramms bekennen sich die Freiheitlichen »zu einem europäischen Weltbild, das wir in einem umfassenden Sinn als Kultur-Christentum bezeichnen und das auf der Trennung von Kirche und Staat beruht«. Kultur-Christ kann auch sein, wer nicht an Gott glaubt.

Kickl behauptet, das dialektische Prinzip sei »Teil von ihm« geworden. Dialektik in der Politik bedeutet: reflektieren, Standpunkte hinterfragen, Zusammenhänge erkennen. Tatsächlich ist Kickls Zugang weniger dialektisch als vielmehr manichäisch: Er sieht links und rechts; schwarz und weiß; Ausländer und Inländer; Fremde und Heimat; Elite und einfache Leute; Patrioten und Verräter; abnormal und normal. Seine bevorzugte Methode ist die Vereinfachung. »Gegen die da oben will ich kämpfen. Für die da unten«, sagt er. Figuren wie Robin Hood und Wilhelm Tell sind Teil der blauen Folklore.

Wenn Kickl ein Philosoph ist, dann allenfalls ein reproduzierender. Einmal Gelerntes verwendet er wieder und wieder. Von Hegel eignet er sich das Bild der »Pendelbewegung« an, das Prinzip von Bewegung und Gegenbewegung. Kickl erläutert es am Beispiel des Globalisierungszeitalters, auf das aus seiner Sicht zwingend ein Bedürfnis nach Patriotismus und Geborgenheit folgt. Und dieses wird von den Freiheitlichen befriedigt. Längst ist die FPÖ keine Partei des Freihandels und des Wirtschaftsliberalismus mehr. Kickl hat ohnehin nie daran geglaubt: »Ich habe weltanschaulich viel mehr mit den Linken gemeinsam als mit irgendwelchen Turbokapitalisten.«

Die ersten zwei Sätze im FPÖ-Parteiprogramm lauten: »Freiheit gilt uns als höchstes Gut. Seit der bürgerlichen Revolution von 1848 dient unser Streben dem Ringen nach Freiheit und ihrer Verteidigung überall dort, wo Erreichtes wieder bedroht wird.« Der Freiheitsbegriff ist für jeden Parteiobmann zentral. Jörg Haider schreibt ein Buch mit dem Titel »Die Freiheit, die ich meine«. Das Motto des FPÖ-Parteitags, der Kickl am 19. Juni 2021 mit 88 Prozent zum Bundesparteiobmann wählt, lautet: »Gestern. Heute. Morgen. Die Freiheit, die wir meinen.«

Während der Corona-Pandemie tingelt Herbert Kickl durchs Land und hält in Wirtshäusern Brandreden gegen die Politik der Bundesregierung. »Freiheitstour« nennt er diese Rundfahrt.

Als Innenminister will er allerdings die Menschenrechtskonvention einschränken. Die Freiheit, die Kickl meint, hat mit dem Jahr 1848 nicht mehr viel zu tun. Obwohl er sich einen »Freiheitlichen« nennt, zweifelt er zentrale Werte an. Gegenüber dem *profil* hinterfragt er den Begriff »Toleranz«: Diese bedeute aus seiner Sicht auch »Gleichgültigkeit«. Wer alles zulassen wolle, habe in Wahrheit »keine Position«.

Der FPÖ-Obmann fühlt sich in der nahen Welt wohler als in der weiten. Der Sommerurlaub besteht aus »Grillen, Klettern, Radfahren, Laufen, Lesen und Eltern-Besuch in Kärnten«, wie er sagt: »Ich brauche keine Flugreise, ich bin in Österreich glücklich.« Strandurlaube reizen ihn nicht. Körperliche Ertüchtigung ist für den Geist erholsamer, als im Sand zu liegen, wie er einmal gegenüber der Austria Presse Agentur angibt: »Die körperliche Anstrengung, die Abgeschiedenheit und Ruhe machen die Gedanken wieder klar, das schafft die nötige Distanz zu den Dingen, die einen ansonsten täglich beschäftigen.« Natürlich gehöre »auch die gesellige Abschlussrunde mit Jause und einem kalten Bier genauso zum Gesamterlebnis wie eine einfache Unterkunft, die frische Luft, die Nachmittags- oder Abendgewitter«. Der Philosoph im Gebirge – fast wie Nietzsche im Oberengadin. Es muss Herbert Kickl ärgern, dass er dessen berühmtes Zitat »Gott ist tot« im Juni 2023 fälschlich Karl Marx zuschreibt. Hätte er geschwiegen, wäre er Philosoph geblieben.

DER MEISTER UND SEIN SCHÜLER

Jörg Haider ist sein Idol. Doch im entscheidenden Moment
verweigert Herbert Kickl ihm die Gefolgschaft.

Im Herbst 2023 fährt Herbert Kickl durch alle Bundesländer.
»Heimatherbst« heißt die Tour. Nach jeder Veranstaltung im
Bierzelt oder Wirtshaus dauert es mindestens eine Stunde, bis
alle Fotowünsche erfüllt sind. Seine Anhänger schenken Kickl
selbstgemalte Bilder, Blumen oder wollen ein Autogramm
auf den Gips. Kickl nimmt sich Zeit. Wer zu ihm kommt, hat
sich einen Plausch und einen Schulterklopfer verdient. Letzte Station des »Heimatherbstes« ist am 17. November Seekirchen am Wallersee bei Salzburg. Im Gasthof zur Post hat die
FPÖ ab 17 Uhr den Festsaal reserviert. An der Wand hängt eine
geschnitzte Heiligenfigur, in Vitrinen stehen Weißbierhum-
pen. Im Raum nebenan halten die Mitglieder des lokalen Se-
gelklubs ihre Jahresversammlung ab, verstehen aber bald ihr
eigenes Wort nicht mehr. Ein Trio spielt Schlager und Volks-
tümliches, Kellnerinnen balancieren Schnitzel und Stiegl-Bier
durch die Sitzreihen. Festzeltstimmung baut sich auf; plötzlich
Jubel: Kickl zieht, rot-weiß-rote Fahnen schwenkend, mit Ge-
folge ein. Die Salzburger Landesparteiobfrau Marlene Svazek
und FPÖ-Generalsekretär Michael Schnedlitz geben die Ein-
heizer.

Herbert Kickl erfüllt in seiner Rede die Erwartungen. Er
feixt, witzelt, spottet. Plötzlich, mittendrin, erwähnt er einen
Verstorbenen: Jörg Haider. Auch dieser habe gegen »das System« gekämpft, sagt Kickl verschwörerisch. Auch jetzt, 15 Jahre
nach seinem Unfalltod, wird der Kärntner Landeshauptmann

noch verehrt, auch hier in Seekirchen. Herbert Kickl senkt die Stimme und raunt: »Viele Leute kommen jetzt zu mir und sagen: ›Passen Sie auf sich auf, Herr Kickl!‹ Und manche sagen dann noch: ›Sonst geht es Ihnen wie dem Jörg Haider.‹« Im Saal ruft ein Mann: »Den Haider hat der Mossad umgebracht!« Kickl erhebt die Stimme, ruft: »Den Mutigen gehört die Welt!« Und zitiert Schillers »Wallenstein«: »Und setzet ihr nicht das Leben ein, nie wird euch das Leben gewonnen sein.«

Damals, am Nachmittag des 11.Oktober 2008, 13 Stunden nach Haiders Tod, veröffentlicht Herbert Kickl, Generalsekretär der FPÖ, eine Presseaussendung. Er sei »persönlich tief erschüttert«: »Trotz der zahlreichen infolge der Gründung des BZÖ aufgetretenen politischen Differenzen« verneige er sich »in tiefer Ehrfurcht«. Und: »Ich habe Jörg Haider während der Zeit unserer Zusammenarbeit als einen unglaublich intelligenten, wachen und zugleich sehr empfindsamen Politiker und als einen Freund der Menschen kennen gelernt. In gewisser Weise war es seine Tragik, damit leben zu müssen, meist anders dargestellt zu werden, als er war. Ich habe ihm viel zu verdanken. Und dafür möchte ich mich nochmals bedanken.«

Ohne Jörg Haider gäbe es keinen FPÖ-Obmann Herbert Kickl. Ihre Beziehung lässt sich in zwei Abschnitte unterteilen. Der Scheidepunkt ist der 4.April 2005: In der Wiener Urania gibt Haider in einer Pressekonferenz die Gründung einer neuen Partei bekannt, das Bündnis Zukunft Österreich (BZÖ). Den Parteivorsitz übernimmt er selbst. Die Koalition mit der ÖVP und Kanzler Wolfgang Schüssel wird fortgesetzt. Die Regierungsmitglieder und der Großteil der FPÖ-Abgeordneten im Parlamentsklub treten in die neue Partei über.

Mit der Abspaltung eskaliert ein innerparteilicher Machtkampf. Für den 23.April 2005 ist ein Parteitag angesetzt. In den Monaten davor liefert sich der junge Obmann der Wiener Freiheitlichen, Heinz-Christian Strache, wilde Scharmützel mit der Parteiführung um FPÖ-Chefin Ursula Haubner, Haiders Schwester. Strache hat die Unterstützung des rechten Flügels der Partei, darunter Volksanwalt Ewald Stadler und EU-Parlamentarier Andreas Mölzer. Beide sind ideologisch gestählte Freiheitliche nationaler Prägung. Jörg Haider nennt sie uncharmant »Fundamentalisten« und »Taliban«.

1986 waren es die Rechten, die den liberalen Norbert Steger stürzten und Haider am Innsbrucker Parteitag zum Obmann machten. 2005 schicken sie sich abermals an, die FPÖ zu übernehmen. Und wieder haben sie in Strache einen jungen Helden gefunden, der die Parteiführung vor sich hertreibt.

Während der Pressekonferenz in der Urania erklärt Haider die Neugründung theatralisch: Er wolle ab sofort »ohne Behinderungen und Heckenschützen einen neuen Weg gehen«. Dies werde »kein Weg der sturen, ideologischen Götzenanbetung« sein. Fast zwei Jahrzehnte lang hat Haider die Freiheitlichen dominiert. Er war die FPÖ. Umso skurriler wirkt die einzeilige Eilt-Meldung der Austria Presse Agentur vom 5. April 2005: »Kabas schließt Haider aus der FPÖ aus.« Hilmar Kabas, Obmann der FPÖ im Wiener Landtagsklub, hat als ältestes Mitglied des FPÖ-Vorstands die interimistische Parteiführung inne.

Die Spaltung verläuft unübersichtlich. Die einen wechseln hurtig zu Haiders BZÖ, andere versichern Strache die Treue, die Dritten warten vorerst ab. Landesorganisationen können sich nicht entscheiden, BZÖ-Überläufer werden ausgeschlossen. Mittendrin im Chaos: Herbert Kickl, Geschäftsführer der Freiheitlichen Akademie.

Das Haider-Lager rechnet fix damit, dass Kickl die FPÖ verlässt und zum BZÖ wechselt. Manche erzählen, Haider habe es verabsäumt, Kickl persönlich zu fragen, und diesen damit nachhaltig gekränkt. Ohnehin habe Kickl schon länger das Gefühl gehabt, seine Leistungen würden nicht ausreichend gewürdigt. Er entscheidet sich für den Verbleib in der FPÖ und gegen Haider. Aus Verärgerung, freiheitlicher Neigung und auch aus Karriere-Gründen. Kickl erwartet sich für das eigene Fortkommen mehr von der FPÖ. In einem Interview sagt Kickl später, es sei ein »großes Wagnis gewesen, nicht mit Haider mitzugehen«, aber sein Gefühl habe ihm gesagt, »dass der Weg, der von Haider eingeschlagen wurde, falsch ist«.

Doch in der FPÖ traut man Kickl nicht. Der Verdacht: Er halte insgeheim Haider die Treue und sei von diesem beauftragt worden, in der FPÖ zu bleiben, um Strache auszuspionieren. Der jedoch vertraut ihm – warum, schildert Strache Parteifreunden folgendermaßen: Er habe Kickl in einem Lokal getroffen und mit ihm über die möglicherweise bevorstehende Spaltung der Partei gesprochen. Man sei dabei handelseins geworden: Kickl bleibt bei der FPÖ und erhalte dafür im Gegenzug einen Leitungsjob. Genau so kommt es. Auf dem FPÖ-Bundesparteitag am 23. April in der Salzburgarena wird Strache zum neuen Obmann gewählt, und er macht Kickl zu seinem Generalsekretär. Der formuliert ab sofort deftig unter eigenem Namen. In den ersten Wochen als Generalsekretär bezeichnet er das BZÖ als »Lachnummer« und hält Haider »wirre Rochaden« und »peinliche Larmoyanz« vor. Bewunderung geht in Verachtung über. Ob aus Überzeugung oder aus Opportunismus, Kickl setzt sein Talent nun gegen sein Idol ein. Das BZÖ sei ein »Zombieball«, ätzt er und nennt Haider einen Mann »ohne Rückgrat und Charakter«, der in einer »Traumwelt« lebe, sich in einem »Amoklauf in den Abgrund« befinde.

Es ist das Ende einer symbiotischen politischen Zusammenarbeit einer geborenen Nummer eins und von einem, der – so dachte man – wie geschaffen ist für die Rolle als Mann im Hintergrund. Lange Zeit funktionieren Haider und Kickl genau so. Wenn Haider Skandalöses von sich gibt und dafür von den einen geliebt und den anderen verachtet wird, heißt der heimliche Urheber der Aufregung meist Herbert Kickl.

So auch in der Affäre um die Beleidigung von Ariel Muzicant, dem Präsidenten der Israelitischen Kultusgemeinde. Am 31. Jänner 2002 veröffentlicht Jörg Haider auf Briefpapier der Kärntner Landesregierung eine Ehrenerklärung: »Ich ziehe meine im Zuge der ›Aschermittwochsrede‹ vom 28.02.2001 getätigte Äußerung, ›der Herr Ariel Muzicant: Ich verstehe überhaupt nicht, wie wenn einer Ariel heißt, so viel Dreck am Stecken haben kann; das verstehe ich überhaupt nicht‹ mit dem Ausdruck des Bedauerns und der Entschuldigung zurück und habe keinen Grund, die Ehre von Herrn Dr. Ariel Muzicant in Zweifel zu ziehen und verpflichte mich, in Hinkunft diese Äußerung zu unterlassen.« Die Ehrenerklärung ist Teil eines Generalvergleichs. Haider muss vier weitere Erklärungen veröffentlichen. Ein Dutzend Klagen hat der Präsident der Israelitischen Kultusgemeinde gegen ihn eingebracht, wegen der Aschermittwochsrede und wegen Attacken im Wiener Wahlkampf. Haider hat behauptet, Muzicant habe »selbst geschriebene Briefe zum Beweis für antisemitische Übergriffe präsentiert« und sei »Hauptverantwortlicher für die Hetze gegen Österreich nach Bildung der ÖVP-FPÖ-Koalition«. Auch dafür muss sich Haider entschuldigen und öffentlich in einer Presseaussendung erklären, »die Gefährlichkeit bestimmter Andeutungen und Wortspiele, aber auch von Unterstellungen erkannt zu haben«. Um diese Formulierung haben die Anwälte beider Seiten lange gerungen. Haider entschuldigt sich selten und nur, wenn er dazu gezwungen wird. Er hält Entschuldigungen für Ausdruck von Schwäche – wie Herbert Kickl.

Der »Dreck-am-Stecken«-Sager, den Haider in der Aschermittwochsrede in der Jahnturnhalle in Ried im Innkreis anbringt, ist Kickls Einfall. Der Hegelianer ist nun Gagschreiber. Im Gegensatz zu Haider entschuldigt sich Kickl dafür nie. Die Wendung habe gepasst, rechtfertigt er sich später, und sagt: »Ich würde es heute nicht anders machen.« In seiner Aschermittwochsrede ein Jahr zuvor bezeichnet Haider den französischen Staatspräsidenten Jacques Chirac als »Westentaschen-Napoleon des 21. Jahrhunderts«. Bis heute hält Kickl das für einen seiner gelungensten Gags.

Haider ist ein politisches Phänomen, das die trägen Großparteien SPÖ und ÖVP nicht fassen können. Er entspricht keiner Norm und ignoriert Regeln; ist skrupellos, missachtet Tabus. »Das war eine völlig andere Art der politischen Kommunikation, frech, provokativ. Im Vergleich dazu staubte es bei den anderen Parteien zu den Ohren raus«, sagt Herbert Kickl 2016 gegenüber der *Zeit*. Vor der Ära Haider kommt die FPÖ bei der Nationalratswahl 1983 auf fünf Prozent. Mit ihm als Obmann geht es ab 1986 steil nach oben. Haider verfünffacht das Ergebnis. 1999 wird die FPÖ mit 26,9 Prozent knapp zweitstärkste Partei vor der ÖVP.

Haiders berühmter Buberl-Partie aus den 1990er Jahren gehört Kickl nicht an. Die »Buberl« sind ideologiefreie, junge Männer mit Spaßbedürfnis, Haider hat sie persönlich gefischt. Kickl ist zu dieser Zeit in Wien, er hat keinen Zugang zum Parteichef. Die Fête-Blanche-Szene rund um den Wörthersee ist nicht seine Welt. Haider, der sechste, und Kickl, der 14. Bundesparteiobmann der FPÖ, ähneln einander vielmehr auf ideologischer Ebene. Wie Kickl dreißig Jahre später sieht Haider

»Religion, Glaube, Geschichte und Nation« durch die 68er und »antiautoritäre Demokratisierer« bedroht. Er hält die klassische Familie und »natürliche Gemeinschaften« hoch, die der »organischen und ethischen Gebundenheit des Menschen« entsprechen.

Haider studiert in Mindestzeit Jus, während draußen der Umbruch stattfindet. Nichts anfangen kann er mit den »Haschbrüdern« und »Langhaarigen«, die sich an der Universität Wien herumtreiben. Die Rechtswissenschaft ist dabei nicht seine allererste Wahl. Nach dem Bundesheer immatrikuliert er zunächst an der Universität Salzburg, um Geschichte und Germanistik zu studieren. Es zieht ihn wie Kickl zu den Geisteswissenschaften.

In der strikten Ablehnung von allem, was sie für links halten, sind Haider und Kickl Brüder im Geiste. Haider hält das »anmaßende Gehabe linker Autoritäten« für abstoßend und wirft »ultralinken Minderheiten« vor, sie würden »die öffentliche Bewusstseinsbildung manipulieren«. Die Formulierungen könnten von Ghostwriter Kickl stammen. Deckungsgleich sind auch die Vorbehalte gegenüber dem bürgerlichen Lager: Beide halten es für schlapp, feige und unzuverlässig. »Die bürgerliche Masse ist selbst zu einer unkritischen Beifallsgesellschaft gegenüber der Gegenkultur und ihren Akteuren geworden«, schreibt Haider. Zur Gegenkultur zählt er auch »die Heilsapostel in Massenmedien, Literatur, Film und Theater«. So sehr er über linke urbane Milieus zetert, versucht Haider doch während seiner Zeit in Wien, Anschluss daran zu finden – aus Interesse, und weil er an den Einfluss dieser »Heilsapostel« glaubt. Anders Kickl: Er hat nicht das geringste Bedürfnis, an »selbsternannten Eliten« auch nur anzustreifen.

Haider und Kickl sehen sich zuvorderst als Sozialpolitiker und gelten innerparteilich deshalb als Linke. Wie Kickl ist auch der junge Haider Sozialsprecher des freiheitlichen Klubs im Nationalrat. Das Engagement für »den kleinen Mann« ist nicht nur Rhetorik. Beide setzen sich für Schwache ein, einziges Kriterium: ein österreichischer Pass. Für sich selbst zelebrieren sie öffentlich Kasteiung. Schon als junger Abgeordneter echauffiert sich Haider in den eigenen Reihen, wenn Politikerbezüge erhöht werden. Auch Kickl lehnt 2023 die Anpassung der Gehälter für Politiker lautstark ab, wird aber in der eigenen Partei ignoriert, etwa von Salzburgs Landesobfrau Marlene Svazek. Wer selbst über ein Zusatzeinkommen verfügt, kann andere leicht zum Verzicht auffordern. Haider war Großgrundbesitzer, Kickl erhält jahrelang neben seiner Abgeordnetengage mehr als zehntausend Euro monatlich von der Wiener FPÖ für Beratung in Kommunikation, Strategie und politischem Marketing.

Beide denken über die Reform der Staatsordnung nach. Sie wollen das Repräsentationsprinzip durch direkte Demokratie und plebiszitäre Elemente aufweichen. Haider entwirft und propagiert das Konzept einer Dritten Republik. Kickl übernimmt es teilweise. Haider richtet die FPÖ ständig neu aus. Er macht sie zur Bewegung, ändert die Kurzbezeichnung von FPÖ auf F – und wieder zurück. Kickl hält nichts von derartigen Experimenten. Gleich sind sie in ihrer Überzeugung, dass die FPÖ ständig in Schwung bleiben soll. Auf eine Kampagne muss die nächste folgen. »Als Oppositionspartei hast du eine bestimmte Rolle und ein Anforderungsprofil. Du bist in einem ständigen Ringen um Aufmerksamkeit«, meint Kickl.

Auch charakterlich haben die beiden Gemeinsamkeiten. Sie sind voller Häme und können gegenüber anderen verletzend sein, Parteifreunde eingeschlossen. Haider nennt seinen

Generalsekretär Peter Westenthaler – nach dessen Geburtsnamen – »den Hojac«. Kickl heißt den früheren EU-Abgeordneten Andreas Mölzer einen »Politrentner«. Beide benutzen Gewaltbilder. Haider will Gegnern den »Bart versengen«, Kickl ihnen »auf das Hosentürl schlagen«. Beide lehnen »Hedonismus« ab. Und beide sind keine Teamspieler.

Ein Unterschied: Kickl umgibt sich nur mit Gleichgesinnten. Haider ist offener, holt auch Quereinsteiger mit anderen Meinungen in die Partei und den Parlamentsklub. Er ist für Schmeicheleien und Anbiederungen empfänglich, Kickl vor lauter Misstrauen dagegen immun. Beide wagen als Junge Widerspruch im Kreise Älterer. Weil meist klug ist, was sie sagen, werden sie dazu ermuntert.

Seine intellektuelle Überheblichkeit könnte sich Kickl von Haider abgeschaut haben, vor allem im Umgang mit Journalisten. Schon während das Gegenüber eine kritische Frage formuliert, beginnen beide leicht zu grinsen: Sie wissen, was kommt, und sie wissen auch, wie sie es parieren. Beide haben ein gestörtes Verhältnis zur Medienfreiheit und verdammen die »Systempresse«. Haider will dafür sorgen, dass »in den Redaktionsstuben weniger gelogen wird«, und Kickl, dass »ein anderer Wind weht im Land«.

Wer intellektuell überheblich ist, tendiert zur Besserwisserei. Haider und Kickl sind Rechthaber, die immer das letzte Wort behalten wollen, so sehr, dass sie sich verrennen. Nach seinem Sager von der »ordentlichen Beschäftigungspolitik« im Dritten Reich lässt Haider seine Mitarbeiter recherchieren, ob man seine Aussage mit historischen Fakten unterfüttern kann. Auch als er die österreichische Nation »eine ideologische Missgeburt« nennt und lauten Protest auslöst, versucht er, seine These zu belegen. Ähnliches bei Herbert Kickl: Nach seiner Empfehlung im Herbst 2021, bei einer Covid-Infektion das Wurmmittel Ivermectin einzunehmen, erntet Kickl heftige Kritik von Ärzten und Apothekern und beißenden Spott in den Medien, da Ivermectin auch zur Tierbehandlung eingesetzt wird. Kickl beharrt darauf, wiederholt seine Empfehlung, verweist auf Ärzte und Krankenhäuser und fordert eine Studie dazu. Journalisten belehrt er abseits der Öffentlichkeit auch persönlich.

Haider und Kickl kommunizieren ähnlich und greifen dabei zu denselben Tricks. Sie missinterpretieren andere vorsätzlich, um Gesagtes ins Gegenteil zu wenden. Auf der Rednerbühne entfalten beide ihre Wirkung: Haider ist kräftiger, Kickl aggressiver. Für Applaus sagen sie auch Dinge, von denen sie wissen, dass sie unwahr sind. Haider weiß um seine Strahlkraft, Kickl wirkt in seinen Reden immer noch überrascht, wie viel Applaus ihm aus dem Publikum entgegenbrandet.

Haider, Jahrgang 1950, klärt nie sein Verhältnis zur NS-Zeit. Die Prägung durch sein belastetes Elternhaus ist zu stark. 1995 hält er in Krumpendorf eine Rede vor Mitgliedern der Kameradschaft IV, der Organisation von Veteranen der Waffen-SS, und nennt diese »anständige Menschen, die einen Charakter haben, und die auch bei größtem Gegenwind zu ihrer Überzeugung stehen und ihrer Überzeugung bis heute treu geblieben sind«. Auch Kickl will die Waffen-SS nicht pauschal als verbrecherische Organisation bezeichnen. In einer ATV-Diskussionssendung im September 2010 verteidigt er die Mitgliedschaft des steirischen FPÖ-Politikers Gerhard Kurzmann bei der Kameradschaft IV offensiv: »Da werden wir uns nicht darauf verständigen können, dass ein Verein als solcher oder eine Einheit wie die Waffen-SS kollektiv schuldig zu sprechen ist.« Kickl ist historisch gebildet, er kennt die Geschichte der

Waffen-SS – und die Liste ihrer Kriegsverbrechen. Im Gegensatz zu Haider hält er Österreich nicht für eine »ideologische Missgeburt«. Deutschnationalismus ist ihm fremd. Freilich lässt er es zu, dass korporierte freiheitliche Studenten rechtsextreme Vortragende nach Wien einladen oder die blaue Jugend ein hetzerisches Video veröffentlicht, in dem die Kamera auf den »Hitler-Balkon« am Heldenplatz schwenkt.

Jörg Haider ist die buntere Figur: charismatisch; ein Schauspieler mit narzisstischen Anlagen und Bedürfnis nach Aufmerksamkeit; disziplinlos, unruhig, ausschweifend, mit großer Garderobe. Kickl ist grau, beherrscht, ohne Eskapaden, asketisch, rational. Als Minister trägt er herkömmliche Anzüge. Beide machen den Eindruck, viel mit sich selbst beschäftigt zu sein. Haider geht spontan auf alle Menschen zu und lässt sich auch auf Debatten mit Bürgern auf der Straße ein. Kickl trifft nur mit eingefleischten Anhängern zusammen.

Haider hat den weiteren Blick. Nach dem Studium ist er kurz davor, mit einem Fulbright-Stipendium für ein Jahr an die Columbia University in New York zu gehen. Auch als Politiker faszinieren ihn die USA. Kickl reicht Kärnten. Haider spricht alle Schichten an, vom Arbeiter bis zum Universitätsprofessor. Kickl konzentriert sich auf die Unzufriedenen. Haider ist der geborene Politiker und Anführer, eine Ausnahmebegabung, Kickl ein verbissener politischer Autodidakt, dessen Eignung zur Nummer eins hinter vorgehaltener Hand sogar von Parteifreunden angezweifelt wird. Haider ist Jurist und Reserveoffizier. Kickl hat Studium und Einjährig-Freiwilligen-Jahr beim Bundesheer abgebrochen. Glaubt man Heinz-Christian Strache, hielt Haider Kickl nicht zum Politiker geeignet: »Haider achtete darauf, dass Kickl keine offizielle Funktion übernahm. Denn Haider dürfte früh erkannt haben, dass Kickl ein guter Werbestratege und Marketing-Profi in der zweiten Reihe war, aber kein Sympathieträger für die breite Öffentlichkeit.«

Was sich zwischen Haider und Kickl im Mai 2005, kurz vor der Abspaltung des BZÖ von der FPÖ, abspielt, schildern Beteiligte 18 Jahre danach als dramatisch: Kurz vor der Spaltung trifft sich Haider mit Eingeweihten. Kickl ist dabei, er hat Bedenken. Haider herrscht ihn an. Er wisse, dass Kickl ihn an Strache verraten habe. Als »Brutus« soll Haider ihn bezeichnet haben, als »Verräter«. Kickl kontert kühl: »Du hast die Partei verraten.« Der Versuch einer Aussprache in einem Wiener Hotel scheitert.

Als Kickl im Juni 2005, wenige Wochen nach der Spaltung, erneut gegen Haider polemisiert, schießt der BZÖ-Geschäftsführer in Kärnten, Manfred Stromberger, zurück. Auch Stromberger hat lang in der Freiheitlichen Akademie gearbeitet, Seite an Seite mit Kickl. Nun rechnet er in einer Aussendung ab: Kickl betreibe »ein eigenartiges Spiel« und sei »eine lächerliche und völlig unglaubwürdige Person«. Stromberger schildert die Tage im Mai so: Kickl habe vor der Gründung des BZÖ bei Landeshauptmann Jörg Haider »um politisches Asyl« in Kärnten angesucht, mit der Begründung, er wisse als Geschäftsführer der Freiheitlichen Akademie »um die internen Vorgänge in den destruktiven Kreisen« Bescheid und könne »diese Linie nicht mittragen«. Straches politisches Umfeld sei »dilettantisch« und deren politische Forderungen »absurd«. Daher habe Kickl den Wunsch, »nach Kärnten flüchten« und wieder im Team von Jörg Haider »mitarbeiten« zu wollen.

Jörg Haider äußert sich nach der Parteispaltung nicht mehr über seinen früheren Vertrauten. Gegenüber dem Magazin *Datum* sagte er einmal, Kickl sei kein Ghostwriter gewesen, sondern habe bloß Stichworte geliefert: »Er kann ganz gut formulieren. Herausragend war er nicht. Die besseren Sager fielen immer mir ein. Er kann ganz lustig sein, aber wir hatten nie ein besonders enges Verhältnis.« Zu Haiders Zeit war Kickl stets in hinteren Reihen. Im BZÖ wäre sein rasanter Aufstieg nicht möglich gewesen. Nach Haiders Tod im Oktober 2008 macht Kickl seinen Frieden mit ihm. Das BZÖ geht bei der Wahl 2013 unter, die FPÖ ist wieder geeint. Jörg Haider, die politische Universalbegabung, träumte davon, Bundeskanzler zu werden, scheiterte aber am Selbstzerstörungstrieb. Herbert Kickl, weniger begabt, dafür disziplinierter, kann zu Beginn des Wahljahres 2024 darauf spekulieren, das Amt zu erlangen, das Haider versagt blieb.

Hans Dichand, 2010 verstorbener Herausgeber und Chefredakteur der *Kronen Zeitung*, schätzte Haider und unterstützte dessen Widerstand gegen die große Koalition. In der Regierung wollte er Haider und die Freiheitlichen nicht sehen. Er bezweifelte ihre Eignung. Haider sollte Krokodil, nicht Kanzler sein. Massiv ließ er Anfang des Jahres 2000 seine Zeitung gegen Wolfgang Schüssel, Jörg Haider und ihr schwarz-blaues Projekt anschreiben.

Im September 2023 erscheint ein langer, farbig unterlegter Leserbrief in der *Krone*. Der Titel lautet: »Was Hans Dichand zu Kickl sagen würde«. Neben dem Leserbrief ist das berühmte Foto abgebildet, das Jörg Haider und Wolfgang Schüssel 2000 im blauen Porsche zeigt. Autor des Leserbriefs ist der langjährige *Krone*-Innenpolitik-Redakteur Peter Gnam. Er schreibt: »Ein Herbert Kickl klopft vehement an die Tür des Kanzleramtes, führt in allen Umfragen deutlich vor SPÖ und ÖVP und ist am Sprung zum Regierungschef. Was würde Hans Dichand dazu sagen? Vielleicht, dass es in politisch unruhigen Zeiten besser wäre, Österreich in ruhigere Gewässer zu manövrieren? Und dass ein Kickl mangels politischen Augenmaßes nicht der richtige Mann dafür wäre? Vermutlich ja, aber man weiß es nicht. Leider …«

STRACHES GENERAL

Herbert Kickl steigt zum unverzichtbaren Strategen auf.
Die FPÖ wird aggressiver – und schließlich Regierungspartei.

Der erste gemeinsame Auftritt von Heinz-Christian Strache und Herbert Kickl findet am 7. April 2005 bei einer Pressekonferenz statt. Drei Tage zuvor hat Jörg Haider die FPÖ verlassen und das BZÖ gegründet. Die Partei ist in ihrer Existenz bedroht. Zu diesem Zeitpunkt sehen Meinungsforscher beide Parteien, Blaue und Orange, bei etwa vier Prozent, ohne Überlebenschancen. Strache trägt einen hellen Anzug, gestreiftes Hemd und grüne Krawatte. Rechts von ihm sitzt Norbert Hofer, dunkles Sakko, blassrote Krawatte. Links etwas abseits sitzt Herbert Kickl und sieht anders aus. Er ist unrasiert, trägt ein blaues Hemd mit offenem Kragen und eine grün-braune Jacke. In den kommenden Tagen wird er immer neben Strache sitzen, bei Pressekonferenzen, in Sitzungen des FPÖ-Parteivorstands. Es sind drei noch junge Männer, die 13 Jahre später Regierungsmitglieder sein werden.

Strache wettert gegen Haider: »Haider hat sich wie ein Kind verhalten, das eine Sandburg gebaut hat, und bevor ein anderes Kind damit spielen kann, hüpft er drauf und zerstört sie.« Dass Haider das BZÖ in der Wiener Urania präsentiert habe, sei nur natürlich: »Das ist jener Ort, wo das Kasperltheater Tradition hat.« Die Pointen klingen deutlich nach Kickls Machart. Aber noch weiß niemand, ob das etwas aufgesetzt wirkende Selbstbewusstsein nicht bald in sich zusammenfallen wird.

Am 23. April 2005 findet in der Salzburgarena wie geplant der 27. Ordentliche Bundesparteitag der FPÖ statt. Ohne

Abspaltung des BZÖ wäre es zu einer Kampfabstimmung zwischen Strache und Haider gekommen. Nun stellt sich der Wiener Landesparteiobmann allein der Wahl. Mit neunzig Prozent der Delegiertenstimmen wird er zum zehnten Parteiobmann der FPÖ gewählt. Strache ist 35 Jahre alt, der jüngste Chef in der Geschichte der Partei. Haider war 36, als er 1986 die FPÖ übernahm. Durch die Salzburgarena schallt Bonnie Tylers Hymne »Holding Out for a Hero«. Doch statt Aufbruchstimmung herrscht Verunsicherung. Das blau-orange Schisma zeigt Wirkung. Im Anschluss an den Parteitag bestellt die neu konstituierte Parteileitung Herbert Kickl zum Generalsekretär.

Der Kärntner Kickl und der Wiener Strache sind fast gleich alt. Kickl ist im Oktober 1968 geboren, Strache im Juni 1969. Beide stammen sie aus einfachem Elternhaus, verfügen mit Matura – Strache holt sie in Abendkursen nach – über den gleichen Bildungsabschluss. Kickl war an der Universität, Strache ist Zahntechniker. Jörg Haider ist ihr gemeinsames Idol. Jetzt, im April 2005, beginnen sie ein Projekt, das die FPÖ 2017 in die Regierung führen und 2019 wegen des Ibiza-Videos jäh enden wird. Kickl beschreibt Strache einmal so: »Ich würde sagen, dass Strache nicht in dem Sinn der Kapitän, sondern der Stürmer ist. Er ist der Goalgetter.« Seine eigene Aufgabe sieht Kickl wieder einmal im Hintergrund: »Wenn eine Partei ein Schiff ist, dann bin ich lieber im Maschinenraum als beim Kapitänsdinner.« Zusatz: »Dort ist auch der Torpedoraum.«

Kickl, der Maschinist, erhält darüber hinaus eine Reihe von Zuschreibungen. Oft wird er »Straches Hirn« – oder, sarkastischer: »Hirnprothese« – genannt; »Mastermind«; »Strippenzieher«; »Rasputin«. Er richtet die FPÖ ganz auf Strache aus, der sich in Wahlkämpfen bis zur Erschöpfung verausgabt und im Lauf der Jahre seine Stimme ruiniert. Vor manchen Auftritten muss sich der FPÖ-Chef Spritzen direkt in die Stimmbänder setzen lassen. Die Heiserkeit wird er nie wieder los. Der totale Einsatz für die Partei verleitet Strache Jahre später zu der Überzeugung, dass diese ihm viel schulde. Die großzügigen Spesen aus der FPÖ-Kassa versteht er als Kompensation.

In den ersten Wochen als Parteimanager ist Kickl vor allem damit beschäftigt, die Landesparteien davon abzuhalten, zum BZÖ überzulaufen. Finanziell stehen die Freiheitlichen vor einem Desaster. Jörg Haider und das BZÖ hinterlassen der FPÖ hohe Schulden, behalten aber die Klubförderungen. Dazu tobt ein Markenstreit. Das BZÖ gibt sich zwar mit Orange eine neue Parteifarbe, beansprucht die Bezeichnung »freiheitlich« aber für sich. So heißt Haiders BZÖ-Landespartei offiziell »Die Freiheitlichen in Kärnten«. Ein Gericht wird jedoch im Sinne der FPÖ entscheiden.

Erste Herausforderung für das Duo Strache-Kickl ist die Wiener Gemeinderatswahl am 23. Oktober 2005, bei der Strache als Spitzenkandidat der Wiener FPÖ antritt, deren Obmann er weiterhin ist. Es ist der Wahlkampf, für den Kickl einen seiner bekanntesten Slogans erfindet: »Pummerin statt Muezzin«. Als Draufgabe: »Deutsch statt Nix versteh'n« und »Wien darf nicht Istanbul werden«.

Das Publikum ist begeistert, als Strache beim Wahlkampfauftakt am Viktor-Adler-Markt in Wien-Favoriten die Bühne betritt. Die Wahl wird von der blau-orangen Spaltung überschattet. »Ich geniere mich für meine politischen Vorgänger, die über eine Million Wähler verkauft und verraten haben. Das war schändlich«, sagt Strache – und sorgt mit Kickls Kalauern für gute Stimmung: »Lieber Heimreise statt Einreise«. Die blau-orangen Streitereien wirken sich auf das Ergebnis aus. Die FPÖ kommt auf 15 Prozent, ein Minus von fünf Prozentpunkten. Es ist das schlechteste Ergebnis in Wien seit 1987. Die Partei steht beinahe wieder dort, wo sie vor Haiders Durchmarsch war. Dennoch sei die Wahl »von entscheidender psychologischer Wichtigkeit« gewesen, so Kickl. Sie habe den Funktionären und der Öffentlichkeit gezeigt, dass die FPÖ nicht nur nicht tot, sondern quicklebendig sei.

Im März 2006 initiiert Kickl das Volksbegehren »Österreich bleib frei!«. Es fordert die Stärkung der Neutralität sowie Volksabstimmungen über die EU-Verfassung und einen allfälligen Beitritt der Türkei. Es ist das erste Volksbegehren nach der Parteispaltung – und erhält immerhin 250 000 Unterschriften. Volksbegehren sind seit Haiders Zeiten das bevorzugte freiheitliche Mittel, um öffentliche Aufmerksamkeit zu erregen. Die Konzepte dafür lieferte ihm Herbert Kickl in der Parteiakademie.

Im Frühjahr 2006 formuliert Kickl das blaue Leitprinzip, das die Partei nicht mehr ablegen wird. Die FPÖ soll die »soziale Heimatpartei« sein. Das Branding enthält eine ideologische Botschaft an die Wähler und eine Kampfansage an die Mitbewerber: Das Gemeinwohl in Form von Sozialleistungen kommt nach diesem Prinzip nur Staatsbürgern zugute; und den anderen Parteien wird indirekt der Patriotismus abgesprochen, die FPÖ will exklusiv die Heimat vertreten.

Die Wiener Wahl und das Volksbegehren sind Testläufe für Kickls erste Bewährungsprobe. Am 1. Oktober 2006 finden Nationalratswahlen statt. Seit einem Jahr ist Kickl Generalsekretär der Partei. Nun bestimmt sie ihn zum Wahlkampfleiter. Wen, wenn nicht ihn? Das Comeback der FPÖ vergleicht Kickl mit einem breiten Bach, den man überqueren muss. Die Wahl in Wien war der erste trockene Stein, auf dem die FPÖ gelandet ist. Die Nationalratswahl soll der zweite werden.

Es ist eine der interessantesten Wahlauseinandersetzungen der jüngeren Geschichte, kommt es doch zu einem doppelten Duell. Um den ersten Platz ringen die ÖVP mit Kanzler Wolfgang Schüssel und die SPÖ mit ihrem Vorsitzenden Alfred Gusenbauer. Schon Wochen vor der Wahl scheint alles entschieden. Die SPÖ leidet unter der Pleite der Gewerkschaftsbank BAWAG, die als großer roter Skandal gilt. Die ÖVP ist siegessicher. Doch die SPÖ startet eine massive Kampagne gegen den »Schweigekanzler« Wolfgang Schüssel und dessen »kaltherzige« Politik bei Pensions- und Pflegereform. Das Unerwartete tritt ein, Alfred Gusenbauer siegt und bildet mit Schüssels Nachfolger als ÖVP-Obmann, Wilhelm Molterer, eine große Koalition.

Das zweite Duell wird innerhalb des gespaltenen dritten Lagers ausgetragen. Am Wahlabend kann Herbert Kickl zwar nicht jubeln, aber doch zufrieden sein. Als Ziel ist ein zweistelliges Ergebnis ausgegeben worden. Die FPÖ holt 11,4 Prozent und kann damit das desaströse Ergebnis von 2002 – als es die Partei nach dem Platzen der ersten schwarz-blauen Koalition aufrieb – wenigstens um einen Prozentpunkt verbessern, trotz der direkten orangen Konkurrenz. Das BZÖ erreicht mit dem Spitzenkandidaten Peter Westenthaler 4,1 Prozent und schafft damit knapp den Einzug in den Nationalrat, was die FPÖ-Freude an diesem Abend etwas trübt. Gefeiert wird trotzdem, wie so oft im Wirtshaus Adam hinter dem Wiener Rathaus, einem Stammlokal der Freiheitlichen. Nach der Auszählung der Wahlkarten verliert die FPÖ ihren dritten Platz noch knapp an die Grünen. Es wird das letzte Mal gewesen sein, dass ihr das passiert.

In einem Beitrag für einen Sammelband zur Wahl 2006, den die Journalistin Barbara Tóth und der Politikberater Thomas

Hofer herausgeben, schreibt Kickl, Hauptziel seines Wahlkampfs sei es gewesen, den »psychologischen Vertrauensverlust
in die Marke FPÖ zu kompensieren«. Dazu setzt er ab dem Zeitpunkt der Spaltung auf Konfrontation. Bei der Gemeinderatswahl 2005 ruft die FPÖ das »Duell um Wien« aus, bei der Nationalratswahl 2006 das »Duell um Österreich«. Martialische
Begriffe wie »Duell«, »Kampf«, »Schlacht« oder »Krieg« sind
typisches Kickl-Vokabular in der politischen Auseinandersetzung. Spitzenkandidat Strache wird unter dem Motto »Einer
gegen alle Anderen« vermarktet. Aus Heinz-Christian Strache
macht Kickl die Marke »HC«. Es ist kein neuer Zugang: Schon
Jörg Haider wird in den 1990er Jahren als »Jörg« gebrandet.

Kickl lässt »HC«-Teddybären verteilen und erfindet die
Comic-Figur »HC-Man«, ein muskulöser blauäugiger Held
im Superman-Trikot, der die Österreicher vor Halunken aller
Art – und vor allem: Herkunft – rettet. Der eigens aufgenom-
mene »HC-RAP« (»Ich bin HC, ein Volksvertreter, vielleicht sogar Überzeugungstäter«) wird 300 000-mal von den FPÖ-Web-
sites heruntergeladen. Das blaue Programm verdichtet Kickl
zu einem Reim: »Daham statt Islam«. In einem Interview mit
dem Journalisten Benedikt Narodoslawsky für dessen 2010 ver-
öffentlichtes Buch »Blausprech« sagt Kickl: »Ein guter Werbe-
slogan verbindet die Emotion mit dem Inhalt oder öffnet die
Tür zum Inhalt über die Emotion. Der Bauch ist schneller als
der Kopf.« Nicht nur in der Kommunikation, auch technisch
geht Kickl neue Wege. Auf Basis von Meinungsumfragen, Sta-
tistiken und Bevölkerungszahlen entwickelt er ein Verfahren,
das er »Potenzialanalyse« nennt. Damit sollen Hausbesuche
und Direct Mailings effektiver eingesetzt werden.

Nach der Wahl bittet Bundespräsident Heinz Fischer die
Chefs aller Parlamentsparteien zu Gesprächen. Auch Heinz-

Christian Strache wird in die Hofburg geladen. Der FPÖ-Bundesparteiobmann nimmt einen Begleiter mit, und zwar keinen seiner acht Stellvertreter, sondern Herbert Kickl, seinen Wahlkampfleiter. Auch in den Gesprächen zwischen den Parteien nach der Wahl ist Kickl wie selbstverständlich Mitglied des blauen Teams. Er spielt jetzt ganz oben mit. Sein Selbstbewusstsein wird deutlich, als er zur Möglichkeit einer abermaligen Koalition mit der ÖVP befragt wird: »Wir sind für alle Gespräche offen. Aber die ÖVP soll einmal den Schüssel abmontieren.« Auch knapp zwanzig Jahre später erinnern sich FPÖ-Politiker, wie sehr Strache Kickl in den Sitzungen der Parteigremien lobt und offen einbekennt, dieser sei für ihn unverzichtbar. Persönlich bedeutet die Nationalratswahl am 1. Oktober 2006 für Herbert Kickl einen Höhepunkt. Als drittgereihter Kandidat auf der Bundesliste – hinter Strache und der niederösterreichischen FPÖ-Chefin Barbara Rosenkranz – zieht er erstmals in den Nationalrat ein. Im Parlamentsklub wird Kickl Sprecher für die Bereiche Arbeit und Soziales, Lehrlinge, Kultur und Sport.

Einen Monat nach der Wahl wird der erste neugewählte Abgeordnete der Freiheitlichen auffällig. Wolfgang Zanger, Alter Herr einer Burschenschaft, sagt im ORF-*Report*, es habe »natürlich« auch gute Seiten am Nationalsozialismus gegeben. So habe es »den Leuten Hoffnung gegeben, als der Führer gekommen ist, der angefangen hat, mit verschiedenen Bau-Ideen. Straßenbau und Autobahn sind damals entstanden.« Erstmals – und in der Folge immer wieder – muss Kickl als Generalsekretär zur Rechtfertigung ausrücken: Zanger habe nur die Aussagen einer Zeitzeugin wiedergegeben und »keine Wertung im Sinn eines Gutheißens« des NS-Regimes vorgenommen. Er warne vor »Hysterie oder künstlicher Aufregung«.

Im Jänner 2007 ist es der Parteichef, der für Aufregung sorgt. In Medien werden Bilder veröffentlicht, die den jungen Heinz-Christian Strache bei Wehrsportübungen mit anderen Männern im Military-Outfit zeigen, darunter einzelne, die einige Jahre später wegen rechtsextremer Umtriebe vor Gericht landen. Der FPÖ-Chef weist die Vorwürfe zurück. Es handle sich nicht um Wehrsportübungen, sondern um harmlose Paintball-Spiele. Ein weiteres Bild taucht auf. Es zeigt Strache mit Band und Mütze seiner Pennalen Burschenschaft Vandalia an einem Tisch sitzen. Drei Finger der rechten Hand sind gespreizt. Ein Vorwurf wird laut: Es handle sich um einen unter Neonazis verbreiteten, getarnten Hitler-Gruß. Er habe nur drei Bier bestellt, sagt Strache.

Unter Verdacht, die Fotos in Umlauf gebracht zu haben, gerät der FPÖ-Abgeordnete Ewald Stadler. Der frühere Volksanwalt – er ist auch Präsident der Freiheitlichen Akademie – bestätigt, die Fotos zugespielt bekommen zu haben. Er habe sie aber nicht an Medien weitergeleitet, sondern dem FPÖ-Bürgeranwalt Hilmar Kabas übergeben.

Seit der Wahl im Oktober 2006 ist Kickl vom früheren FPÖ-Klubobmann Stadler – Spitzname »Dobermann« – zunehmend genervt. Denn dieser zelebriert sein Comeback im Nationalrat und spielt sich als starker Mann hinter Parteichef Strache auf. Stadler wiederum missfällt der Einfluss, den Kickl auf Strache ausübt. Zum Streitfall wird die Freiheitliche Akademie. Nach der Wahl legt Kickl seinen Job als Geschäftsführer zurück, Stadler bleibt ihr Präsident. Doch plant Kickl dessen Entmachtung. Um Stadler loszuwerden, gründet die FPÖ-Führung eine neue Akademie und nennt sie »Freiheitliches Bildungsinstitut«. Stadler ist brüskiert. Die Strache-Fotos wertet Kickl als dessen Rache. Intern werden erste Forderungen laut, Stadler wegen parteischädigenden Verhaltens aus der FPÖ auszuschließen. Im März 2007 hat Herbert Kickl seinen ersten innerparteilichen Widersacher erledigt: Ewald Stadler tritt freiwillig aus der FPÖ aus, bleibt aber bis zum Ende der Gesetzgebungsperiode Abgeordneter.

Dieses kommt schneller als erwartet. Schon ein Jahr später muss Kickl die blaue Wahlkampfmaschine hochfahren. Im Juli 2008 beendet ÖVP-Vizekanzler Wilhelm Molterer die Koalition mit der SPÖ mit den berühmt gewordenen Worten »Es reicht«. Die Neuwahl wird für den 28. September angesetzt. Verglichen mit 2006 ist die Ausgangslage für Kickl einfacher. Die Partei hat wieder Geld, Wahlerfolge in den Bundesländern verleihen Schwung. Im Nationalrat sitzen nicht nur zwei FPÖ-Abgeordnete, sondern – Ewald Stadler nicht mitgerechnet – zwanzig. Doch ein Unterschied zu 2006 ist wesentlich: Für das BZÖ tritt nicht mehr Peter Westenthaler als Spitzenkandidat an, sondern Jörg Haider. Überraschungskandidat auf der BZÖ-Liste ist der bei der FPÖ in Ungnade gefallene Ewald Stadler. Zu Beginn des Wahlkampfs thematisiert die FPÖ Jörg Haiders angebliche Homosexualität und unterstellt Stadler ein Naheverhältnis zum Landeshauptmann. In einer freiheitlichen Presseaussendung ist zu lesen, Haider würde sich »im Tollhaus mit Knaben vergnügen und seine Püppchen tanzen lassen«. Zitiert wird allerdings nicht Herbert Kickl, sondern sein Kompagnon als Generalsekretär, Harald Vilimsky. Nach der Wahl wird die FPÖ dafür gerichtlich verurteilt.

2006 setzt Herbert Kickl auf den Kulturkampf gegen den Islam, 2008 auf soziale Kampfparolen: »Soziale Sicherheit für unsere Leut'« und »Heimatland braucht Mittelstand«. Aber auch auf Bewährtes aus dem blauen Fundus: »Asylbetrug heißt Heimatflug« und »Volksvertreter statt EU-Verräter«. Ideen für derartige Slogans werden oft »im ungezwungenen Beisammensein bei drei Bier erdacht«, so der FPÖ-Bundesgeschäftsführer Hans Weixelbaum. Manchmal entwickelt Kickl Konzepte aber auch im Alleingang beim Bergsteigen und fertigt dort sogar Skizzen für Plakate an.

Prinzip aller Wahlkampagnen ab 2005 ist ihr Wiedererkennungswert. Die Plakate ähneln einander. Kickl setzt auf die Farben Blau, Weiß und Rot, manche Schriften sind gelb. Die rot-weiß-rote Fahne ist häufig zu sehen, ebenso der Bundesadler. Fotos werden bearbeitet: Die Augen des Spitzenkandidaten HC Strache auf den Plakaten strahlen in hellerem Blau als in Wirklichkeit. Wenn Kickl kopiert, dann ungeniert und von den Besten. So bedienen sich die Freiheitlichen im Wahlkampf 2008 an der damaligen Kampagne des US-Präsidentschaftskandidaten Barack Obama. Die Website der FPÖ ähnelt frappant jener des US-Demokraten. Und selbst der Claim »Yes We Can« wird kopiert, um Strache als Austro-Obama zu positionieren.

Für die junge Wählerschaft vermarktet Kickl Strache als Austro-Version des Che Guevara. Das weltberühmte Porträt der Linken-Ikone wird mit Straches Gesicht verfremdet und auf T-Shirts gedruckt. Der Wahlkampf-Rap dieses Jahr lautet »Viva HC«, darunter die Verszeilen: »Multi-Kulti-Tralala – die Grünen sind mit'm Radl da« und »Kreiskys Erben sind Verräter, schon lange keine Volksvertreter«. Der Radiosender Ö3 parodiert den Rap und verschafft ihm damit Aufmerksamkeit und Reichweite. Kickl sagt dazu im Buch »Blausprech«: »Die leben ja davon, dass sie den Rap verreißen. Und wir leben davon, dass wir verrissen werden.« Das marxistische Weltbild des echten Che Guevara ist für Kickl kein Problem, wie er dem Magazin *Format* sagt: »Da geht es um den revolutionären, systemverändernden Anspruch, der kann auch von rechts kommen.«

Ideengeber für die »StraCHE«-Figur und die Jugendkampagne waren der Ring Freiheitlicher Jugend und ihr Obmann Johann Gudenus. Der umtriebige RFJ-Chef aus deutschnational-adeligem Hause ist ein enger Strache-Freund. Schon im Wahlkampf 2006 zieht er mit dem FPÖ-Obmann von Disco zu Disco. Und auch 2008 besuchen sie mit ihrem Tross Abend für Abend Lokale, in denen Strache den HC-Rap zum Besten gibt. Eines ihrer bevorzugten Getränke ist schon damals Wodka Red Bull.

Die Nationalratswahl am 28. September 2008 endet mit einem blauen Sieg. Die FPÖ legt um über sechs Prozentpunkte zu und kommt auf 17,5 Prozent. Wie schon unter Jörg Haider wird die FPÖ stärkste Partei bei Wählern unter 29 Jahren und bei Arbeitern. Heinz-Christian Strache ist nun ein Popstar – und Kickl hat ihn dazu gemacht. Das BZÖ und ihr Spitzenkandidat Jörg Haider erreichen nur 10,7 Prozent.

Knapp zwei Wochen nach der Wahl, am 11. Oktober um 1.15 Uhr nachts, kommt der Kärntner Landeshauptmann bei einem Autounfall auf der Loiblpass-Straße in der Ortschaft Lambichl nahe Klagenfurt ums Leben. Er selbst saß stark alkoholisiert am Steuer. Die ersten Wahlen nach seinem Tod sind die Kärntner Landtagswahlen am 1. März 2009. Diesmal hat der direkte Konkurrent, Haiders BZÖ, den besseren Slogan: »Wir passen auf dein Kärnten auf«. Die offizielle Listenbezeichnung führt den verunglückten Landeshauptmann fünf Monate nach dessen Unfalltod noch an: »Die Freiheitlichen in Kärnten – BZÖ Liste Jörg Haider«. Die BZÖ-Freiheitlichen erringen 45 Prozent, Kickls Original-FPÖ verpasst den Einzug in den Landtag. Der nimmt es im Nachhinein gelassen. Gegen Emotionen, wie sie Haiders Tod auslösen, könne man mit der besten Wahlkampagne nichts ausrichten. Der Trost: Bei der am selben Tag stattfindenden Salzburger Landtagswahl verzeichnet die FPÖ deutliche Gewinne.

Im Wahlkampf für die EU-Wahl am 7. Juni 2009 schafft Kickl eine Situation, die in einer professionellen politischen Kommunikation eigentlich vermieden werden sollte: Der Wahlkampfleiter zieht mehr öffentliche Aufmerksamkeit auf sich als der Spitzenkandidat. Andreas Mölzer kämpft wacker, doch im Mittelpunkt steht der Erfinder des FPÖ-Slogans »Abendland in Christenhand«. Es ist – wieder einmal – eine bewusste Provokation. Kickl hat den Wirbel einkalkuliert. Die Islamische Glaubensgemeinschaft bezeichnet die Kampagne als »hetzerisch« und »kompletten Schwachsinn«. Der Ökumenische Rat der Kirchen in Österreich verwahrt sich »entschieden gegen jede Vereinnahmung des christlichen Glaubens auf Wahlplakaten«. Am schärfsten fällt die Kritik des Präsidenten der Wiener Israelitischen Kultusgemeinde aus. Ariel Muzicant im Interview mit der *Presse*: »Wenn ich den Herrn Kickl höre, erinnert mich dieses Gehetze und die Sprache an Joseph Goebbels.« Zu Kickls Verteidigung tritt der Dritte Nationalratspräsident Martin Graf auf. Er bezeichnet Muzicant als »Ziehvater des antifaschistischen Linksterrorismus«. Der Wahlkampf hat einen weiteren Aufreger. In einer Analyse nennen die Politologen Fritz Plasser und Gilg Seeber die Kampagne der FPÖ »einen an militanter Schärfe und populistischem Ressentiment nur schwer überbietbaren EU-skeptischen Wahlkampf«. Am Wahltag erreicht die FPÖ 12,7 Prozent und verdoppelt damit ihr Ergebnis von 2004. Auf die Frage, warum er derartig radikal zuspitze, erklärt Kickl: »Weil es im EU-Wahlkampf notwendig ist, weil wir da in einer Alleinstellung sind, und weil man klar Farbe bekennen muss gegen dieses Herumgelabere.«

Je härter die Kritik an ihm, desto mehr wähnt sich Kickl im

Recht. Die Politik ist aus seiner Sicht kein Geschäft für Zartbesaitete, sondern brutal. Wenn er sich verteidigt, dann mit dem Verweis auf überzogene Kritik an der FPÖ – als würden Goebbels-Vergleiche Kickls Rabiat-Sprache rechtfertigen, die sich auch direkt gegen Personen wendet. Während des EU-Wahlkampfs 2009 veröffentlicht der *Standard* ein Strategiepapier des Freiheitlichen Bildungsinstituts, das den Funktionären Stichworte zu den gegnerischen Spitzenkandidaten liefert. Der SPÖ-Kandidat Hannes Swoboda ist der »Eurokrat«, die grüne Spitzenkandidatin Ulrike Lunacek »die Kampflesbe«. Die Kritik daran ist heftig, Kickls Reaktion darauf typisch: Man dürfe nicht jedes Wort »auf die Goldwaage legen«. Und immer antwortet er mit einem Gegenangriff: »Wo sind denn all die Gutmenschen, die jetzt wegen der Wortwahl so besorgt sind, wenn Freiheitliche als Nazis bezeichnet werden?«

Im Dezember 2009 wächst wieder zusammen, was zusammengehört. Heinz-Christian Strache und der starke Mann im Kärntner BZÖ, Uwe Scheuch, verkünden, in Zukunft wieder zusammenarbeiten zu wollen. Es ist vor allem Kickl, der die Wiedervereinigung betreibt. Scheuch stammt wie Kickl aus dem Kärntner Bezirk Spittal, allerdings nicht aus einem Arbeiterhaushalt, sondern aus einer traditionell national gesinnten Familie von Großbauern. Der große Verlierer dieses Deals ist der nichtsahnende BZÖ-Bundesparteichef Josef Bucher. Im Jahr 2013 führt Bucher das rechtsliberal positionierte BZÖ – Haider nannte es »freisinnig sozial« – als Spitzenkandidat in eine aussichtslose Nationalratswahl. Am 29. September erreichen die Orangen 3,5 Prozent, fliegen aus dem Parlament und sind damit Geschichte. Die neu gegründeten NEOS und das Team Stronach ziehen dagegen in den Nationalrat ein. Die FPÖ erhält 20,5 Prozent und stößt damit beinahe in die Dimension der Großparteien SPÖ (26,8 Prozent) und ÖVP (24 Prozent) vor, obwohl mit dem Team Stronach ein neuer Konkurrent antritt, der ebenfalls die Gruppe der Protestwähler anspricht.

Das blaue Wahlprogramm hat Herbert Kickl diesmal mit dem stellvertretenden Parteichef Norbert Hofer erarbeitet. Ziel seiner Provokationen ist wieder einmal die Kirche. »Nächstenliebe« lautet der zentrale Wahlkampf-Schlager. Wem diese Nächstenliebe exklusiv zusteht, macht einer der Slogans auf einem Plakat deutlich: »Liebe deinen Nächsten. Für mich sind das unsere Österreicher«. Das Plakat zeigt Strache, dem eine ältere Dame zärtlich das Kinn tätschelt. Statt Hass predigt Kickl Liebe. Es ist der erste Versuch, das aggressive Image der FPÖ zu korrigieren und die Partei etwas in die Mitte zu rücken.

Auf die Kritik von Kirchenvertretern reagiert Kickl vorhersehbar: »Die FPÖ verwendet den Begriff nicht theologisch, sondern politisch.« Und die FPÖ sei eben die einzige Partei, die »inländerfreundliche« Politik mache. Der Begriff wird von der Forschungsstelle Österreichisches Deutsch der Universität Graz zum »Unwort des Jahres« gewählt, mit der Begründung: »Dieses an sich positive Wort wurde im Nationalratswahlkampf 2013 von einer wahlwerbenden Partei verwendet. Im gegenwärtigen politischen Zusammenhang ist damit jedoch das Gegenteil, nämlich die verhüllte Bedeutung ›ausländerfeindlich‹ gemeint.« »Inländerfreundlich« bedeutet im FPÖ-Wahlprogramm etwa, dass volle Sozialleistungen nur an österreichische Staatsbürger ausbezahlt werden. Es ist die Quintessenz des Leitbilds einer »sozialen Heimatpartei«.

Im Dezember 2013, drei Monate nach der »Inländerfreunde«-Kampagne, hält die FPÖ in Graz einen Parteitag ab. Noch beseelt vom Wahlerfolg, blickt Strache in eine strahlende Zukunft: »Unsere Zeit naht, sie kommt bestimmt. Wir stehen knapp vor dem Durchbruch.« Die Partei solle sich auf eine Regierungsbeteiligung »in fünf Jahren« vorbereiten. Der Parteitag verabschiedet einen Leitantrag, in dem der Austritt aus der EU gefordert wird, sollte diese sich nicht vom »Zentralismus« abwenden. Fünf Jahre später wird Bundespräsident Alexander Van der Bellen ein klares Bekenntnis zur EU fordern, bevor er die FPÖ-Minister angelobt. Zum Abschluss seiner Parteitagsrede in Graz bedankt sich Strache überschwänglich bei seinem Generalsekretär: »Herbert Kickl ist Tag und Nacht für mich da. Er leistet Großartiges.«

Für seinen Einsatz wird Kickl in diesen Jahren großzügig bezahlt. Er gehört zu den Bestverdienern im Parlament. Abgeordnete müssen jährlich ihre Nebeneinkünfte nach Kategorien gestaffelt melden. Nur wenige fallen in die höchste Kategorie mit mehr als zehntausend Euro pro Monat Zusatzverdienst. Am Beispiel des Jahres 2014: Neun von 183 Nationalratsabgeordneten melden Nebeneinkünfte von über zehntausend Euro monatlich, darunter gleich vier freiheitliche Mandatare: der Arzt Andreas Karlsböck, der Notar Harald Stefan und der Steuerberater Hubert Fuchs. Vierter blauer Großverdiener ist Herbert Kickl. Sein Zusatzeinkommen bezieht er von der Wiener Landespartei, die ihn für Beratungsleistungen in Werbung, PR, Marketing, Kommunikation und Strategie bezahlt. Seinen Job als FPÖ-Generalsekretär übt er ehrenamtlich aus. Der Hintergrund: Die Wiener Partei verfügt zu diesem Zeitpunkt über mehr Geld. Kickls Einkommen wird ihr von der Bundespartei retourniert. Zusammen mit dem Abgeordnetenbezug von damals 8 600 Euro verdient Kickl im Jahr 2014 also zumindest 18 600 Euro pro Monat, um zweitausend Euro mehr als ein Minister oder Landeshauptmann. FPÖ-

Chef Strache erhält als Klubobmann 14 300 Euro monatlich. Allerdings fettet er sein Einkommen über Spesen aus der Parteikassa auf.

Als Generalsekretär hält Kickl die FPÖ im Dauerkampagnen-Modus. Auch zwischen den Wahlen wird um Aufmerksamkeit gekämpft. Kickl erkennt früh den Nutzen von Social-Media-Plattformen. Schon im Herbst 2007 richtet die FPÖ einen eigenen Kanal auf YouTube ein. Übertragen werden Pressekonferenzen und öffentliche Auftritte des Parteiobmanns. Es ist die Basis für das kleine Medienimperium, über das die FPÖ 15 Jahre später ihre Inhalte an klassischen Medien vorbei an hunderttausende Fans aussenden wird. Vor der EU-Wahl 2014 verschafft sich die FPÖ ungeplant erhöhte Aufmerksamkeit. Tonbandmitschnitte einer Veranstaltung belegen, wie FPÖ-Spitzenkandidat Andreas Mölzer die EU mit dem Dritten Reich vergleicht und von einem »Negerkonglomerat« spricht. Mölzer entschuldigt sich für die »semantische Fehlleistung«. Strache und Kickl lehnen seinen Rücktritt ab. Doch dann wird ein rassistischer, unter dem Pseudonym »F. X. Seltsam« verfasster Kommentar über »echte Wiener« zum öffentlichen Aufreger, der im Jahr 2012 in Mölzers Wochenblatt *Zur Zeit* erscheint. Darin wird Fußballstar David Alaba als »pechrabenschwarz« und »typisches Wiener Produkt unserer wunderbaren multikulturellen Zuwanderungsgesellschaft« bezeichnet. Mölzer leugnet, selbst der Autor des Kommentars zu sein. Es hilft ihm nicht: Die Bezeichnung »Neglerkonglomerat« für die EU geht als »semantische Fehleistung« in der FPÖ-Führung durch, die Schmähung eines nationalen Fußballidols halten Strache und Kickl aber für potenziell parteischädigend. Mölzer zieht seine Spitzenkandidatur zurück. Ihm folgt der zweite Generalsekretär Harald Vilimsky. Bei der Wahl am 25. Mai 2014 erreicht die

FPÖ 19,7 Prozent, ein Zugewinn von sieben Prozentpunkten. Nicht nur der Wahlerfolg erfreut Kickl, sondern auch Mölzers Ausscheiden aus dem EU-Parlament. Nach Ewald Stadler verabschiedet sich ein weiterer rechtskonservativer Parteiideologe, mit dessen Gedankengut Kickl wenig anfangen kann. Stadler ätzt: »Tatsache ist, dass die FPÖ ohne Mölzer nicht einmal mehr einen weltanschaulichen Atomkern hat.« Übrig bleibe »eine ideologiebefreite Disco-, Spaß- und Clubbing-Partie«. Kickls Reaktion: »Es wäre am besten, Stadler einen Exorzisten zu schicken.« Kirchliche Anspielungen funktionieren nicht nur auf Wahlplakaten.

In dieser Zeit ist Kickl als Verteidiger gefordert. Im November 2014 nimmt er den niederösterreichischen FPÖ-Landesparteiobmann Christian Höbart in Schutz, der Asylwerber auf Facebook als »Höhlenmenschen« bezeichnet. Dessen Aussagen seien zwar »sicherlich überspitzt«, aber kein Grund für einen Rücktritt. Die steirische Abgeordnete Susanne Winter warnt vor einem »muslimischen Einwanderungs-Tsunami« und nennt den Propheten Mohammed einen »Kinderschänder«. Auch das ist noch mit der Parteilinie vereinbar. Im Oktober 2015 äußert Winter Zustimmung zu einem antisemitischen Posting (»Die zionistischen Geld-Juden weltweit sind das Problem«) auf ihrer Facebook-Seite. Nun sieht sich sogar die FPÖ-Führung gezwungen durchzugreifen. Herbert Kickl fordert Winter zum Rücktritt auf. Die Abgeordnete verweigert und wird aus der FPÖ ausgeschlossen. Ihr Mandat behält sie. In der FPÖ sei »kein Platz für Antisemitismus«, sagt Kickl – und nutzt den Eklat sogleich für ein Ablenkungsmanöver. Nun sei es an den Kritikern der FPÖ, »allen Erscheinungsformen des Antisemitismus, insbesondere in Gestalt der aktuellen islamistischen Bedrohung, entschieden entgegenzutreten«. Im Jahr 2009 ist

Kickl noch weniger sensibel, als der Vorarlberger Landesparteichef Dieter Egger den Direktor des Jüdischen Museums in Hohenems, Hanno Loewy, als »Exil-Juden aus Amerika« bezeichnet. Es sei »lächerlich«, diese Aussagen als antisemitisch zu interpretieren.

Zu den Aufgaben eines Generalsekretärs zählt es, im Auftrag seines Parteichefs renitente Landesparteien zur Räson zu bringen. Im Juni 2015 räumt Kickl den »Sauhaufen«, wie er es nennt, in Salzburg auf und veranlasst den Ausschluss mehrerer Spitzenfunktionäre wie den des langjährigen Landesparteiobmanns Karl Schnell. Kickl duldet keine Disziplinlosigkeiten: »Gestern war der letzte Tag einer selbstherrlichen Parteispitze, eines Art Karl-Schnell-Anbetungsvereins. Heute ist der erste Tag einer FPÖ Salzburg, die ein Teil des bundesweiten freiheitlichen Erfolgskurses wird.« Im Juli 2015 steht Kickl selbst unter Beschuss. Über die Klagenfurter Kommunikationsagentur »Ideenschmiede« sind Gelder aus Aufträgen des Landes Kärnten an die Freiheitlichen weitergeleitet worden, ein klassisches Kickback-Geschäft. In der Folge kommt es zu mehreren gerichtlichen Verurteilungen. Die Wirtschafts- und Korruptionsstaatsanwaltschaft geht auch Vorwürfen nach, Kickl sei an der Agentur verdeckt beteiligt. Der Jäger wird selbst zum Gejagten. Die anderen Parlamentsparteien fordern ihn auf, sein Mandat bis zur Klärung der Anschuldigungen ruhend zu stellen. Die Staatsanwaltschaft stellt jedoch keinen Antrag auf Aufhebung der parlamentarischen Immunität des FPÖ-Generalsekretärs. Kickl wird weder als Verdächtiger noch als Beschuldigter geführt. Die Affäre bleibt dubios, aber für ihn folgenlos.

Am 27. August 2015 kontrollieren Polizeibeamte einen Kühllastwagen, der in einer Pannenbucht auf der Ostautobahn bei Parndorf geparkt ist. Das Führerhaus ist leer. Als die Beamten die Türen des Laderaums öffnen, bietet sich ihnen ein grauenhaftes Bild: dutzende Leichen, ineinander verkeilt, teils im Verwesungszustand. Insgesamt 71 Flüchtlinge, die in dem Lastwagen von Ungarn nach Österreich geschmuggelt wurden, sind tot. Sie stammen aus dem Irak, dem Iran, Syrien und Afghanistan. Im Stephansdom zelebriert Erzbischof Christoph Schönborn eine Gedenkmesse. Die Pummerin läutet.

Spätestens seit Mitte August zeichnet sich die Flüchtlingskrise des Jahres 2015 ab. Tausende überschreiten täglich die grüne Grenze zwischen Serbien und Ungarn. Am 4. September marschieren Flüchtlinge vom Budapester Ostbahnhof in Richtung österreichischer Grenze. Herbert Kickl wirft dem österreichischen Regierungschef Werner Faymann vor, »aus dem Bundeskanzleramt eine Art Reisebüro für Wirtschaftsflüchtlinge zu machen«. Ende Oktober wird der Grenzübergang zu Slowenien bei Spielfeld von tausenden Flüchtlingen überrannt. Im Verlauf des Herbsts bekommt die Regierung die Lage unter Kontrolle. Landesweit werden Notquartiere eingerichtet. Private nehmen Flüchtlinge auf. Ein neuer Begriff entsteht: »Willkommenskultur«. Von Bundespräsident Heinz Fischer abwärts begrüßen Spitzenpolitiker Flüchtlinge, vor allem aus Syrien und Afghanistan, am Wiener Westbahnhof. Ein Regierungsmitglied lässt sich nicht dort blicken: Außenminister Sebastian Kurz. Seine Pressesprecher raten ihm zwar dazu, sein Chefstratege Stefan Steiner hält ihn aber davon ab.

Die Flüchtlingskrise verleiht der FPÖ zusätzlichen Schub, den sie in die anlaufende Bundespräsidentenwahl mitnimmt. Ursprünglich favorisiert die Parteiführung um Strache und

Kickl für die Spitzenkandidatur die frühere ORF-Moderatorin und ÖVP-Politikerin Ursula Stenzel, die mittlerweile für die FPÖ im Wiener Gemeinderat sitzt. Doch in den Bundesländern, vor allem in der mächtigen oberösterreichischen Landesgruppe, regt sich Widerstand gegen die Überläuferin. Norbert Hofer muss ran, gegen seinen Willen. Der Dritte Nationalratspräsident, Jahrgang 1971, fühlt sich zu jung für das Amt und scheut aufgrund seiner Behinderung die Strapazen eines Wahlkampfs. Diese werden länger dauern, als Hofer – oder irgendjemand sonst – zu diesem Zeitpunkt denkt.

Bei der Präsentation der ersten Wahlplakate passiert dem Perfektionisten Kickl ein Missgeschick. Der Vorhang lässt sich nicht öffnen. Kickl muss das Plakat händisch enthüllen. Wenig überraschend setzt der Generalsekretär auch in diesem Wahlkampf auf ein bewährtes Motiv. Der Slogan lautet: »Deine Heimat braucht dich jetzt«. Der erste Wahlgang am 24. April 2016 endet mit einer Überraschung. Die Kandidaten von SPÖ und ÖVP stürzen ab. Gewinner ist Norbert Hofer mit 35 Prozent, Zweiter der grüne Kandidat Alexander Van der Bellen mit 21 Prozent. Eine Stichwahl muss die Entscheidung bringen. Kickl vermarktet Hofer als »Stimme der Vernunft« und bemüht auf einem Plakat sogar die Bundesverfassung: »Das Recht geht vom Volk aus – Ein neues Amtsverständnis«. Gegenüber dem Mitbewerber verschärft er den Ton: »Ich kaufe Herrn Van der Bellen den lieben, alten Opa nicht ab. Er ist ein Linker, und er wird in der Hofburg einen linken Kampfauftrag gesellschaftspolitisch umsetzen.« Es ist der Beginn einer Konfrontation, die schließlich am 22. Mai 2019 eskalieren wird, als Van der Bellen Kickl als Innenminister entlässt, ein einmaliger Vorgang in der Geschichte der Zweiten Republik.

Die Stichwahl am 22. Mai 2016 endet »arschknapp«, wie es

der designierte Bundespräsident Van der Bellen salopp formuliert. Der grüne Kandidat erhält 50,35 Prozent, Norbert Hofer 49,65 Prozent. Kurz nach der Wahl erhält die FPÖ Hinweise auf Unregelmäßigkeiten bei der Auszählung der Briefwahlstimmen in dutzenden Gemeinden. In einer 152-seitigen Beschwerdeschrift ficht sie die Wahl vor dem Verfassungsgerichtshof an, der sie schließlich für ungültig erklärt. Die zweite Stichwahl muss zunächst aufgrund fehlerhafter Wahlkuverts verschoben werden. Endlich, am 4. Dezember 2016, geht die Wahl ordnungsgemäß über die Bühne. Diesmal siegt Van der Bellen deutlicher.

»Bundespräsidentenstichwahlwiederholungsverschiebung« wird zum Wort des Jahres gewählt.

Kickl und Hofer führen die Niederlage auf zwei Faktoren zurück. In einer TV-Diskussion vor dem ersten Wahlgang vergreift sich der sonst dauerfreundliche Hofer im Ton: Man werde sich »noch wundern, was alles gehen wird«, wenn er Bundespräsident sei. Die abrupte Drohgebärde schadet seinem sorgsam gepflegten Image nachhaltig. Und in einem Facebook-Video, das von Van der Bellens Wahlkampfteam organisiert wird, warnt die 89-jährige Holocaust-Überlebende Gertrude Pressburger vor der zunehmenden Radikalisierung im Land und empfiehlt Van der Bellen zur Wahl. Das Video wird dreieinhalb Millionen Mal angeklickt.

Am 26. Jänner 2017 wird Van der Bellen im Historischen Sitzungssaal des Parlaments von der Bundesversammlung als Bundespräsident angelobt. Die freiheitlichen Mandatare klatschen nur kurz, manche gar nicht. Elf Monate später wird der neue Bundespräsident Herbert Kickl zum Innenminister ernennen.

DER EINZELGÄNGER

Herbert Kickl ist voller Misstrauen. Hinter der souveränen
Fassade steckt eine unfertige Persönlichkeit.

Wenn es eine Eigenschaft gibt, die in Herbert Kickls Wesen besonders ausgeprägt ist, dann ist es das Misstrauen. Er hegt es auch gegenüber den Mitstreitern in seiner eigenen Partei. Bis heute hält er Distanz zu den FPÖ-Obmännern von Wien und Oberösterreich, Dominik Nepp und Manfred Haimbuchner, die ihn nicht an der Parteispitze sehen wollten. Als Innenminister misstraut er seinen eigenen Beamten, vor allem jenen, die er für Parteigänger der ÖVP hält. Er misstraut seinen politischen Mitbewerbern, nicht nur der ÖVP, die ihn 2019 aus dem Innenministerium wirft. Sein Misstrauen macht ihn destruktiv. In Oppositionszeiten schickt Klubobmann Heinz-Christian Strache lieber die Abgeordneten Dagmar Belakowitsch oder Walter Rosenkranz in die Präsidialsitzungen des Nationalrats, um ihn zu vertreten, Kickl hält er für zu feindselig gegenüber den anderen Parteienvertretern.

Vor allem misstraut Herbert Kickl den Medien. Auch deswegen reagiert er in Interviews oft aggressiv. Das Misstrauen geht so weit, dass er selbst banale Fragen nicht offen beantwortet, um sich nur ja keine Blöße zu geben. Auf die Frage beim ORF-Sommergespräch 2022, wann er zuletzt geweint habe, meint er: »Vor lauter Lachen, als ich ›Stan & Ollie‹ gesehen habe.« Als Kickl im März 2019 in der Ö3-Serie »Frühstück bei mir« zu Gast ist, lädt er die Moderatorin Claudia Stöckl nicht in sein Haus im niederösterreichischen Purkersdorf, sondern zu Kaffee und Haferflocken ins Innenministerium.

Sitzt man Kickl als Interviewer gegenüber, streckt man zur Vorbereitung auf das Gespräch unbewusst den Rücken durch. Denn auch Kickls Körper ist ständig gespannt. Selbst wenn er sich im Fauteuil zurücklehnt, lässt er die Hände auf den Kanten der Lehnen ruhen, als ob er sich jederzeit nach vorn katapultieren wollte. Kickl hat große Augen und blinzelt kaum, was ihn manchmal fanatisch wirken lässt. Ein Interview ist für ihn ein Duell, das selbst dann nicht endet, wenn das Tonband nicht mehr läuft. Andere Politiker werden im Off-Gespräch jovialer, Kickl legt noch eins drauf. Es kann passieren, dass er dem Interviewer aus seinem Büro nachläuft, um ihn im Abgang schnell noch auf einen Denkfehler im letzten Artikel hinzuweisen. Am Ende will er recht behalten. Nicht nur gegenüber Journalisten: Auch Parteifreunde verstrickt er so lange in Diskussionen, bis er das Gefühlt hat, sich durchgesetzt zu haben. Kickl argumentiert nicht, er belehrt und wird auch im Vieraugengespräch nicht locker. Er verliere nie seine Abwehrhaltung, sagt ein Abgeordneter einer Oppositionspartei, »er redet selbst im Off so, als wäre eine Kamera auf ihn gerichtet«. Argwohn zählt ebenfalls zu Kickls Eigenheiten. Der FPÖ-Obmann nimmt von allen oft das Schlechteste an, wittert überall Feinde. Nach der Wahl 2017 bewertet Kickl eine Koalition mit der ÖVP skeptisch, da er fest davon überzeugt ist, Sebastian Kurz werde die FPÖ hintergehen. So wie nach blauer Lesart Wolfgang Schüssel in der ersten ÖVP-FPÖ-Koalition die Freiheitlichen vorsätzlich geschwächt hat, indem er Susanne Riess gegen Jörg Haider ausspielte.

Das eigenartige Misstrauen erklärt – zum Teil – auch Kickls Aggressionspotenzial. Wer argwöhnisch ist, bleibt in dauerhafter Lauerstellung, stets bereit, verbal zurückzuschlagen. Kickl wappnet sich mit Schutzmechanismen. Stefan Petzner, der frühere Sekretär von Jörg Haider und BZÖ-Politiker, sagt gegenüber dem Magazin *Datum* über Kickl: »Er ist eine interessante, aber schwierige Persönlichkeit. Er ist sehr von sich eingenommen, bestimmend und duldet keinen Widerspruch. Gleichzeitig wirkt er aber oft unsicher und ist sensibel. Bei ihm weiß man nie, wo der Mensch aufhört und der Stratege beginnt.«

Im persönlichen Gespräch erlebt man Kickl selten völlig entspannt, selbst wenn man ihn jahrzehntelang kennt. Er ist leutselig, freundlich, kann aber bei einem falschen Wort sofort wieder in die Offensive kippen. ÖVP-Minister erzählen, Kickl sei in der Regierung immer derjenige unter den Blauen gewesen, der am häufigsten widerspricht. Bei Regierungsklausuren steht Kickl am Abend lieber abseits. Auf Konversation mit seinen ÖVP-Regierungskollegen verzichtet er gern, wie ein ÖVP-Spitzenpolitiker es schildert: »Zu Kickl konnte man kein Vertrauensverhältnis aufbauen. Mit anderen FPÖ-Ministern gab es zwischendurch Spaß. Mit Kickl habe ich nie gelacht.«

Hat Kickl jedoch einmal Vertrauen in jemanden gefasst, lässt er ihn nicht mehr fallen. Bloß gilt dies nur sehr, sehr wenigen Leuten, und fast ausnahmslos sind es Menschen, die er seit langer Zeit kennt. Mit Bernhard M. etwa, seinem gleichaltrigen Nachbarn aus Kindheitstagen in der Erdmannsiedlung, verbindet Kickl eine innige, unerschütterliche Freundschaft. Als wir M. kontaktieren und ihn um ein Gespräch über Kickl bitten, antwortet er, er wolle zuerst mit Kickl sprechen. Am nächsten Tag meldet er sich und lehnt ein Gespräch ab. M. ging nicht aufs Gymnasium, sondern machte eine Lehre als Bäcker und Konditor. Kickl sagt, M. sei für ihn »fast wie ein Bruder gewesen«. Jörg Haider ging in Seilschaften auf den Berg, Kickl ist auch in der Natur gern allein. Seine Lieblingsregion zum Klettern ist das Gesäuse im Ennstal. In der

FPÖ hat Kickl nur wenige enge Vertraute. Einer ist sein Büroleiter, Reinhard Teufel, der nach der Wahl in Niederösterreich FPÖ-Klubobmann im Landtag in Sankt Pölten wird. Büroleiter bleibt er. Auch Teufel lässt niemanden an sich heran. Kickl braucht ihn. Über sein Einzelgängertum reflektiert Kickl selbst: Es habe ihm vielleicht eine Karriere beim Militär, wo Teamarbeit gefragt wäre, unmöglich gemacht. Auf die Frage von Claudia Stöckl im Ö3-Interview, ob er ein Einzelgänger sei, antwortet er: »Vielleicht habe ich einen Zug zur Einsiedelei.« Kickl ist ein Mann, der sich nur auf sich selbst verlassen will.

Regelmäßig zieht sich der FPÖ-Obmann aus dem Alltagsgeschäft zurück und ist dann tagelang selbst für die eigenen Leute schwer erreichbar. »Zur Erholung«, sagt er. Sogar als Innenminister verabschiedet er sich zwischendurch für ein paar Tage in die Dolomiten – ohne Handyempfang. An Sitzungstagen des Nationalrats verbringt Kickl nicht viel Zeit im Plenum. Oft verlässt er den Saal bereits nach seiner eigenen Rede. Nur hin und wieder kommt er am Rande von Nationalratssitzungen mit Berichterstattern ins Gespräch, allerdings nie aktiv. Man muss sich ihm fast aufdrängen. Dann erzählt er auch Persönliches, ohne tatsächlich Privates preiszugeben, etwa dass er sich von Wolfgang Schüssel abgeschaut habe, mit seinen Kräften hauszuhalten. Dennoch ist Kickl für einen Spitzenpolitiker oft krank. Vielleicht setzt ihm der Stress mehr zu, als er zugibt. Im Juli 2022 erleidet er einen Hörsturz. Heinz-Christian Strache lädt innenpolitische Journalisten zu geselligen Treffen in das Schweizerhaus im Wiener Prater oder zum Ganslessen bei seinem Lieblingswirt im neunten Bezirk. Dazu bringt er seine Führungscrew mit. Norbert Hofer mischt sich dabei zwanglos unter die Medienleute. Kickl hingegen ist bei diesen Veranstaltungen selten dabei, und wenn, dann unterhält er sich lieber mit den anwesenden FPÖ-Mitarbeitern. Als Parteichef streicht er diese Termine ersatzlos.

Ein Spitzenpolitiker muss kein Teamspieler sein. Kickl ist Individualist. Mannschaftssport hat ihn nie gereizt, Fußball spielte er nur ein Jahr in der Jugendmannschaft der WSG Radenthein. Wohl nicht zufällig hat er den Triathlon – Schwimmen, Radfahren, Laufen – für sich entdeckt. Eine Sportart, bei der man stundenlang mit sich selbst kämpft. Und selbst da ist ihm der Trubel bald zu viel, und er sucht Herausforderungen, an die sich nur die Allerwenigsten heranwagen: Extremtriathlons, bei denen die Distanzen noch länger sind. Als Kickl mit Mitte dreißig damit beginnt, beherrscht er keinen Kraulstil. Er will sich selbst beweisen, dass er es schaffen kann, und beginnt mit intensivem Schwimmtraining. Auch im Sport geht er – wie in der Politik – geplant vor. Er kauft Bücher, erarbeitet Trainingspläne, achtet auf richtiges Aufwärmen und seine Ernährung.

Am 28. Juni 2014 startet Kickl, 45, schließlich beim »Celtman«, einem Extremtriathlon im Norden Schottlands, der wegen seiner eisigen Temperaturen und enormen Höhenunterschiede gefürchtet ist. Für die Schwimmdistanz von 3,4 Kilometern im Atlantik, die 200 Kilometer lange Radstrecke und den daran anschließenden Marathon braucht er insgesamt 16 Stunden, vier Minuten und 36 Sekunden. Zwei Jahre später verbringt er beim »Evergreen«-Extremtriathlon in Chamonix, Frankreich, unglaubliche 22 Stunden, 58 Minuten und 14 Sekunden auf der Strecke. Wer sich über einen solchen Zeitraum zu einer körperlichen Höchstleistung motivieren kann, besitzt auf jeden Fall Willenskraft. Kickl ist stolz darauf, bei keinem der Wettbewerbe je aufgegeben zu haben. Er sagt, es sei »eine gute Schule für andere Dinge«.

In einer Partei wie der FPÖ, in der Kameradschaft und Männerbünde zählen, fallen Einzelgänger wie Kickl besonders auf. Stammtischrunden sind nicht seine Sache. Geht er dennoch einmal ins Wirtshaus, »dann trinkt er nicht ein, sondern gleich zehn Bier«, wie FPÖ-Funktionäre erzählen. Standhaftigkeit und Härte sind für den spartanischen Kickl wichtige, blaue Tugenden. Dazu zählt, zu zweifelhaften Aussagen – ob eigene oder die seiner Mitstreiter – zu stehen. Er hält nichts davon, sich im Nachhinein zu distanzieren. »Wenn man sich von allem distanziert, dann wird man keinen Meter vorwärtskommen«, sagt er. Von der eigenen Härte ist er überzeugt: »Ich bin aus einem Holz geschnitzt, dass ich Herausforderungen annehme.«

Haider scharte eine Gruppe von Jüngern um sich, die notorische »Buberlpartie«. Der eigenbrötlerische Herbert Kickl zählte nie dazu. Der Gewandteste unter den Haider-Jüngern war Karl-Heinz Grasser, der spätere – gestrauchelte – Finanzminister. Herbert Kickl kann man als Antithese zu Grasser verstehen. Grasser ist der strahlende Autohändlersohn aus der Landeshauptstadt Klagenfurt, der von allen gemocht werden will. Kickl braucht solche Sympathie nicht. Als Minister meidet er glamouröse Veranstaltungen wie den Opernball. Dass er nicht sonderlich beliebt ist, irritiert ihn nicht. Auch als Parteichef lassen ihn schlechte Beliebtheitswerte kalt, wie er in einem *profil*-Interview im Mai 2021 anmerkt: »Wenn man es von hinten liest, bin ich der Erste.«

Für einen Politiker, zumal einen Parteichef, ist Kickl überraschend menschenscheu und gehemmt. Er ist ein Volkstribun mit Kontaktstörung. Österreichische Spitzenpolitiker nutzen gern die heimische Zeltfestkultur, um Bürgernähe zu demonstrieren. Sie besuchen die Rieder Messe, den Altausseer Kirtag oder das Wachauer Volksfest. Dort schütteln sie Hände, setzen sich zu erstaunten Bürgern an den Biertisch, trinken Schnaps und führen mehr oder weniger gelungene Gespräche. Sie setzen sich der Öffentlichkeit aus, mit dem Risiko, vom Bürger auch einmal abgewiesen oder angeschnauzt zu werden. Bei etwas Pech ist in solchen Momenten ein lokales TV-Team dabei.

Herbert Kickl will keine unliebsamen Überraschungen erleben, sondern die Kontrolle über das Geschehen behalten. Der Mann, der »Volkskanzler« sein will, mischt sich nur organisiert unter seine Bürger. Den Auftakt ihrer groß vermarkteten Herbsttour 2023 begeht die FPÖ am 1. Oktober mit viel Pomp am Hartberger Oktoberfest. Vor dem Festzelt werden Messer gratis geschliffen und Kleider genäht. Drinnen spielt wie so oft die John Otti Band auf. Allerdings endete das offizielle Hartberger Oktoberfest schon tags zuvor. Die steirische FPÖ nutzt das Bierzelt für einen Extra-Tag, um Herbert Kickl Fans geplant zuführen zu können.

Kickls Kontrollsucht richtet sich auch gegen die eigene Partei. Kurz vor Weihnachten 2023 wird bekannt, dass FPÖ-Politiker Auslandsreisen in Zukunft vorab melden müssen. Nur vom Chef soll niemand etwas wissen dürfen. Selbst gegenüber den eigenen Leuten schottet sich Kickl ab. Kaum ein Freiheitlicher hat mit ihm privat Kontakt. Holt ihn jemand in seinem Haus in Purkersdorf ab, kommt Kickl vor die Tür. Hinein lässt er niemanden. Regelmäßige Heurigen-Besuche oder Grillabende finden nicht statt. Ein privater Herrenausflug nach Ibiza mit alkoholreichen Abenden und Disco-Besuchen ist bei Kickl unvorstellbar. Er wolle keine FPÖ-Kollegen außerhalb der Arbeit treffen, sagt er einmal: »Keiner von ihnen geht mir ab, und ich auch niemandem.« Seinen fünfzigsten Geburtstag im Oktober 2018 feiert er mit Parteifreunden im unspektakulären Café Rathaus in Wien, wo er auch sonst gern – allein – sitzt.

»Kümmert's euch ein bisschen um den Herbert«, soll Heinz-Christian Strache seine Mitarbeiter öfter gebeten haben.

Aber auch außerhalb der FPÖ hat Kickl nur wenige enge Freunde. Als er im April 2018 seine langjährige Lebensgefährtin Petra auf dem Standesamt Purkersdorf heiratet, ist niemand dabei, nicht einmal ein Trauzeuge. Nur der Purkersdorfer Bürgermeister und ehemalige SPÖ-Innenminister Karl Schlögl macht dem frisch getrauten Paar seine Aufwartung, wie immer, wenn in Purkersdorf geheiratet wird. Schlögl ist einigermaßen überrascht, als er ganz allein mit dem üblichen Blumenstrauß vor Kickl steht. Der hingegen erzählt freudig davon, dass der SPÖ-Politiker ihm gratuliert hat. Das Familienleben hütet Kickl streng. Sein Sohn versucht sich als Autorennfahrer und studiert. Seine Frau, eine Juristin, arbeitet in der Volksanwaltschaft, wo sie dem Geschäftsbereich des FPÖ-Volksanwalts Walter Rosenkranz zugeteilt ist.

Kein anderer Spitzenpolitiker verfügt über ein Aggressionspotenzial wie Herbert Kickl. Er interpretiert es allerdings als Tugend: »Ich bin nicht rabiat, sondern konsequent. Ich halte nichts davon, wenn Politiker einander schonen. Man braucht Konfliktfähigkeit. Dieses ›Ich-tu-dir-nix,-du-tust-mir-nix‹ verrät die Interessen der Bevölkerung. Mich kann man nicht einseifen«, sagte er in einem *profil*-Interview. Vor der niederösterreichischen Landtagswahl 2023 gibt er die Parole aus, man wolle »den Krieg jetzt ins Feindesland tragen«. Ein Parteifreund sagt, Kickl habe sich einen »philosophischen Gerechtigkeitssinn« zu eigen gemacht. Das sei in der Wissenschaft von Vorteil, jedoch in der Politik, wo widerstreitende Interessen gegeneinander abgetauscht werden müssen, fehl am Platz.

Er sei »kein Chihuahua, kein Schoßhündchen«, sagte er einmal im Gespräch mit dem Magazin *News*, sondern »eher ein

Hund, der anschlägt, wenn sich Gefahr nähert«. Beispiele für Kickls Feindseligkeit finden sich zuhauf. Erwartungsgemäß ist es der FPÖ-Klubobmann, der den ersten Ordnungsruf im frisch renovierten Parlament erhält, als er im Jänner 2023 der Regierung vorwirft, bei den Russland-Sanktionen »mit denselben Lügen« wie bei den Corona-Maßnahmen zu agieren. Im Jahr 2022 gehen zwei Drittel der Ordnungsrufe im Nationalrat auf das Konto der FPÖ – und Kickl ist blauer Spitzenreiter. Einmal unterstellt er einem Mitbewerber »Blödheit«, ein anderes Mal, »eingeraucht« zu sein.

Der FPÖ-Obmann gehört zu den reaktionsschnellsten Spitzenpolitikern des Landes. In TV-Interviews repliziert er scharf. Auf Vorhalte reagiert er sofort, indem er auf Gegenangriff schaltet. Konfrontiert ihn der ORF-*ZIB*-2-Anchorman Martin Thür mit schlechten Beliebtheitswerten, kontert er, der 2001 gestorbene ORF-Moderator Robert Hochner sei auch populärer gewesen als Thür.

Seine Parlamentsreden hält Kickl frei, allerdings sind sie immer gut vorbereitet, inklusive der berüchtigten Sager. Selbst Abgeordnete anderer Parteien erkennen an, dass er einer der gewandtesten Redner im Hohen Haus ist. »Ich reime, entwerfe Sprüche, prüfe den Rhythmus, dichte um, spreche es laut vor, suche die richtige Tonlage, eine treffende Sprachmelodie. Es ist Kompositionsarbeit, bis alles richtig am Stammtisch landet«, sagt Kickl im September 2010 gegenüber *News*. Wenn Kickl spricht, füllen sich die Ränge – und es wird still im Plenarsaal. Beim Reden streckt er oft eine Hand in die Höhe, fuchtelt mit der Faust oder richtet seinen Zeigefinger anklagend auf Kontrahenten in den Abgeordnetenbänken.

Im Parlament und bei Interviews spricht er Hochdeutsch, im Bierzelt mit Kärntner Einschlag. Hohn und Spott sind seine bevorzugten Mittel. Kickls Sprachmelodie, das Auf und Ab, halb weihevoll gesungen, halb fanatisch geschrien, kippt oft in übertriebene Theatralik. Der FPÖ-Obmann liefere »in Tonfall und Ressentiment meist eine Goebbels-Parodie«, schreibt Hans Rauscher im *Standard*.

Als Innenminister ändert er sein Benehmen nicht. Eine ungeschriebene Regel im Hohen Haus besagt, dass sich Minister auf der Regierungsbank zurückhalten, da sie nur Gast im Parlament sind. Kickl hält sich nicht daran. Auch von der Regierungsbank feixt er – wie von der Oppositionsbank – gegen Redner anderer Parteien, gähnt demonstrativ oder kratzt sich mit beiden Händen unter den Achseln. Manchmal fehlt es Kickl schlicht an Stil. Bei einer Gedenkminute des Nationalrats für die Opfer des Hamas-Terrorangriffs auf Israel vom 7. Oktober 2023 ist Kickl nicht im Plenarsaal, sondern unterhält sich davor mit seinem Büroleiter Teufel. Als Innenminister fällt er durch eigentümlichen Humor auf. In einer Sitzung des Ministerrats kündigt er an, bei der I.-Mai-Feier der SPÖ einen Polizeihubschrauber im Tiefflug über den Wiener Rathausplatz schicken zu wollen, um die Redner zu erschrecken und checken zu können, wie viele Menschen wirklich daran teilnehmen.

Zu Kickls Flegeleien kommt eine gewisse Verbissenheit. »Eine etwas freundlichere, lockere und witzige Art würde Kickl gut anstehen. Er liegt inhaltlich zwar richtig, legt seine Rolle aber zu hart und aggressiv an«, sagt einer, der den heutigen FPÖ-Obmann gut kennt: Heinz-Christian Strache. Bei türkis-blauen Sitzungen ist er ein Stimmungskiller, der unangenehm ausstrahlt. Selten nur sieht man Kickl gut gelaunt, happy und zufrieden. Wann er glücklich sei, wird er einmal im ORF gefragt: »Wenn ich ein Ziel, dass ich mir gesetzt habe, erreiche. Zum Beispiel, wenn es mir gelingt, eine schwierige und nicht ungefährliche Wand erfolgreich zu durchklettern.« Fast kindlich fröhlich wirkt Kickl bei einem Wahlkampfauftritt in Kärnten, als er mit Cowboyhut auf einem Waschbrett das »Bergvagabunden«-Lied begleitet. Wahre Freude steht ihm auf einem der berühmtesten Fotos seiner Ministerzeit ins Gesicht geschrieben. Es zeigt ihn auf einem Pferd der Reiterstaffel der Bayerischen Polizei in München. Allerdings ist das Pferd viel zu groß, Kickl wirkt darauf wie ein Reitschüler. Das Gespött im Netz ist groß, Kickl verärgert.

Wie viele andere Spitzenpolitiker auch ist Kickl eitel, ohne es zuzugeben. In seinem Dachgeschoß-Büro im FPÖ-Parlamentsklubs in der Reichsratsstraße hinter dem Parlament hängen Bilder an der Wand, die Kickl beim Bergsteigen zeigen. An den Narzissmus von Heinz-Christian Strache reicht er allerdings nicht heran. Dieser lässt zu seiner Zeit über der Sitzgruppe des Büros ein überlebensgroßes Porträtfoto aufhängen, das ihn mit Che-Guevara-Mütze zeigt. Kickl ersetzt es durch ein Bild mit verschneiter Bergkette.

Als eitle Person ist der FPÖ-Obmann leicht zu kränken, auch wenn er dies abstreitet und behauptet, dass ihn nur Menschen kränken könnten, »die mir etwas bedeuten«. Die grotesk überzeichnete Kickl-Parodie des TV-Kabarettisten Christoph Grissemann kritisiert er öffentlich. Anspielungen auf seine Körpergröße ärgern ihn.

Bei einem Auftritt in Eisenstadt 2023 sagt er selbstbewusst, mit 172 Zentimetern nicht so klein zu sein. Schließlich sei der gefeierte ukrainische Präsident Wolodymyr Selenskyj auch nicht größer. Während des Wahlkampfes 2019 sagt er in Wels: »Viele von euch sind sicher nur gekommen, um zu schauen, ob ich wirklich so klein bin. Ja, ich bin nur 1,72 Meter groß, aber das reicht, um mit dem Sauhaufen in Wien aufzuräumen.«

Wer oft seine Größe thematisiert, hat vielleicht wirklich ein Problem damit.

Durchaus eitel ist Kickls Umgang mit dem philosophischen Wissen, das er sich angeeignet hat. Gern zitiert er, ohne die Quellen zu nennen. Als ihn Claudia Stöckl im Frühstücksinterview nach seiner Einstellung zum Sterben fragt, holt er aus und reflektiert über Endlichkeit, Vergehen und Neu-Entstehen, um dann den Schluss zu ziehen, dass ihm das Sterben keine Angst mache, denn »letzten Endes ist für mich das Sterben der Tod des Todes«. Stöckl wiederholt beeindruckt die letzte Formulierung, und Kickl verzichtet listig auf den Hinweis, dass er den Satz aus Hegels »Vorlesungen über die Philosophie der Religion« hat. Beleidigt reagiert Kickl, wird sein Intellekt infrage gestellt. Als er in der Covid-Pandemie das Medikament Ivermectin empfiehlt, wird er zum Gespött, da das Mittel bei Wurmbefall, auch bei Tieren, eingesetzt wird. *profil* bezeichnete Kickl daraufhin als »Wurmmittelstürmer«, was dieser dem Magazin nachhaltig übelnimmt. Einem der Autoren des Artikels richtet er aus, er sei »gespannt, ob das *profil* künftig Ärzten, die zum Beispiel das Antibiotikum Amoxicillin gegen Entzündungen verschreiben, vorwerfen wird, Schweinemedikamente zu empfehlen. Das wäre die gleiche Liga.« Betrifft er ihn selbst, kann Kickl mit Spott wenig anfangen.

Auf sein Erscheinungsbild legt der FPÖ-Obmann Wert. Greift Kickl zu einer neuen Brillenfassung, lässt er Pressemitarbeiter darauf achten, ob in Medien die aktuellen Fotos verwendet werden. Sein Fünftagebart ist getrimmt, die Haare werden regelmäßig geschnitten. Jede Strähne liegt jeden Tag gleich. Für das morgendliche Styling vor dem Badezimmerspiegel ist immer Zeit. Auf Kleidung achtet er insofern penibel, als sie nicht auffällig sein darf. Sein Lieblingsoutfit sind Jeans weißes

Hemd und dunkles Sakko, dazu eine klobige Sportuhr. Als Innenminister trägt er dunkelgraue Anzüge mit Krawatte. Seine Frau würde darauf bestehen, heißt es in der FPÖ. Bei manchen Auftritten, einmal sogar bei einem Ministerrat, zieht er einen Polizeiparka mit großem Namensschild über. Auf einem Plakat lässt er sich in einer olivgrünen Fake-Bundesheerjacke abbilden. Die Neigung zu Uniformen, schon beim jungen Kickl entwickelt, hat sich der Fünfzigjährige erhalten.

Kleidung darf bei ihm nicht elitär sein. Eine Nationalratsabgeordnete erzählt die Schnurre, wie Kickl eines Tages mit einer neuen Brille im Nationalrat auftaucht. Tags darauf trägt er wieder die alte, und auf die Frage, warum er nicht die neue benutze, meint er, er sei unsicher, ob diese nicht doch zu modisch wirke. Am nächsten Tag trägt er wieder die neue.

Als Parteichef will er seinen Stil der Partei verschreiben. Ein buntes Stecktuch im Sakko – wie es Norbert Hofer trägt – ist ihm ein Gräuel. Intern wird Kickls Aufforderung kolportiert, auf solche Stecktücher überhaupt zu verzichten. Die FPÖ als Partei der »Schnösel«, wie er es nennt, das geht gar nicht. Daher meidet er auch die gehobene Gastronomie und angesagte Lokale in der Wiener Innenstadt. Und er erwartet, dass sich kein Freiheitlicher dort blicken lässt, schon gar nicht beim Luxusitaliener Fabios, dem Treffpunkt von Reich und Schön.

Kickl hat keine Lust auf Extravaganzen. Zu seiner Zeit als FPÖ-Generalsekretär geht er nach einem Abendtermin lieber in die Gräfin am Naschmarkt an der Wienzeile, ein in die Jahre gekommenes Wiener Gasthaus, das bis in die Früh geöffnet hat und daher von Nachtschwärmern und Nachtarbeitern frequentiert wird. Kickl bleibt manchmal bis zum Morgengrauen sitzen, zum Nachdenken. Selten und nur in kleineren Runden ist er gesellig, das Bier fließt dann reichlich. Schnösel findet man in der Gräfin nicht. Nach der Pandemie und den von Kickl gehassten Lockdowns sperrt das Gasthaus zu.

Bei einer Veranstaltung einer Kommunikationsagentur wird Kickl am Ende eines einstündigen Interviews gefragt, warum er lieber in der Natur als bei gesellschaftlichen Veranstaltungen sei: »Die Natur ist gefährlich, aber sie meint es nicht böse mit dir.« Sosehr Kickl den Menschen misstraut, so sehr vertraut er der Natur. Kann man ihm vertrauen? Nach dem Rücktritt von Heinz-Christian Strache im Mai 2019 im Zuge des Ibiza-Videos könnte er gleich den Parteivorsitz übernehmen. Doch er kalkuliert anders, überlässt Norbert Hofer den Vortritt, der als Spitzenkandidat in die Neuwahlen am 29. September geht, bei der die FPÖ nur verlieren kann. Hofer zeigt sich loyal gegenüber der Partei. Selbst darf er nicht mit Kickls Treue rechnen, der eine Vorzugsstimmenkampagne für sich selbst organisiert und nach der Wahl monatelang seinen Parteichef mobbt, sogar als dieser auf Kur oder wegen einer Covid-Infektion in Quarantäne ist. Vor allem ältere Parteimitglieder und ehemalige Spitzenpolitiker der FPÖ sehen ihren Parteiobmann daher kritisch. Doch niemand wagt es, in den entscheidenden Gremien die Frage nach Kickls Charakter zu stellen. Solange er die Partei auf den ersten Platz führt, sieht man über seine Persönlichkeitsdefizite hinweg, wohl oder übel.

DER PFERDEFREUND

Als Innenminister wird Herbert Kickl selbst
zur Gefahr. Seine engsten Mitarbeiter zerstören
den Verfassungsschutz.

Am 29. Oktober 2016 findet in den Linzer Redoutensälen, den Repräsentationsräumen des Landes Oberösterreich, der Kongress der »Verteidiger Europas« statt. Veranstalter ist ein bis dahin unbekanntes Europäisches Forum Linz, geboten wird laut Einladung »eine Leistungsschau der patriotischen, identitären, und konservativen Arbeit im publizistischen, kulturschaffenden sowie politischen Bereich«. Die Burschenschaft Arminia Czernowitz hat den Kongress angemeldet. Landeshauptmann Josef Pühringer bittet das Bundesamt für Verfassungsschutz und Terrorismusbekämpfung (BVT) um eine Gefährdungseinschätzung. Dieses sieht zwar keinen Anlass für ein Verbot der Veranstaltung, warnt aber, dass auch »Vertreter der rechtsextremistischen Szene Österreichs« am Kongress teilnehmen würden. Einer der Teilnehmer ist der zukünftige österreichische Innenminister. Herbert Kickl, FPÖ-Generalsekretär und Wahlkampfleiter des Bundespräsidentschaftskandidaten Norbert Hofer, wird eine Rede halten. Medienpartner des Kongresses sind *unzensuriert.at* und *Info-direkt*, beide FPÖ-nah. Der Verfassungsschutz attestiert ihnen in seiner Analyse »zum Teil äußerst fremdenfeindliche Inhalte«, »antisemitische Tendenzen« sowie »verschwörungstheoretische Ansätze und eine prorussische Ideologie«. Die Bewertung stammt von der Leiterin des Extremismus-Referats des BVT, Sibylle Geißler. Auf der Liste der Aussteller am Kongress findet sich die rechtsextreme Identitäre Bewegung. Das oberösterreichische Landesamt für Verfassungsschutz kündigt an, die Veranstaltung »genau zu beobachten«. Es ist eine in der Geschichte Österreichs einmalige Situation: Beamte des Verfassungsschutzes werden dazu eingesetzt, bei einer Veranstaltung mit rechtsextremer Beteiligung jenen Politiker zu beobachten, der 14 Monate später Innenminister und damit oberster Vorgesetzter aller Sicherheitsbehörden der Republik sein wird. Der FPÖ verschreibt Generalsekretär Kickl seit Monaten einen gemäßigteren Kurs, er selbst hetzt in seiner Rede vor den »Verteidigern Europas« gegen »den mieselsüchtigen linken Flügel im Parlament« und »Gesinnungsfaschismus«, der den »Kongress der ganz normalen Leute« nicht verhindern könne.

Nach der Bundespräsidentenwahl, die beinahe ein blaues Staatsoberhaupt bringt, führt die FPÖ in den ersten Monaten des Jahres 2017 die Umfragen an, teils deutlich mit mehr als dreißig Prozent. Der stets misstrauische Herbert Kickl wittert dahinter eine Finte. Medien und Meinungsforschungsinstitute würden seine Partei hochschreiben, um die blauen Wähler einzulullen und die Funktionäre von SPÖ und ÖVP zu mobilisieren. Am 10. Mai 2017 tritt Reinhold Mitterlehner als Vizekanzler und ÖVP-Chef zurück. Außenminister Sebastian Kurz übernimmt die Partei und ruft Neuwahlen aus. Termin: 15. Oktober. Obwohl die FPÖ in den Umfragen führt, lautet das von den Medien ausgerufene Kanzlerduell Christian Kern gegen Sebastian Kurz, Rot gegen Türkis. Gegen die zwei Newcomer wirkt Heinz-Christian Strache, der seit zwölf Jahren die FPÖ führt, plötzlich alt. Diese Ausgangssituation hat aus FPÖ-Sicht auch einen Vorteil. Die ungeliebte Favoritenrolle ist sie damit los. Bevor der Wahlkampf im Herbst startet, gönnt sich Heinz-Christian Strache im Juli 2017 noch einen Urlaub, um Kraft zu tanken und Spaß zu haben. Deshalb fliegt er im Juli mit seinem Buddy Johann Gudenus auf die Party-Insel schlechthin: Ibiza.

Zu Beginn des Wahlkampfs steckt Kampagnenchef Herbert Kickl in einem Dilemma. Sebastian Kurz bedrängt die FPÖ mit einer inhaltlich harten, im Ton aber freundlicheren Asylpolitik und wildert damit im blauen Wählerreservoir. In dieser Situation verlässt sich Kickl erstmals nicht nur auf sein Bauchgefühl, sondern organisiert Fokus-Gruppen mit ausgewählten Bürgern, um die Stimmung zu erfassen. Die Analyse ergibt: Eine weitere Verschärfung der Rhetorik ist das falsche Mittel gegen den jovialen Rechtskurs von Sebastian Kurz und treibt blaue Wähler der ÖVP zu. Daher geht Kickl den anderen Weg. Er spült die FPÖ weich. Zentraler Begriff auf den Plakaten wird »Fairness«, die – natürlich ausschließlich – »die Österreicher verdienen«: »bei Sozialleistungen, Mindestsicherung und Pensionen«. Auf aggressive Slogans verzichtet Kickl. Die FPÖ soll sanfter wirken, ihr Spitzenkandidat Strache, mittlerweile 48 Jahre alt, milder. Kickl inszeniert ihn nicht als Revolutionär, sondern als Staatsmann. In den TV-Duellen tritt Strache ruhig auf.

Neben Strache forciert der FPÖ-Generalsekretär auch Norbert Hofer, der dank des Präsidentschaftswahlkampfs nun im ganzen Land bekannt ist. Hofer soll als Nummer zwei jene ÖVP-Sympathisanten ansprechen, die schon bei der Bundespräsidenten-Wahl für ihn stimmten. Kickl organisiert zwei Wahlkampftouren, eine für Strache, eine für Hofer. Bei Großveranstaltungen treten beide auf, FPÖ TV überträgt. 15 Prozent des Wahlkampfbudgets fließen in soziale Medien. Die auf YouTube und Facebook ausgestrahlten Videos werden 27 Millionen Mal angeklickt. Angesichts der schwierigen Ausgangssituation ist das blaue Ergebnis am Wahltag bemerkenswert. Die FPÖ erreicht 26 Prozent, ein Zuwachs von 5,5 Prozentpunkten, und liegt nur knapp hinter der SPÖ mit 27 Prozent. In Kärnten werden die Freiheitlichen sogar stärkste Partei. Gewinner ist die neue ÖVP des Sebastian Kurz, die 31,5 Prozent der Stimmen erhält. Das türkise »Wunderkind« verändert die politische Ordnung. Wie sehr der Wählermarkt in Bewegung ist, zeigen Analysen der Politikwissenschaftler Fritz Plasser und Franz Sommer. Am 15. Oktober 2017 wählen fast vierzig Prozent eine andere Partei als vier Jahre zuvor. Auch die Spätentschlossenen werden immer mehr. Nur mehr ein Drittel fühlt sich einer Partei gefühlsmäßig verbunden. Zwanzig Jahre zuvor war dieser Anteil noch doppelt so hoch. Wie Analysen des Sora-Instituts zeigen, holt sich Kurz 186 000 Stimmen aus dem FPÖ-Wählerpool des Jahres 2013. Aus dem Lager der früheren Wähler von BZÖ und Team Stronach schnappt er sich 158 000 Stimmen. Herbert Kickl hat am rechten Spielfeldrand nun einen ernstzunehmenden Widersacher.

In seiner ersten Pressekonferenz nach der Wahl zeigt Kickl Genugtuung darüber, dass gerade die Grünen, deren Hauptthema »die Verteufelung der FPÖ« gewesen sei, aus dem Nationalrat geflogen sind. »Zufrieden ist ein Hilfsausdruck für den Zustand, den ich gerade durchlebe«, sagt er. Die Verhandlungen mit der ÖVP zur Bildung einer Regierung beginnen am 24. Oktober. Kickl ist skeptisch und wird als Letzter der Koalition zustimmen. Sebastian Kurz stellt klar, die nächste Regierung müsse proeuropäisch ausgerichtet sein. Kickl sagt, im blauen Verhältnis zu Europa sei es wie in der Liebe: »Wenn man jemanden liebt, heißt das nicht, dass man immer zu ihm lieb ist.« Verhandelt wird in Untergruppen. Regelmäßig tritt auch die Sechserrunde zusammen, ein inoffizielles Gremium, das die Koalition bis zu deren Ende steuert. Teilnehmer sind Sebastian Kurz, dessen Berater Stefan Steiner, Wiens ÖVP-Obmann Gernot Blümel sowie Heinz-Christian Strache, Norbert Hofer und Herbert Kickl. Man trifft sich auch in Kurz' Privatwohnung in Wien-Meidling. Der Kanzler bestellt Sushi, Kickl bevorzugt italienische Vorspeisen.

Die türkis-blauen Koalitionsverhandlungen werden gestört, als bekannt wird, dass zwei freiheitliche Politiker an einer Konferenz auf der von Russland annektierten ukrainischen Halbinsel Krim teilnehmen. Kickl sieht kein Problem. Unruhe löst auch ein – fundiertes – Gerücht aus. Alexander Van der Bellen habe der FPÖ deutlich gemacht, den EU-Parlamentarier Harald Vilimsky und Wiens FPÖ-Vizebürgermeister Johann Gudenus keinesfalls für ministrabel zu halten. Mitte Dezember einigen sich ÖVP und FPÖ auf die Koalition. Am Ende werden die Posten vergeben. Strache überlegt, selbst das Innenministerium zu übernehmen. Allerdings würde das intensive Amt die notwendige Koordinierungsarbeit als Vizekanzler erschweren. Klar ist, dass nur ein enger Vertrauter des FPÖ-Chefs das zentrale Ressort erhalten kann. Die Wahl fällt auf Herbert Kickl, der ursprünglich als Klubvorsitzender oder Sozialminister vorgesehen war. Strache erscheint mit Kickl bei Alexander Van der Bellen in der Hofburg, um den Bundespräsidenten über die freiheitliche Ministerliste zu informieren. Als letzten Namen nennt er seinen Kandidaten für das Innenministerium. Van der Bellen ist überrascht und skeptisch. Laut Kickl habe der Bundespräsident sogar von einer »Bombe« gesprochen, und er, Kickl, habe geantwortet: »Herr Bundespräsident, das Bomberl, das werden wir schon gemeinsam entschärfen.«

Vor der Angelobung bittet der Bundespräsident alle neuen

Ministerkandidaten zum Kennenlernen einzeln zu sich in die Hofburg. Auch Kickl erscheint zum persönlichen Gespräch bei Van der Bellen. Dieser weist ihn darauf hin, dass das Innenministerium ein Staatsamt und kein Parteiamt sei. Nach den Treffen mit den designierten Ministern teilt die Präsidentschaftskanzlei mit: »Naturgemäß wurden bei den vertraulichen Gesprächen auch einzelne heikle Punkte angesprochen.«

Die blaue Besetzung des Innenministeriums, das die FPÖ gern »Heimatschutzministerium« nennen würde, ist der heikelste Punkt. Van der Bellen äußert den Wunsch, dem FPÖ-Innenminister einen ÖVP-Staatssekretär zur Seite zu stellen. Der ÖVP gefällt diese Idee. Zu den Zuständigkeiten des Innenministeriums zählt die Gedenkstätte Mauthausen. Bei Gedenkveranstaltungen des Mauthausen Komitees zur Befreiung des Konzentrationslagers sind Freiheitliche seit jeher unerwünscht. Daher wird nicht der neue blaue Innenminister für die Gedenkstätte verantwortlich sein, sondern die von der ÖVP nominierte Staatssekretärin Karoline Edtstadler. Neben der KZ-Gedenkstätte verantwortet sie den Zivildienst, Korruptionsbekämpfung und Kriegsgräberfürsorge. Kickl ist nicht begeistert. In seinem Gespräch mit Van der Bellen will er gesagt haben: »Herr Bundespräsident, ich glaube, es wird eher so sein – und Sie werden vielleicht noch an mich denken –, dass es in Wahrheit nicht einen schwarzen Aufpasser für die Blauen im Innenministerium braucht, sondern einen blauen Aufpasser für die Schwarzen.«

Am 18. Dezember 2017 werden die neuen Regierungsmitglieder im Theresiensaal des Leopoldinischen Trakts der Wiener Hofburg vom Bundespräsidenten ernannt und per Handschlag angelobt. Mit jedem Minister tauscht Alexander Van der Bellen ein paar freundliche Worte aus. Am längsten schüttelt er die Hand von Herbert Kickl, der sich kurz verbeugt, ein paar Worte murmelt, plötzlich über das ganze Gesicht lacht und abwechselnd zur Seite und auf den Boden blickt. Es wirkt wie eine Übersprunghandlung, um sich in einer Situation zu beruhigen, die Kickl Stress beschert – aber zugleich stolze Glückseligkeit: Der Arbeiterbub aus Radenthein, 49 Jahre alt, ist nun Minister. Nach der Angelobung begibt sich Kickl zu Fuß ins nahe Palais Modena in der Herrengasse, dem Sitz des Innenministeriums, um die Amtsgeschäfte zu übernehmen. Im Festsaal übergibt ihm der bisherige Hausherr, Wolfgang Sobotka, feierlich die große Fahne des Innenministeriums. Beide bemühen sich um einen festen Blick. Nun ist Kickl in der Welt der Uniformen angekommen, er selbst ist ein Befehlshaber. Die hundert führenden Kräfte des Ministeriums, die der Übergabe beiwohnen, hören auf sein Kommando. Hohe Polizeioffiziere in dunkelblauen Uniformen stehen stramm und salutieren. In seiner Ansprache nennt Kickl die Senkung der Kriminalitätsrate und den Kampf gegen illegale Migration als seine Ziele. Und er verkündet eine erste Personalmaßnahme: Der bisherige Chef der Strategieabteilung der Wiener Polizei, Peter Goldgruber, wird Generalsekretär des Innenministeriums. Der Polizeijurist ist damit offiziell Vorgesetzter der Sektionschefs und aller nachgeordneten Ämter und Behörden. Inoffiziell ist Goldgruber der blaue Aufpasser für die schwarzen Spitzenbeamten im Innenministerium, ganz so, wie es Kickl in seinem Gespräch mit Bundespräsident Van der Bellen tags zuvor angedeutet hat.

Aufmerksame Zuhörer merken bereits bei Kickls Antrittsrede, wie sehr ihn die Staatssekretärin an seiner Seite nervt. Karoline Edtstadler redet vor Kickl und verspricht den anwesenden Beamten, immer ein »offenes Ohr« für ihre Anliegen zu haben. In seiner Rede nimmt Kickl darauf Bezug und verspricht, »sogar zwei offene Ohren« zu bieten.

Kickls Abneigung gegenüber Edtstadler ist fast physisch. Von Beginn an versucht er, die Staatssekretärin und ihr Team aus den von ihnen gewählten Räumlichkeiten, die nahe dem Ministerbüro liegen, zu vertreiben. Selbst bei Kanzler Sebastian Kurz interveniert er. Am liebsten wäre ihm, Edtstadler würde aus dem Palais Modena in ein anderes Gebäude übersiedeln. Auch den Parkplatz für ihren Dienstwagen macht er ihr streitig. Kann Kickl an Veranstaltungen – wie Ausmusterungen von Polizistinnen und Polizisten – nicht teilnehmen, schickt er zur Vertretung nicht seine Staatssekretärin, sondern seinen Bürochef Reinhard Teufel oder Generalsekretär Peter Goldgruber. Von manchen Terminen erfährt Edtstadler nur durch Zufall. Als sie einmal das Ministerbüro austrickst und als Ehrengast an einer Kranzniederlegung für im Dienst getötete Polizeibeamte teilnimmt, soll Kickl getobt haben.

Für jeden Zeitpunkt will der Innenminister wissen, was seine Staatsekretärin tut. Sein Büro fordert daher – vergeblich – Zugriff auf deren elektronischen Kalender. Journalisten, die Edtstadler besuchen, sollen das Ministerium auf Kickls Wunsch hin nicht über die Hauptstiege, sondern durch den Hintereingang betreten. Kickls Abneigung nimmt groteske Züge an. Als alle Minister und Staatssekretäre bereits per Du sind, siezt er seine Staatssekretärin weiterhin. Und bei einer Weihnachtsfeier will sein Sekretariat Edtstadlers Redezeit auf ein paar Minuten beschränken.

Nicht nur seiner Staatssekretärin, auch der Ministerialbürokratie misstraut der neue Minister. Sein Kabinett führt ein Schreckensregiment. Selbst erfahrene Polizisten fühlen sich unter Druck gesetzt. Kickl wähnt sein Ressort dominiert von schwarzen Netzwerken und durchsetzt mit politischen Beamten, die ihn scheitern sehen wollen. Tatsächlich wurde das Innenministerium, seit es die ÖVP im Februar 2000 übernahm, von Rot auf Schwarz umgefärbt. Was der neue Minister aufgrund seines Schwarz-Weiß-Denkens nicht sehen will: Unabhängig von parteipolitischer Präferenz zeichnet Spitzenbeamte eine professionelle Loyalität gegenüber ihrem Minister aus. Kein Sektionschef oder Behördenleiter kann ein Interesse daran haben, dass der Minister – und mit ihm das ganze Ressort – in der Öffentlichkeit schlecht aussieht. Doch Kickl verlässt sich nur auf alte Vertraute aus der FPÖ. Für die Kommunikation holt er sich Alexander Höferl in sein Kabinett. Dieser ist Redakteur des Onlinemediums *unzensuriert.at*, dem vom Verfassungsschutz vor dem rechten Kongress in Linz »fremdenfeindliche Inhalte« und »antisemitische Tendenzen« zugeschrieben wurden. Höferl ist einer der ganz wenigen in der FPÖ, denen Kickl wirklich vertraut, vielleicht weil Höferl selbst ein ruhiger, fast scheuer Charakter ist, der nichts aus der FPÖ nach außen tragen würde. »Der Alexander Höferl ist total in Ordnung«, sagt Kickl, als Kritik an seiner Personalwahl laut wird. Auch sich selbst fühlt er missverstanden: »Man stellt mich sozusagen als das personifizierte Böse hin. Aber das entspricht nicht meinem Naturell.« Während andere FPÖ-Minister wie Beate Hartinger-Klein oder Mario Kunasek bei Ministerratssitzungen unscheinbar bleiben, tritt Kickl selbstbewusst auf. Fast immer erscheint er mit prall gefüllten Aktentaschen.

Mit Herbert Kickl beginnt die Philosophenherrschaft im Innenministerium. Im Interview mit der *Kronen Zeitung* sagt er: »Es liegt gemäß meiner philosophischen Überzeugung im Wesen des Menschen, dass er sich in Form von Staaten organisiert, dass er Bürger eines Staates ist. Der Staat mit seinen

Gesetzen ist zugespitzt formuliert die Verwirklichung meiner Freiheit und der eines jeden anderen und keine Einschränkung derselben.« Allerdings sehen bereits Kickls erste Maßnahmen Einschränkungen vor. Mitte Jänner schickt er eine Novelle zur Datenschutz-Grundverordnung zur Begutachtung, in der die Streichung der Widerspruchsrechte von Bürgern gegen die Verarbeitung ihrer Daten vorgesehen ist. Vor seiner Angelobung signalisiert Kickl der ÖVP und dem Bundespräsidenten, auch mit Vertretern der Zivilgesellschaft und mit NGOs wie der Caritas das Gespräch suchen zu wollen. Den Signalen folgen keine Taten.

Am 13. Jänner 2018 demonstrieren in Wien zwanzigtausend Menschen gegen die Regierung. Alles bleibt friedlich. Die türkis-blaue Koalition weckt weniger Widerspruch und Emotionen als das ÖVP-FPÖ-Bündnis, das Wolfgang Schüssel und Jörg Haider im Februar 2000 vereinbarten. Wenn es einen Minister gibt, der Aufregung provoziert, ist es Herbert Kickl. Nach seiner Angelobung kündigt er zwar an, als Minister »anders zu kommunizieren, vielleicht ein wenig entschleunigt«. Doch im neuen Jahr kommuniziert Kickl wie gehabt. Über die Sozialdemokratie sagt er: »Die SPÖ gibt es nicht mehr. Ich erkenne bloß herumirrende Genossen wie in einem Hühnerstall.«

Ende Jänner kündigt die Israelitische Kultusgemeinde an, im Gedenkjahr 2018 alle Veranstaltungen zu boykottieren, an denen FPÖ-Minister teilnehmen. Es ist ein besonderes Jahr des Gedenkens und der Jubiläen. 1918 endete der Erste Weltkrieg, die Monarchie zerfiel, die Republik wurde ausgerufen; im März 1938 erfolgte der »Anschluss« an das Deutsche Reich, im November kam es zu Pogromen gegen die jüdische Bevölkerung; 1948 wurde die Allgemeine Erklärung der Menschenrechte beschlossen; 1968 stand im Zeichen des allgemeinen

Umbruchs, der Studentenrevolten und des Endes des Prager Frühlings. Zu den Gedenkfeiern zur Befreiung des KZ Mauthausen werden die FPÖ-Regierungsmitglieder vom verantwortlichen Mauthausen Komitee nicht eingeladen. Die FPÖ äußert Bedauern. Generalsekretär Harald Vilimsky tritt für eine »weltoffene Bewusstseins- und Gedenkkultur« ein und fordert ein »Gedenken ohne Parteipolitik«.

Noch im Jänner gibt es die nächste Aufregung. Im Wahlkampf für die niederösterreichische Landtagswahl taucht ein antisemitisches und rassistisches Liederbuch der Wiener Neustädter Mittelschüler-Burschenschaft Germania auf, der FPÖ-Spitzenkandidat Udo Landbauer angehört. »Ich hätte es nicht für möglich gehalten, dass solche Texte kursieren, und ich lehne das auch zutiefst ab«, sagt Kickl. Seine Stellungnahme erfolgt aus Sofia, wo er beim EU-Gipfel der Innenminister erstmals mit seinen neuen Kollegen zusammentrifft. Kritiker der neuen Regierung, wie der Luxemburger Minister für Immigration und Asyl, Jean Asselborn, haben keine Scheu, sich mit Kickl zu einem Gespräch zusammenzusetzen: »Warum nicht? Ich bin ja kein Menschenfresser.« Deutschlands Innenminister Thomas de Maiziere, CDU, äußert sich nach einem ersten Treffen mit Kickl positiv. Ende des Monats veröffentlicht die Austria Presse Agentur ihr mehrmals pro Jahr durchgeführtes Vertrauensranking. Unter allen Regierungsmitgliedern genießt Kanzler Sebastian Kurz das größte Vertrauen bei den Österreichern, Herbert Kickl das geringste.

Am 3. März findet im Wasserschloss Aistersheim im Bezirk Grieskirchen in Oberösterreich erneut der rechte Kongress »Verteidiger Europas« statt. Der Verfassungsschutz beobachtet die Veranstaltung. Der Innenminister nimmt diesmal nicht teil. Schon zu Beginn seiner Ministerschaft muss Herbert

Kickl den Unterschied zwischen Oppositions- und Regierungs-
arbeit erkennen. Er spricht sich für das von der ÖVP initiierte
Sicherheitspaket aus, das die Ausweitung optischer und akus-
tischer Überwachung sowie die Nutzung von Videoüberwa-
chung bringt. Das Konzept stammt noch von der rot-schwar-
zen Vorgängerregierung. Als Oppositionspolitiker zog er dazu
DDR-Vergleiche. Nun sagt er: »Ich glaube, dass es nix Verbote-
nes ist, gescheiter zu werden, blöd wäre es in die umgekehrte
Richtung.«

Dominierende Materien während Kickls Ministerzeit sind
Asyl, Migration und Flüchtlinge. Im zweiten Halbjahr 2018
übernimmt Österreich die EU-Präsidentschaft. Bei der Verteilung der Flüchtlinge auf die Mitgliedstaaten kommt es zu keiner Einigung. Kickl kündigt »einen Paradigmenwechsel« in
der Migrationspolitik während des österreichischen EU-Vor-
sitzes an. Sein Ziel ist es, künftig keine Asylanträge in Europa
mehr zuzulassen. Schon bald muss er einräumen: »Wir reden
jetzt von einem Projekt, das vielleicht ein mittelfristiges und
längerfristiges ist.« Später erklärt er es »zur Vision, die bei allen
EU-Innenministern durchgedrungen« sei. Kickls Lieblingskol-
lege ist der neue italienische Innenminister und Parteisekretär
der rechtsgerichteten Lega, Matteo Salvini. Dieser nennt Strache und Kickl »Verbündete, um unsere Völker zu verteidigen«.

Österreichs Innenminister will als Ratsvorsitzender mit Italien und Deutschland eine »Kooperation der Tätigen« eingehen, um die europäische Migrations- und Asylpolitik zu ver-
schärfen. Zur Bekämpfung der Schlepperkriminalität soll die
EU-Grenzschutzagentur Frontex massiv ausgebaut werden.
Dazu wünscht sich Kickl Asylzentren auf dem Balkan, Asyl-
Schnellprüfungen an Bord von Rettungsschiffen im Mittelmeer und die Errichtung von Ausschiffungsplattformen in

Afrika. In der EU-Kommission und bei anderen EU-Staaten regen sich wiederholt starke Zweifel an der Umsetzbarkeit von Kickls Plänen. Seine Replik: »Nachdenken ist nicht verboten.«

Bei einem von Kickl organisierten EU-Afrika-Gipfel in Wien kommt es zum Eklat zwischen Matteo Salvini und Luxemburgs Jean Asselborn, der sich für eine organisierte Zuwanderung ins überalterte Europa ausspricht. Salvini sagt, dies sei Luxemburgs Sache. Er helfe lieber den jungen Italienern, dass sie wieder Kinder machen. Asselborn wirft seinen Kopfhörer auf den Konferenztisch und ruft: »Merde alors!« – »Scheiße noch einmal!« Gegen alle Usancen veröffentlicht Salvini danach einen Videomitschnitt des Eklats. Kickl sagt nichts. EU-Kommissionspräsident Jean-Claude Juncker kritisiert Kickls Schweigen zur Veröffentlichung des Mitschnitts. Als das Land Tirol Juncker 2019 den »Großen Tiroler Adler-Orden« verleiht, ätzt Kickl, Landeshauptmann Platter hätte den Orden besser Italiens Innenminister Salvini für dessen Migrationspolitik verleihen sollen. Am Ende der EU-Präsidentschaft bezeichnet Kickl Österreich als »Impulsgeber, Trendsetter und Vorreiter für Freiheit und Sicherheit in Europa«. Man könne fast von einer »kopernikanischen Wende« in der europäischen Asylpolitik sprechen. Auch als EU-Ratsvorsitzender bleibt die politische Vermarktung Kickls größtes Talent.

Nach dem Ende der ÖVP-FPÖ-Koalition offenbart Kickl, wie er über Europa und Österreichs Nachbarländer wirklich denkt. Neben Salvini habe er auch mit den Dänen gut zusammengearbeitet. Seine Strategie sei gewesen: »Wir nehmen die Deutschen in die Zange von Süden und von Norden, zweimal Rot-Weiß gegen die deutsche Dummheit in der Mitte.« Innenminister Horst Seehofer sei ja »durchaus beweglich« gewesen, habe sich aber »die Zähne an der Willkommenskultur-Kanzlerin ausgebissen«, sagt Kickl im Gespräch mit Werner Reichel, dem Autor des heroisierenden Buches »Kickl muss weg. Der schmutzige Kampf um die Macht«. Bei seinen ersten Reisen zur EU-Kommission oder ins EU-Parlament habe er sich »auf einem anderen Planeten« gewähnt. In Brüssel fühle man sich wie in einem »Moralisierer-Klub, aber nicht in der Wirklichkeit«. Unter den FPÖ-Funktionären steigt Kickls Beliebtheit während dessen Ministerzeit. Er wird als einziges blaues Regierungsmitglied wahrgenommen, das blaue Inhalte vertritt. Denn Norbert Hofer betreibt im Verkehrsministerium reine Sachpolitik, und Heinz-Christian Strache genießt sein unpolitisches Vizekanzler-Dasein.

Schon als Innenminister will Herbert Kickl Österreich zur »Festung« ausbauen, auch wenn er es damals noch nicht so nennt. Er lässt eine eigene Grenzschutzpolizei aufbauen. Die Truppe soll aus sechshundert Beamten bestehen und in jedem Bundesland stationiert sein, um im Ernstfall innerhalb von 24 Stunden an einem Hotspot zusammengezogen werden zu können. Der Name der Truppe: Puma. Bei einer großen Grenzschutzübung im Juni 2018 am steirischen Übergang Spielfeld kommt Puma erstmals zum Einsatz. Der Ort des Manövers ist absichtlich gewählt. Hier durchbrachen 2015 tausende Flüchtlinge die österreichisch-slowenische Grenze. Medien berichten, die neue Grenzpolizei habe schon vor dem Manöver eine Generalprobe durchgeführt, damit die Übung auch gelinge. Das Manöver läuft unter dem Titel »Pro Borders«. Der Begriff wird von den als rechtsextrem eingestuften Identitären genutzt. Deren Chef Martin Sellner frohlockt auf Twitter: »Unsere Demoparolen werden Truppenübungen.« Das Logo der Sondereinheit Puma stammt von der Klagenfurter Werbeagentur Signs, deren Inhaber ein Bekannter von Herbert Kickl ist. Es ist dem Innenministerium gratis überlassen worden. Der ehemalige Rechnungshofpräsident Franz Fiedler ortet darin »fehlendes Gespür«.

In einer Pressekonferenz am 11. Jänner 2018, vier Wochen nach seinem Dienstantritt, kündigt der Innenminister die Einrichtung von Grundversorgungszentren für Flüchtlinge an, »wo es uns gelingt, diejenigen, die in ein Asylverfahren eintreten, auch entsprechend konzentriert an einem Ort zu halten«. Flüchtlinge »konzentriert« halten? Ist es eine bewusste Provokation? Ein Lapsus? Eine Fehlleistung, die aus dem Unbewussten kommt? Erstmals muss sich Kickl nicht für die Wortwahl anderer FPÖ-Politiker rechtfertigen, sondern für seine eigene: Er weise »jedwede Herstellung einer Verbindung zwischen dem von mir verwendeten Begriff ›konzentriert‹ und Begrifflichkeiten des verabscheuungswürdigen NS-Verbrecherregimes« entschieden zurück. Verkehrsminister Norbert Hofer springt Kickl zur Seite: »Kickl ist ein Philosoph, jemand, dem Humanismus ein großes Anliegen ist. Er hat das sicher nicht bewusst oder böswillig getan. Dafür lege ich meine Hand ins Feuer.« Alexander Van der Bellen mahnt einen »verantwortungsvollen Umgang« mit der Sprache ein: »Bewusst oder unbedacht gewählte Formulierungen, die als Anspielungen auf die dunkelste Zeit unseres Landes verstanden werden können, dürfen im politischen Diskurs keinen Platz haben.« Kickls Replik an den Bundespräsidenten: »Ja, er hat recht. Aber ich möchte ergänzen: Es braucht auch einen verantwortungsvollen Umgang mit der Interpretation von Worten.« Unbedingt das letzte Wort und am Ende auch recht haben zu wollen, bleibt eine von Kickls Eigenheiten.

Herbert Kickl weiß um die Macht von Sprache und Begriffen. Und er setzt sie ein: Im März 2019 lässt der Innenminister die Schilder an den Eingängen zu den Flüchtlingseinrichtungen in Traiskirchen und Thalham austauschen: Statt »Erstaufnahmezentrum« heißen diese nun »Ausreisezentrum«. Es ist eine rein semantische Maßnahme. Formal sind die Einrichtungen weiter für neu nach Österreich gekommene Flüchtlinge zuständig. »Einen Akt der Brutalität« nennt der Wiener Kardinal Christoph Schönborn die Umbenennung. Kickls Nachfolger als Innenminister, Eckart Ratz, lässt dann wieder die alten Schilder montieren.

Wenn Flüchtlinge im Mittelmeer in untauglichen kleinen Flüchtlingsbooten von Schiffen aufgenommen würden, sei das keine »Seenotrettung«. Diese sei gegeben, wenn »man irgendwo völlig unerwartet in eine Notsituation hineinkommt«, aber nicht, wenn man sich der »Infrastruktur der Schlepper« bediene, erklärt Kickl seine Sicht der Todesfälle im Mittelmeer.

Ende Juni 2018 gesteht der Verfassungsgerichtshof intergeschlechtlichen Personen das Recht auf einen dritten Geschlechtseintrag im Personenstandsregister und in Urkunden zu. Doch Innenminister Kickl erschwert die Eintragung, indem er von diesen Personen ein medizinisches Gutachten verlangt. Im September 2018 wird eine E-Mail aus dem Innenministerium an Polizeidienststellen zur Neuausrichtung der Medienarbeit publik. Die Anregung: Die Kommunikation mit kritischen Medien solle auf das rechtlich vorgesehene Maß beschränkt werden, da diese einseitig und negativ berichten würden. In der täglichen polizeilichen Pressearbeit sollen die Herkunft von Tätern und in der Öffentlichkeit begangene Sexualdelikte offensiver kommuniziert werden. Das Innenministerium wolle damit den Fokus stärker Richtung Ausländerkriminalität richten.

Der Aufruhr wegen der Info-Sperre gegen missliebige Medien ist groß. Die Journalistengewerkschaft protestiert bei Kanzler Sebastian Kurz. Die Opposition sieht einen »Frontalangriff auf die Pressefreiheit«. Der Verlegerverband appelliert an Kickl, sicherzustellen, dass alle Medien »vollständig und diskriminierungsfrei« informiert werden. Das Innenministerium gibt nach und kündigt an, neue Richtlinien für die Medienarbeit zu erarbeiten. Herbert Kickl fordert die Opposition auf, sich nicht »aufzuplustern«. Dass nun verstärkt die Herkunft von Straftätern genannt werden solle, diene der Transparenz.

Noch mehr Wirbel löst der Innenminister im Jänner 2019 in einem Interview im ORF-*Report* aus. Dort meint er, auch Grundregeln wie die Europäische Menschenrechtskonvention seien zu hinterfragen, wenn dadurch die Abschiebung von straffällig gewordenen Flüchtlingen erschwert würde. Denn er glaube »immer noch, dass der Grundsatz gilt, dass das Recht der Politik zu folgen hat und nicht die Politik dem Recht«. Die Richtervereinigung erinnert Kickl an das »Wertegerüst unserer Rechtsordnung und die Grundprinzipien des demokratischen Rechtsstaates«. Die Rechtsanwaltskammer findet es unerträglich, »wenn die Grundsätze der Europäischen Menschenrechtskonvention infrage gestellt werden«. Der Bundespräsident zitiert Kickl in die Hofburg. Auch der Bundeskanzler führt mit seinem Innenminister ein klärendes Gespräch. Die Opposition fordert dessen Rücktritt. Kickl sagt: »Ich habe zu keinem Zeitpunkt die Europäische Menschenrechtskonvention oder die Menschenrechte als solche infrage gestellt. Genauso wenig geht aus meinen kritisierten Aussagen hervor, dass irgendjemandem die Menschenrechte abgesprochen werden sollen.« Selbst die Vorsitzende der rechten Alternative für Deutschland, AfD, Alice Weidel, sieht – dieses eine Mal –

Kickls Aussagen kritisch: »Die Politik hat dem Recht zu folgen. Alle haben sich dem Recht unterzuordnen.«

Und noch im Abgang versteht es Kickl zu provozieren. Wenige Tage nach dem Auffliegen der Ibiza-Affäre erlässt er eine Verordnung, die den Stundenlohn für Asylwerber für gemeinnützige Tätigkeiten mit 1,50 Euro begrenzt. Dies sei eine Frage der »Fairness«. Zuvor liegt er bei drei bis fünf Euro pro Stunde. Langen Bestand hat Kickls Verordnung nicht. Sein Nachfolger Eckart Ratz hebt sie auf.

Nie würde Kickl eingestehen, dass eines seiner Projekte eine Schnapsidee war, wie die berittene Polizei für Wien. Spricht man ihn Jahre später darauf an, hat er rasch ein Argument parat. Bei jedem Tag der offenen Tür der Polizei würden sich die meisten Besucher bei den Sondereinheiten und der Hundestaffel anstellen. Die Bürger mögen Tiere. Was also liege näher, als eine Spezialeinheit berittener Polizisten aufzustellen? Die Idee stammt ursprünglich von den Wiener Freiheitlichen. Im Februar 2018 kündigt Kickl einen Testbetrieb an. Nach einem Besuch beim bayerischen Innenminister Joachim Herrmann besichtigt Kickl die Reiterstaffel der Münchner Polizei und nutzt die Gelegenheit für einen eigenen Testritt. Ein bayerischer Polizist führt ein Pferd, auf dessen Rücken der österreichische Innenminister sitzt, durch einen Reitstall. Der Dienststellenleiter der bayerischen Polizei bestärkt den Innenminister: Die Pferde würden sich bei repräsentativen Anlässen wie dem Oktoberfest und auch im Streifeneinsatz bewähren und das Sicherheitsgefühl in der Bevölkerung stärken. Als Gastgeschenk hat Österreichs Innenminister eine Pferdedecke und Hafer mitgebracht. Kickl kann sich vorstellen, nach seiner politischen Karriere reiten zu lernen: »Es gibt bestimmte Dinge, die man sich vornimmt. Das steht ganz oben auf meiner Liste.«

Im Juni startet das Innenministerium die Ausschreibung für die Pferde. Der Beschaffungsplan sieht zwölf Tiere vor, die nicht jünger als sechs und nicht älter als zehn Jahre alt sein dürfen. Es sollen kastrierte Warmblüter mit braunem oder schwarzem Fell sein, wie es in der Leistungsbeschreibung heißt. Die Anschaffungskosten für Tiere, Ausrüstung und Sättel werden mit rund 380 000 Euro beziffert. Der Wiederverkaufswert nach zwei Jahren sei sehr hoch, heißt es aus dem Innenministerium. Die laufenden Kosten pro Jahr, unter anderem für Einstell- und Tierarztkosten, betragen 110 000 Euro. Das teuerste Tier, ein achtjähriger Oldenburger, wird 15 600 Euro kosten. »Ein Pferd müsste man sein«, kommentiert der Vorsitzende der Personalvertretung der Wiener Polizei Kickls Bemühungen. Zwei Pferde gibt es gratis. Der ungarische Premier Viktor Orbán schenkt Kickl die Rappen »Zalan« und »Zadar« für die Pferdestaffel. Ein halbes Jahr danach wird bekannt, dass beide lahmen. Im Oktober 2018 beginnt die Ausbildung für 16 Angehörige der Exekutive in Wiener Neustadt. Die ersten Einsätze der berittenen Polizei sollen im Mai 2019 erfolgen, ein Einsatz bei Demonstrationen ist vorerst nicht geplant. Ausbildungsleiter wird ein Oberst der Wiener Einsatzgruppe Alarmabteilung. Im April 2019 reitet die Polizei erstmals im Stadtgebiet von Wiener Neustadt aus. Ross und Reiter sollen sich an den Straßenverkehr gewöhnen.

Im November 2019 gibt Wolfgang Peschorn, Innenminister der Expertenregierung von Kanzlerin Brigitte Bierlein, die Einstellung des Projekts »Berittene Polizei« bekannt. Ab Juli 2020 ist Österreichs Exekutive wieder pferdelos. Die verbliebenen neun Tiere werden an die serbische Polizeireiterstaffel übergeben. Zuletzt waren sie in der Trainingsstätte der Spanischen Hofreitschule am Heldenberg in Niederösterreich un-

tergebracht. Insgesamt verursacht Herbert Kickls Prestige-
projekt Kosten in Höhe von 2,3 Millionen Euro. »Pferde sind
einfach auch große Sympathiebringer für die Polizei«, wird
Kickl sein Projekt rechtfertigen. Es sei deswegen so kritisiert
worden, weil es ein sichtbares Zeichen für die neue Politik der
FPÖ in der Regierung gewesen sei.

Am 19. Jänner 2018 erscheint Peter Goldgruber, Generalsekretär im Innenministerium und enger Vertrauter von Herbert
Kickl, in den Räumen der Wirtschafts- und Korruptionsstaatsanwaltschaft für ein Gespräch mit den Oberstaatsanwälten
Ursula Schmudermayer und Wolfgang Handler. Er übergibt
ein Konvolut mit Anschuldigungen gegen Beamte des Bundesamts für Verfassungsschutz und Terrorismusbekämpfung.
Nach dem Besuch legt Schmudermayer einen Aktenvermerk
an: »Goldgruber: Er habe vom Minister den Auftrag, das BMI
aufzuräumen. Er ist der Meinung, das BMI ist derzeit so kor-
rupt wie noch nie, und die Hauptprotagonisten der kriminel-
len Organisation im BMI hätten es verstanden, die internen
Strukturen so zu gestalten, dass sich die Macht in den Händen
einiger weniger konzentriere.«

Das 39-seitige Konvolut zirkuliert seit Monaten in Kreisen der Politik, Justiz und Medien. Auch die WKStA kennt es
vor Goldgrubers Besuch und ermittelt. In dem Konvolut werden schwere Vorwürfe gegen BVT-Beamte erhoben: Amts-
missbrauch, Bestechlichkeit, Veruntreuung von Steuergeld,
sexuelle Übergriffe. Generalsekretär Goldgruber vermittelt
Schmudermayer nach seinem Besuch vier Zeugen, die in ihren Aussagen Beamte des BVT belasten. Am 27. Februar 2018
ordnet die Oberstaatsanwältin in Abstimmung mit Handler
und Behördenleiterin Ilse-Maria Vrabl-Sanda die Hausdurch-

suchung an. Ein Journalrichter genehmigt sie. Heute weiß man: Es ist ein schwerer Fehler.

Am 28. Februar 2018, kurz vor neun Uhr früh, fahren dreißig Beamte der Einsatzgruppe zur Bekämpfung der Straßenkriminalität bei der Zentrale des BVT am Rennweg im dritten Wiener Gemeindebezirk vor. Sie sind in Zivil, ihre Glock-19-Dienstpistolen haben sie verdeckt bei sich. Unter dem Hemd tragen einige ballistische Schutzwesten. Offenbar rechnen sie mit Gegenwehr. In mitgeführten Taschen befinden sich Rammen, um Türen aufzubrechen.

Ihr Einsatzleiter ist Oberst Wolfgang Preiszler, FPÖ-Gemeinderat in Guntramsdorf. Mit ihm im Auto: Staatsanwältin Schmudermayer. Der Eingang zum BVT ist mit Drehtüren und Schleusen schwer gesichert. Die Beamten verschaffen sich mit einer List Zugang. Preiszler zeigt seinen Dienstausweis, behauptet, vom Landeskriminalamt Wien zu sein und zu einer Besprechung zu kommen. Die Zutrittstür wird geöffnet, zunächst betreten fünf Beamte, darunter Preiszler, das Grundstück und die Sicherheitszentrale. Dort informieren sie die zwei verdutzten Wachen über die Hausdurchsuchung und fordern einen Zentralschlüssel. Die übrigen Beamten folgen. Sobald sie das Gelände betreten, werfen sie sich Polizeierkennungsjacken über, um nicht von den BVT-Kollegen für Einbrecher gehalten und beschossen zu werden. Die eigentliche Hausdurchsuchung in mehreren Büros von BVT-Mitarbeitern beginnt. Beteiligt sind auch IT-Experten der Polizei und der Staatsanwaltschaft. Am Ende werden Datenträger – teils in Gefrierbeuteln – abtransportiert, darunter die Neptun-Datenbank, auf der die Kommunikation mit befreundeten Nachrichtendiensten gespeichert ist. Und auch Datenträger mit Informationen über verdeckte Ermittler nehmen Preiszlers Männer mit.

Die Razzia wirkt sich verheerend auf die internationale Reputation des BVT aus. Partnerdienste befürchten, dass Informationen aus ihren Quellen nun nicht mehr sicher seien. Im August schreibt die *Washington Post*, Nachrichtendienste würden Österreich keine sensiblen Informationen mehr übermitteln, aus Angst, dass diese in falsche Hände geraten. Der britische Politiker Tom Tugendhat, Vorsitzender des außenpolitischen Ausschusses im britischen Parlament und Mitglied der Konservativen Partei, bezweifelt die Vertrauenswürdigkeit der österreichischen Sicherheitsbehörden: »Es ist sehr schwierig, eine Organisation wie das österreichische Innenministerium wohlwollend zu betrachten, wenn es von einem FPÖ-Mitglied geleitet wird.«

Die Razzia erweist sich als Fiasko. Im August 2018 stellt das Oberlandesgericht Wien nach einer Beschwerde fest, die Hausdurchsuchung im BVT sei rechtswidrig gewesen. Die WKStA hätte die notwendigen Beweismittel im Weg der Amtshilfe beschaffen müssen. Innenminister Kickl nennt die Entscheidung des Oberlandesgerichts »vorsichtig formuliert etwas weltfremd«. Es ist nicht Kickls einzige Niederlage in der Affäre: Schon zuvor hebt das Bundesverwaltungsgericht die von ihm verfügte Suspendierung von drei BVT-Beamten auf, darunter dessen Leiter Peter Gridling.

Ein parlamentarischer Untersuchungsausschuss wird eingerichtet, der politisch motivierte Einflussnahmen im BVT und die Hintergründe der Hausdurchsuchung beleuchten soll. Die FPÖ sieht darin den Versuch, »einen sehr erfolgreichen Innenminister medial anzupatzen«. Nach dem Ende des Ausschusses legt Verfahrensrichter Eduard Strauss, ehemaliger Senatspräsident am Oberlandesgericht Wien, einen Bericht vor. Darin kritisiert er, die WKStA habe sich von Kickls Generalsekretär Goldgruber beeinflussen lassen. Warum bei der Hausdurchsuchung auch das Büro der nur als Zeugin geführten Extremismus-Referatsleiterin Sibylle Geißler durchsucht wird, sei nicht nachvollziehbar. Geißler ist jene BVT-Analystin, die der FPÖ-nahen Plattform *unzensuriert.at* vor dem »Verteidiger Europas«-Kongress in Linz »antisemitische Tendenzen« attestierte. Herbert Kickls Aussage vor dem U-Ausschuss, die Polizisten hätten bei der Razzia keinen Zugriff auf sensible Daten gehabt, sei, so Strauss, »aufgrund der festgestellten Ergebnisse zumindest infrage zu stellen«.

Der Innenminister sieht bei seiner Befragung im November 2018 kein eigenes Fehlverhalten. Verantwortlich sei die WKStA. Einen Ermittlungsdruck seiner Mitarbeiter auf die Justiz habe es nicht gegeben. Am Imageschaden des BVT trage »die überbordende Berichterstattung« der Medien Schuld. Er habe seinen Generalsekretär Goldgruber nicht zur WKStA geschickt – was dieser in seiner Aussage vor dem U-Ausschuss bestätigt.

Von den ursprünglichen Verdachtsmomenten, die zur Razzia im BVT führen, bleibt nichts übrig. Im Juli 2023 werden drei frühere Spitzenbeamte des BVT in einem Amtsmissbrauch-Prozess freigesprochen. Das Amt ist nach der Razzia ruiniert und wird aufgelöst. Nachfolgeorganisation ist die Direktion Staatsschutz und Nachrichtendienst. Peter Goldgruber wird von Herbert Kickl zwei Tage vor dessen Entlassung als Innenminister noch zum Generaldirektor für die öffentliche Sicherheit bestellt. Bundespräsident Alexander Van der Bellen verweigert jedoch die Unterschrift unter die Ernennungsurkunde.

Herbert Kickl geht in die Geschichte ein. Er ist der erste Minister in der Geschichte der Zweiten Republik, der vom Bundespräsidenten auf Vorschlag des Bundeskanzlers entlassen wird. Das kann ihm keiner nehmen, mittlerweile erfüllt es ihn nach eigenem Bekunden mit Stolz. Die Entlassungsurkunde wertet er als Auszeichnung, Kritik an seiner Politik sieht er als Befähigungsnachweis. Die UNO wirft Österreich in einem Bericht die Verletzung von Menschenrechtsstandards im Asylbereich vor. Als Kickl der EU-Kommission vorschlägt, Flüchtlinge auch nach leichteren Vergehen abschieben zu können, richtet ihm der zuständige Kommissar Dimitris Avramopoulos aus, dies würde die Genfer Flüchtlingskonvention nicht zulassen. »Wir sind kein All-inclusive-Klub«, sagt Kickl. Kardinal Christoph Schönborn nennt Kickls Asylpolitik einmal »einfach unmenschlich«. Bei einem Treffen sprechen die beiden über Hegel.

Herbert Kickl nimmt sein Amt ernst. Hinter einer Tapetentür in einem kleinen Nebenzimmer seines Büros steht ein Feldbett, falls es einmal später wird. Auch zwischendurch legt er sich kurz hin. Seine Ministerschaft – und das gesamte türkisblaue Regierungsprojekt – versteht er als »offensiven Gegenentwurf« zur Ideologie der 1968er-Generation, als »Erfüllung des Bedürfnisses nach Orientierung, Geborgenheit und Heimat«, wie er sagt. Er selbst fühlt sich im Ministerium nicht so recht geborgen. Er igelt sich ein. Besucher müssen ihre Handys abgeben. Die Spezial-Überwachungskamera vor den Ministerräumlichkeiten kann selbst SMS-Texte auf Handydisplays entziffern. Einmal bittet er seine frühere Schulfreundin, Ex-Grünen-Chefin Eva Glawischnig, zu einem Gespräch ins Ministerium, einfach nur, um zu plaudern. Als suche er Anschluss. »Sie werden es nicht glauben: Es gibt welche«, sagt Herbert Kickl in einem Interview auf die Frage, wie viele Freunde er habe. Die Salzburger FPÖ-Landeschefin Marlene Svazek nennt ihn »die Eiche, an der sich die Wildsäue regelmäßig reiben und Borsten lassen müssen«.

Das Amt bringt es mit sich, Dinge tun zu müssen, die Kickl eigentlich Unbehagen bereiten, wie der Besuch von Tanzveranstaltungen. Doch der jährliche Polizeiball im Wiener Rathaus ist ein Pflichttermin. Vor dem Ball bittet Kickl zu einem Empfang in die Räumlichkeiten des Innenministeriums. Es ist einer der wenigen Anlässe, bei denen auch seine Frau anwesend ist. Doch während draußen Kickls Gäste mit dessen Gattin anstoßen, zieht er sich in sein Büro zurück. In einer Dankesrede zur Balleröffnung bezeichnet Kickl die Polizisten als »Diamanten, geformt in einem harten Außendienst«. Es sei die »edelste und vornehmste Aufgabe, für die innere Sicherheit zu sorgen«. Kickl verreist auch nicht gern, doch als Innenminister muss er das. Während der österreichischen EU-Präsidentschaft lernt er die Welt kennen. Im November 2018 fährt er zum »EU-US Justice and Home Affairs Ministerial Meeting« in die USA, wo er bilaterale Gespräche mit US-Heimatschutzministerin Kirstjen Nielsen und dem für das FBI zuständigen US-Justizminister Jeff Sessions führt.

Als FPÖ-Generalsekretär rechtfertigt Kickl rassistische und antisemitische Aussagen von Parteifreunden. Als Innenminister organisiert er die Konferenz »Europäische Werte, Rechtsstaatlichkeit, Sicherheit« im Grand Hotel Wien und warnt vor der »neuen Intensität der Bedrohung durch den Antisemitismus«. Vertreter der Israelitischen Kultusgemeinde haben die Einladung zum Kongress ausgeschlagen. Die lapidare Begründung des IKG-Präsidenten Oskar Deutsch: »Ich gehe zu keiner Konferenz, die Kickl eröffnet.«

Als Kickl Innenminister wird, lässt er den roten Teppich auf der Feststiege im Palais Modena durch einen blauen ersetzen. Es handle sich nicht um das freiheitliche, sondern um das Blau der EU-Fahne, heißt es aus seinem Büro. Unter Innenminister

Karl Nehammer wird wieder ein roter Teppich verlegt. »Ich bin gekommen, um zu bleiben. Wir haben noch viel zu tun in diesem Land«, sagt Kickl nach seiner Angelobung im Dezember 2017. Er wird nur 17 Monate im Amt sein. Wie so vieles in seinem Leben bleibt auch Kickls Ministeramt unvollendet.

DIE VERBANNUNG

Das Ibiza-Video beendet Herbert Kickls Ministerkarriere.
In der FPÖ steigt er zur heimlichen Nummer eins auf.

Am Nachmittag des 18. Mai 2019, einem Samstag, beraten sich Bundeskanzler Sebastian Kurz und seine engsten Vertrauten in seinem Büro im Kanzleramt am Ballhausplatz. Wenige Stunden zuvor, zu Mittag, hat Heinz-Christian Strache mit kreidebleichem Gesicht seinen Rücktritt als Vizekanzler und FPÖ-Obmann erklärt. Seit fast 24 Stunden ist das Land in Aufruhr. Vor dem Kanzleramt findet eine Mischung aus Demonstration und Open-Air-Party statt. Aus Lautsprechern schallt der Hit der Band Vengaboys: »We're Going to Ibiza!« Einige Demonstranten tanzen, alle fordern Neuwahlen. Am Vortag um 18 Uhr haben *Süddeutsche Zeitung* und *Der Spiegel* und in Österreich kurz danach der *Falter* das sieben Minuten lange Ibiza-Video veröffentlicht, das den Vizekanzler und den Wiener FPÖ-Vizebürgermeister Johann Gudenus mit einer vermeintlichen russischen Oligarchen-Nichte in einer Finca in Hügellage nahe Ibiza-Stadt zeigt. Sie essen Sushi, trinken Wodka Red Bull, die Stimmung ist ausgelassen.

An diesem Samstagnachmittag wartet die Öffentlichkeit auf ein Statement des Kanzlers. Doch Kurz lässt sich Zeit, denkt mit seinen Vertrauten alle Optionen durch. Die einen sprechen sich für eine sofortige Aufkündigung der Koalition und Neuwahlen aus – zu abstoßend ist das Video, zu unvorhersehbar sind die Konsequenzen, zu groß ist der mediale Druck im In- und Ausland. Andere raten zum Durchtauchen und zur Fortsetzung der Koalition mit anderem FPÖ-Personal. Am Ende setzen sich die Befürworter – wie Gernot Blümel – eines Koalitionsendes mit Schrecken durch – aus moralischen Gründen, aber auch aus Angst vor einem Imageverlust. Die kompromittierte FPÖ könnte die Volkspartei mit in den Abgrund reißen. Die Aufkündigung der Koalition samt Neuwahlen ist die weniger riskante Variante. Niemand kennt das ganze Video, weitere Enthüllungen sind zu befürchten. Und die Umfragen für die ÖVP sind günstig.

Bis sich die ÖVP zum Koalitionsende durchringt, wird intensiv telefoniert. Der FPÖ soll ein Ultimatum gestellt werden. Herbert Kickl müsse als Innenminister zurücktreten. Nur dann könne man die Koalition weiterführen. Weigert er sich, werde Kurz dem Bundespräsidenten die Entlassung des Innenministers vorschlagen. Kurz bittet den Wiener ÖVP-Landesparteiobmann und Kanzleramtsminister Gernot Blümel, Kickl telefonisch zu informieren. Dieser hat wenig Lust auf das zu erwartende unangenehme Gespräch mit dem Innenminister. In der ÖVP wird folgender Wortwechsel kolportiert:

Blümel: »Wieso soll ich ihn anrufen? Du bist der Bundeskanzler.«

Kurz: »Ich will nicht. Bitte, ruf du ihn an.«

Blümel: »Wenn es sein muss.«

Blümel zückt sein Handy und informiert Kickl. Wüste Beschimpfungen sind überliefert: Die ÖVP werde diesen Verrat noch bereuen.

Am Vortag der Veröffentlichung des Videos am Donnerstag weiß niemand in der FPÖ, was genau bevorsteht. Die deutschen Journalisten haben Strache einen Fragenkatalog übermittelt. Der FPÖ-Obmann informiert Kanzler Kurz, dass es ein Problem geben könnte. Für ein Vieraugengespräch ist keine Zeit. Kurz' Großmutter ist erkrankt, der Kanzler in Niederösterreich. Verkehrsminister Norbert Hofer, stellvertretender Parteiobmann und Regierungskoordinator, wird nicht informiert.

Freitagvormittag pilotiert Hofer eine Cessna vom burgenländischen Punitz nach Innsbruck. Mit an Bord: Harald Vilimsky, Spitzenkandidat der FPÖ für die Europawahl am 26. Mai 2019. In der Nacht zuvor versucht Sebastian Kurz zweimal, Hofer telefonisch zu erreichen. Vergeblich. Erst in der Früh telefonieren der Kanzler und der Verkehrsminister. Norbert Hofer erfährt von Kurz – und nicht von einem seiner Parteifreunde –, dass bald eine Bombe platzt. Den Nachmittag verbringt Hofer mit Vilimsky wahlkämpfend in Innsbruck. Am späten Nachmittag beginnt eine FPÖ-Veranstaltung vor dem Goldenen Dachl. Just zu dem Zeitpunkt, an dem Hofers Rede angesetzt ist, geht der siebenminütige Ibiza-Clip online.

Nachdem das Video veröffentlicht ist, eilt Herbert Kickl ins Vizekanzleramt im Palais Dietrichstein am Minoritenplatz. In größerer Runde wird besprochen, wie es nun weitergehen soll. Argumente werden ausgetauscht, die Situation ist angespannt. Strache sieht keinen Grund für persönliche Konsequenzen. Kickl ist der Erste, der das Unausweichliche – ruhig und kühl, wie Anwesende berichten – ausspricht: »Das geht sich nicht mehr aus.« Strache müsse zurücktreten. Der Moment, der das Schicksal des Vizekanzlers besiegelt, ist auch der Bruch in der Beziehung zu Kickl. »Das verzeiht er mir bis heute nicht«, wird Kickl im Ibiza-U-Ausschuss des Parlaments sagen.

Strache und Kickl suchen das Kanzleramt auf, das nur wenige Meter ums Eck liegt. Dort informieren sie Kurz und dessen engsten Berater Stefan Steiner über den bevorstehenden Rücktritt des Vizekanzlers. Norbert Hofer soll FPÖ-Obmann werden.

Am späten Samstagvormittag trifft die Vierer-Runde – Kurz, Steiner, Strache, Kickl – erneut zusammen, um Details wie den exakten Zeitpunkt der Erklärungen von Strache und Kurz abzustimmen. Hofer ist auf dem Rückflug von Innsbruck. Aus dem Cockpit telefoniert er per Headset mit Kurz. Als Herbert Kickl das Kanzleramt verlässt, geht er fix vom Weiterbestand der Koalition aus. Norbert Hofer würde das Vizekanzler-Amt übernehmen, Kurz den Bundespräsidenten informieren. Wie Kickl später berichtet, sei es Kurz wichtig gewesen, dass keinesfalls er, Kickl, FPÖ-Parteiobmann werde.

Nach seinem Rücktritt zu Mittag warten Strache, Kickl und Hofer im Vizekanzleramt auf die öffentliche Erklärung des Bundeskanzlers, die Koalition mit der FPÖ fortzusetzen. Sie kritzeln Notizen auf einen Pizzakarton. Kurz tritt nicht vor die Presse. Dann klingelt Kickls Telefon. Es ist Gernot Blümel. In der Folge telefonieren Norbert Hofer und Stefan Steiner mehrmals miteinander. Anrufzeiten und Stichworte notieren die Blauen auf die Pizzaschachtel. Sebastian Kurz hält sich heraus, über Nacht sind die Freiheitlichen für ihn Unberührbare geworden. Verschiedene Varianten werden diskutiert. Steiner meint, Kickl könne Sozialminister oder Klubobmann werden. Schließlich bietet Kickl an, sein Ministeramt für einen anderen FPÖ-Kandidaten zu räumen. Doch die ÖVP fordert einen unabhängigen Minister im Innenressort, auf das die FPÖ aber nicht verzichten will, schließlich ist es das blaue Schlüsselministerium. Damit sind die Gespräche gescheitert.

Samstag, 18. Mai 2023, kurz vor 20 Uhr: Sebastian Kurz teilt in einer Pressekonferenz mit, dem Bundespräsidenten vorgezogene Wahlen vorgeschlagen zu haben.

Tags darauf wird Norbert Hofer als neuer FPÖ-Obmann designiert. Die Freiheitlichen leisten einen Nibelungeneid.

Sollte Herbert Kickl als Innenminister entlassen werden, würden auch die anderen FPÖ-Minister – neben Norbert Hofer Mario Kunasek (Verteidigung) und Beate Hartinger-Klein (Soziales) sowie Finanzstaatssekretär Hubert Fuchs – ihre Ämter zurücklegen. Kickl attackiert öffentlich die ÖVP. Dieser gehe es nur um die Macht im Land. Das Ibiza-Video von Heinz-Christian Strache und Johann Gudenus sei zwar »katastrophal, unverantwortlich und ein schwerer Fehler«, aber letztlich ein »privates Gespräch«.

Das Treffen in der Finca auf Ibiza am 24. Juli 2017 mag in privatem Rahmen stattgefunden haben, die Gesprächsthemen sind allerdings zutiefst politisch. Ein erregter (»Bist du deppert, die ist schoaf«) und angeheiterter (»I'm the Red Bull brother from Austria«) Strache schildert detailliert, wie Millionäre am Rechnungshof vorbei über gemeinnützige Vereine an Parteien spenden können; fabuliert, wie die vermeintliche Oligarchen-Nichte der FPÖ mit einem Kauf der *Kronen Zeitung* helfen könnte; erklärt, welches Bauunternehmen bei einer FPÖ-Regierungsbeteiligung keine öffentlichen Aufträge mehr bekommen würde und wie man politischen Gegnern mit kompromittierendem Material schaden könnte. Ungarns Ministerpräsidenten Viktor Orbán lobt er für dessen robusten Umgang mit Medien, Journalisten nennt er »die größten Huren auf dem Planeten«. Am Ende verabschiedet er sich mit den Worten: »We make party now!« Der Mann, der alles einfädelt und auf dem Video in blauem Hemd und weißer Hose zu sehen ist, entpuppt sich als der Wiener Sicherheitsunternehmer Julian Hessenthaler, die reiche Russin als Lettin, wohnhaft in der Hauptstadt Riga. Strache ist in eine Falle getappt. Es sei »ein typisch alkoholbedingtes Machogehabe« gewesen, sagt er bei seinem Rücktritt, eine »b'soffene G'schicht« und in Wahrheit »ein gezieltes politisches Attentat«. Bundespräsident Van der Bellen spricht in einem Fernseh-Statement am Abend des 18. Mai »von einem verstörenden Sittenbild, das unserem Land nicht gerecht wird«. Denn: »So sind wir nicht.«

Der FPÖ drohen nun innerparteiliche Scharmützel. Der oberösterreichische FPÖ-Chef und Landeshauptmann-Stell-vertreter Manfred Haimbuchner bezeichnet das Video als »ungustiös und desaströs«. Er werde sich in Zukunft in Wien stärker einbringen: »Ich denke, das ist notwendig.« Niederösterreichs Udo Landbauer verzichtet auf Selbstkritik und wirft stattdessen der ÖVP vor, sie habe die FPÖ mit Kickls Rauswurf erpressen wollen. Burgenlands FPÖ-Obmann Johann Tschürtz fühlt sich von Straches Abschiedsrede sogar »inspiriert«.

Herbert Kickls Ministerzeit geht zu Ende. Am Montag, dem 20. Mai, sagt das Innenministerium einen gemeinsamen Termin von Kickl mit ÖBB-Chef Andreas Matthä, Bürgermeister Michael Ludwig und dem Wiener Polizeipräsidenten Gerhard Pürstl zur Neuerrichtung der Polizeiinspektion Praterstern ab. Am Nachmittag trifft Kickl im Kanzleramt mit seinem neuen Intimfeind Sebastian Kurz zusammen. Der Bundeskanzler informiert ihn formal darüber, dem Bundespräsidenten dessen Entlassung vorzuschlagen. Noch am selben Tag droht Kickl, einen etwaigen Misstrauensantrag gegen die Regierung im Nationalrat zu unterstützen: »Der Hausverstand sagt einem, dass es schwer ist, von jemandem das Vertrauen zu verlangen, dem man gerade das Misstrauen ausgesprochen hat.«

Am 21. Mai schlägt Kurz Van der Bellen Kickls Entlassung vor, die am Tag darauf gültig wird. Die anderen blauen Regierungsmitglieder legen freiwillig ihre Ämter nieder. Die parteifreie Außenministerin Karin Kneissl behält ihre Funktion. Die offenen Posten werden nachbesetzt. Innenminister wird der frühere Präsident des Obersten Gerichtshofs Eckart Ratz. Er wird nur wenige Tage im Amt bleiben. Am 27. Mai spricht eine Mehrheit aus SPÖ, FPÖ und der Liste Jetzt von Peter Pilz der Bundesregierung im Nationalrat das Misstrauen aus. Sebastian Kurz und seine Minister räumen die Regierungsbank. Es ist ein in der Geschichte Österreichs einzigartiger Vorgang.

Am 3. Juli 2019 ernennt Alexander Van der Bellen die Präsidentin des Verfassungsgerichtshofs Brigitte Bierlein zur Bundeskanzlerin. Mit einem Expertenkabinett wird sie das Land bis zum 7. Jänner 2020 regieren.

Herbert Kickl ist nun wieder Oppositionspolitiker. Er brennt auf Rache. Nach der Wahl 2017 war er der größte Skeptiker einer Zusammenarbeit mit der ÖVP und sprach sich bis zum Schluss dagegen aus. Er hat der ÖVP immer misstraut. Jetzt fühlt er sich bestätigt.

Kickl wird geschäftsführender Klubobmann der FPÖ-Parlamentsfraktion und findet einen weiteren Hauptgegner: den Bundespräsidenten. Nach seiner Entlassung nennt Kickl Van der Bellen einen »Steigbügelhalter eines schwarzen Machtkartells«. Und als der Bundespräsident in einem Interview ankündigt, er würde Kickl nicht noch einmal als Innenminister angeloben, richtet ihm der FPÖ-Klubobmann aus, »nicht über der Verfassung zu stehen«. Auch gegen Spitzenbeamte des Innenministeriums startet Kickl eine Vendetta, sogar gegen einen von ihm selbst ernannten Sektionschef.

Am 26. Mai, acht Tage nach dem Platzen der türkis-blauen Koalition, findet die EU-Wahl statt. Die letzten Tage des Wahlkampfs werden von der nationalen Krise dominiert. Europa-Themen interessieren das Publikum nicht mehr. Allerdings ist es nicht die FPÖ, die unter Druck gerät. Die anderen Parteien attackieren vor allem die ÖVP und Sebastian Kurz.

Dieser habe nach der SPÖ-ÖVP-Koalition im Mai 2017 nun bereits die zweite Regierung gesprengt. Die FPÖ begeht ihren Wahlkampf-Abschluss wie gewohnt am Wiener Viktor-Adler-Markt, aber mit neuem Chef. Statt Strache tritt der designierte Norbert Hofer mit dem blauen Spitzenkandidaten Harald Vilimsky auf. Das Motto der Veranstaltung: »Jetzt erst recht!« Die Partei ergeht sich in Trotz. HC-Sprechchöre bleiben diesmal aus. Auf dem Programm stehen Reden von Hofer, Vilimsky und der Listenzweiten Petra Steger. Doch überraschend wird der Auftritt des früheren Innenministers angekündigt. Plötzlich sind laute Rufe zu hören: »Herbert! Herbert!« Über Nacht ist aus Kickl ein blauer Märtyrer geworden, ohne Regierungsamt zwar, aber mit einer Heldenlegende. Kickl bietet seinem Publikum, was er ihm in den folgenden Jahren auch vorsetzen wird: wilde Attacken und Verschwörungstheorien: »Dieser Angriff auf die Partei und auf die Regierung ist zwar vom Ausland durchgeführt worden, wurde aber im Inland ausgeheckt.« Seine Entlassung als Innenminister sei kein Zufall. Und: »Warum schlafen alle, wenn es darum geht, wer dieses Video produziert und wer es in Auftrag gegeben hat?« An diesem Abend erhält Kickl den mit Abstand größten Applaus aller Redner.

Vor dem Platzen des Ibiza-Skandals träumte die FPÖ vom zweiten Platz bei der Europawahl, danach hofft sie, dass sich die Verluste in Grenzen halten. Die ÖVP gewinnt die Wahl schließlich deutlich mit 34,6 Prozent, die SPÖ wird mit 23,9 Prozent Zweite. Die FPÖ erreicht 17,2 Prozent, ein Verlust von 2,5 Prozentpunkten im Vergleich zu 2015. Zwei Wochen zuvor sahen Umfragen die Freiheitlichen bei 23 Prozent.

Die Auszählung der Vorzugsstimmen bringt eine skurrile Situation. Heinz-Christian Strache hat bei der EU-Wahl aus

Solidarität auf Platz 42 der FPÖ-Liste kandidiert, die nach Ibiza nicht mehr geändert werden konnte. Offenbar bleiben ihm viele Fans treu. Strache erhält 45 000 Vorzugsstimmen, genug, um gemäß der Wahlordnung auf der FPÖ-Liste vorgereiht zu werden und unerwartet einen gesetzlichen Anspruch auf ein FPÖ-Mandat zu haben. Strache wittert die Möglichkeit auf ein Comeback: Ist das »politische Attentat« womöglich »nur ein Streifschuss«, so Strache, gewesen? Lange lässt er die Partei zappeln und verzichtet erst vier Wochen nach der Europawahl auf das ihm zustehende Mandat. Medien spekulieren, die FPÖ würde ihm dafür einen gut dotierten Beratervertrag zugestehen. Ein fixes Einkommen für den Strache-Haushalt ist jedenfalls garantiert: Gattin Philippa wird für die Wiener Landespartei bei der Neuwahl auf einem sicheren Listenplatz kandidieren.

Am 14. September 2019, zwei Wochen vor der Wahl, kommt die FPÖ in Graz zu einem Parteitag zusammen. Norbert Hofer wird mit 98 Prozent zum Obmann gewählt. In seiner Rede preist Herbert Kickl seinen neuen Chef. Es gebe in der jetzigen Situation »keine bessere Führungspersönlichkeit« als Hofer, mit dem er im Wahlkampf »ein ganz gutes patriotisches Doppelpack« bilde.

Auf der FPÖ-Bundesliste für die Nationalratswahl am 29. September steht Herbert Kickl hinter Norbert Hofer an zweiter Stelle. Erstmals organisiert er eine Kampagne auch für sich selbst. Kickl begibt sich auf Wahlkampftour und gönnt sich eine eigene Plakatserie. Dass nach der Ibiza-Affäre weitere peinliche Enthüllungen der FPÖ schaden können, glaubt er nicht: »Was will man bei einem Nackten noch enthüllen?« Er irrt sich. Eine Woche vor der Wahl wird bekannt, dass Ex-FPÖ-Obmann Strache über ein üppiges Spesenkonto der Wiener Landespartei in Höhe von zehntausend Euro monatlich verfügt und dazu Anspruch auf einen Mietzuschuss von 2500 Euro hat.

Im Wahlkampf trägt Norbert Hofer sich der Volkspartei offensiv als Koalitionspartner an. Es grenzt an Anbiederung. Taktisch ergibt es aber durchaus Sinn. Kurz ist beliebt, auch die FPÖ-Wähler wünschen sich eine Fortsetzung der türkis-blauen Regierung. Die FPÖ setzt in ihrer Kampagne auf eine Warnung: Ohne uns kippt Kurz nach links. Wer eine Mitte-rechts-Politik wolle, müsse daher erneut die FPÖ wählen. Sebastian Kurz trägt der FPÖ allerdings die Unterstützung des Misstrauensantrags nach. Er schließt im Wahlkampf aus, Kickl wieder zum Innenminister zu machen.

Die Wahl wird zum Triumph für Kurz. Die ÖVP ist mit Ausnahme von Wien in jedem Bundesland stärkste Partei. Insgesamt kommt sie auf 37,5 Prozent. Deutlich dahinter liegt die SPÖ mit 21,2 Prozent, die vom Crash der Koalition nicht profitieren kann, sondern sogar weiter abbaut. Die FPÖ erreicht 16,1 Prozent, gegenüber 2017 ein Minus von fast zehn Prozentpunkten. Die Wähler strafen die Freiheitlichen ab. Es ist die erste Niederlage als Kampagnenmanager, die Kickl hinnehmen muss. In eigener Sache hat er Grund zum Feiern. Kickl kommt auf 75 699 Vorzugsstimmen, ein imposanter Wert. Norbert Hofer erhält 30 502 Vorzugsstimmen, SPÖ-Spitzenkandidatin Pamela Rendi-Wagner 26 875 und Grünen-Chef Werner Kogler 25 789. Besser als Kickl schneidet nur Sebastian Kurz mit 155 803 Vorzugsstimmen ab.

Kickl erreicht nicht nur mehr als doppelt so viele Vorzugsstimmen wie Hofer, sondern schlägt diesen sogar in dessen Heimat, dem Burgenland. Laut Nationalratswahlordnung wird ein Kandidat vorgereiht, wenn ihm sieben Prozent der Wähler seiner Partei eine Vorzugsstimme geben. Kickl erhält fast zehn

Prozent und nimmt dank der Vorzugsstimmen Norbert Hofer den ersten Listenplatz ab. Wer das schafft, kann bei der nächsten Wahl selbst den Spitzenkandidaten geben. Vielleicht wird dies Herbert Kickl in den ersten Oktobertagen 2019 bewusst.

DER KRISENGEWINNLER

In der Corona-Pandemie wird Herbert Kickl zur Leitfigur
der Impfgegner. Mithilfe einer Intrige erobert er die Parteispitze.

Im Mai 2021 ist Norbert Hofer, Dritter Präsident des Nationalrats und Bundesparteiobmann der FPÖ, zu einer dreiwöchi-
gen Reha-Behandlung in Baden bei Wien. Die Schmerzen an
der Halswirbelsäule sind stark. Hofer ist kein gesunder Mann.
Bei einem Paraglider-Absturz 2003 erleidet er schwere Wirbel-
säulenverletzungen, verbringt ein Jahr im Krankenhaus und
auf Reha. Zunächst benötigt er einen Rollstuhl. Er kämpft
sich zurück, lernt wieder gehen. Dann reicht ihm ein Stock,
ein teures Hightech-Produkt, leicht, aber robust. Immer wieder muss er zu Behandlungen. Im Februar 2020 spricht er öffentlich über Herzprobleme.

Trotz seines Gesundheitszustands bestreitet Hofer drei Jahre lang einen strapaziösen Dauerwahlkampf. 2016 ist er FPÖ-
Kandidat für die Bundespräsidentschaftswahl, die erst nach
drei Durchgängen entschieden ist. Bei der Neuwahl im Oktober 2017 kandidiert er auf Platz zwei der FPÖ-Liste hinter
Heinz-Christian Strache und tourt wochenlang durch Österreich. Im Dezember desselben Jahres wähnt er sich am Ende
seiner Mühsal. Hofer wird Verkehrsminister in der türkis-
blauen Bundesregierung. Doch diese zerbricht im Mai 2019 an
der Ibiza-Affäre. Bei der Neuwahl im September tritt Hofer als
Spitzenkandidat der FPÖ an.

Die Reha in Baden war anstrengend. Hofer fährt in sein
Haus nach Pinkafeld im Burgenland, ganz fit ist er noch nicht.
Am 1. Juni 2021, um 16.12 Uhr, setzt er eine Meldung auf dem

Kurznachrichtendienst Twitter ab: »Heute ist mein erster Tag nach der Reha – und mein erster Tag nach der Tagespolitik. Ich lege meine Funktion als Bundesparteiobmann zurück und wünsche meinem Nachfolger alles Gute.«

Im Nachhinein sind auch Hofers Unterstützer enttäuscht. Dass der Parteiobmann per Tweet zurücktritt, erwischt sie unvorbereitet – und hilft Kickl. Bei einem geordneten Rückzug Hofers wäre es für Kickls parteiinterne Gegner wie den oberösterreichischen Landesparteiobmann Manfred Haimbuchner möglich gewesen, noch jemand anderen gegen Kickl zu positionieren, etwa den steirischen Landesparteichef Mario Kunasek. Grund für Hofers spontanen Rückzug ist auch eine wilde, parteiinterne Intrige. Dem Nationalratspräsidenten wird ein Fehlverhalten gegenüber einer Frau unterstellt. Intern kursiert die Geschichte, nach außen dringt sie nicht. Dass der Kampf um die Obmannschaft derart ins Persönliche geht, soll Hofer zur endgültigen Aufgabe bewogen haben – nachdem er sich monatelang gegen Mobbing aus dem Kickl-Lager gewehrt hat.

Nach dem Rücktritt von Heinz-Christian Strache im Mai 2019 hat Hofer die FPÖ interimistisch übernommen. Auf einem Parteitag in Graz am 14. September 2019 wird er formal gewählt. Kickl schwört ihm die Treue. Im Wahlkampf 2019 bilden sie eine Doppelspitze. Hofer hofft auf eine neuerliche ÖVP-FPÖ-Koalition, doch Sebastian Kurz entscheidet sich nach der Wahl am 29. September für die Grünen.

Die FPÖ bleibt Oppositionspartei. Eine Arbeitsteilung wird vereinbart: Bundesparteiobmann Hofer wird Dritter Nationalratspräsident und gibt fortan – wie im Bundespräsidentschaftswahlkampf – den verbindlichen überparteilichen Sunnyboy. Aus dem Alltagsgeschäft hält er sich heraus. Das Nationalratspräsidium ist der Unterschlupf für ein höheres

Ziel: die Bundespräsidentenwahl 2028. Hofer ist der freundliche Freiheitliche.

Bundesparteiobmann-Stellvertreter Kickl übernimmt die Führung des FPÖ-Parlamentsklubs. Es ist sein natürliches Habitat. Zurück in der Opposition, kann er seine Rauflust ausleben. Nach seiner Demontage als Innenminister brennt er auf Rache an Sebastian Kurz und der ÖVP. Kickl ist der unfreundliche Freiheitliche.

Ihre erste gemeinsame Anstrengung gilt dem früheren FPÖ-Obmann. Heinz-Christian Strache entwickelt sich zum Ärgernis. Die »b'soffene G'schicht«, wie Strache seinen Abend in der Finca auf Ibiza nennt, kostet Kickl und Hofer die Ministerämter. Damit nicht genug: Die Enthüllungen über Straches Spesenkonto und seinen luxuriösen Lebensstil verhageln der FPÖ endgültig die Neuwahl am 29. September. Strache dagegen ist trotz seines persönlichen Scheiterns happy: Seine Ehefrau Philippa – bis dahin die Tierschutzbeauftragte der FPÖ – zieht auf einem Mandat der Wiener Landesliste in den Nationalrat ein.

Unmittelbar nach der Wahl wird der Unmut über Strache lauter. Am 1. Oktober stellt dieser seine Parteimitgliedschaft ruhend, obwohl dies in den FPÖ-Statuten gar nicht vorgesehen ist. Die zugleich tagenden Gremien beschließen, Straches Mitgliedschaft zu suspendieren. Erste ranghohe FPÖ-Funktionäre sprechen sich gegen eine Mitgliedschaft von Philippa Strache im freiheitlichen Parlamentsklub aus, sollte sie ihr Mandat annehmen. Am 22. Oktober 2019 konstituiert sich der neue Nationalrat. Philippa Strache nimmt allein in der hintersten Reihe Platz. Sie ist nun wilde Abgeordnete. Von den Freiheitlichen wird sie ignoriert. Nur eine grüne Abgeordnete sucht das Gespräch mit ihr. Ende November 2019 wird die Lage in der FPÖ skurril. Heinz-Christian Strache hält ein

Comeback für möglich und bietet an, die Wiener Landespartei zu übernehmen. Am 13. Dezember 2019 wird Strache wegen parteischädigenden Verhaltens endgültig aus der FPÖ ausgeschlossen. Er gründet mit ein paar Vertrauten die DAÖ, die Allianz für Österreich. Über Kickl sagt er: »Welch falsche Schlange habe ich da an meiner Brust genährt, die nur danach gierte, mich zu beerben und dann auf mich draufzusteigen?«

Norbert Hofer kümmert sich um die Reparatur der Partei. Kurz vor Weihnachten kündigt er einen »Erneuerungsprozess« an. Unter seiner Führung solle die FPÖ eine »stabile, staatstragende 25-Prozent-Partei« werden, »modern« und »rechtskonservativ«. Der Welser FPÖ-Bürgermeister Andreas Rabl ist beauftragt, ein Zukunftskonzept auszuarbeiten. Auch der Umgang mit dem Rechtsextremismus soll dabei thematisiert werden. Die Mehrheit der Parteimitglieder wünsche sich hier »eine rote Linie«, sagt Rabl. Wo diese verläuft, führt er nicht aus. Jedenfalls könne FPÖ-Mitglied nur sein, wer »Rechtsstaatlichkeit, Demokratie und Gewaltfreiheit« vertrete. Für den »Narrensaum« sei kein Platz in der Partei. Er könne sich nicht vorstellen, dass ein Identitärer auch FPÖ-Mitglied werden wolle. Nicht immer ist die Grenze so deutlich gezogen.

»Ibiza« wird zum Wort, »b'soffene G'schicht« zum Unwort des Jahres 2019 gewählt.

Am 28. Jänner 2020 trifft Kickl in Berlin mit der Spitze der AfD-Fraktion im Bundestag, Alexander Gauland und Alice Weidel, zusammen. Als Generalsekretär der Partei fühlte er sich nur fürs Heimatland zuständig und war an internationalen Vernetzungen bislang nicht interessiert. Gauland, Ehrenvorsitzender der AfD, begrüßt die Zusammenarbeit mit der FPÖ, da diese »kulturell, politisch und sprachlich« der AfD am nächsten sei. Kickl sieht es genauso. Er hält einen Vortrag bei der AfD-nahen Desiderius-Erasmus-Stiftung. Der Vorarlberger FPÖ-Parteichef Christof Bitschi übt verhaltene Kritik an dem Besuch. Ganz geheuer sind ihm die rechten Kameraden in Berlin nicht. Seit jeher sind die Vorarlberger Freiheitlichen im blauen Spektrum eher liberal gesinnt. Kickl weist Bitschi zurecht: Es brauche einen »Schulterschluss aller patriotischen Parteien«. Es soll für lange Zeit das letzte Mal bleiben, dass ein höherrangiger FPÖ-Funktionär Kritik am Klubobmann wagt.

Anfang März 2020 legt sich Kickl mit seinem Amtsnachfolger, ÖVP-Innenminister Karl Nehammer, an, dem er vorwirft, keine »echte Grenzverteidigung« zu wollen. Dagegen schlägt Kickl vor, »illegale Einwanderer« mit Tränengas und Wasserwerfern abzuwehren und »natürlich auch mit Waffeneinsatz«, sollte es zu einem »Ansturm« von Flüchtlingen an der österreichischen Grenze kommen. Noch einmal ist Kickl eine Provokation gelungen. Seit eineinhalb Jahrzehnten beackert er auf seine Weise das weite Themenfeld »Asyl, Flüchtlinge, Zuwanderung, Integration«: als Generalsekretär, als Innenminister, als Klubobmann. Doch plötzlich ist es damit vorbei. Kaum jemand interessiert sich mehr für Migration. In Wien wird die »Lebenslust«-Seniorenmesse abgesagt. Österreichische Touristen dürfen nicht mehr nach Israel. Skiurlauber verlassen hastig das Paznauntal. Das Unfallkrankenhaus Graz streicht erste OP-Termine. Ein neues, bisher unbekanntes Virus verbreitet sich rasant: SARS-CoV-2 – das »Coronavirus«.

In dieser Situation kann sich die FPÖ für zwei Wege entscheiden. Als im wahren Sinn freiheitliche Partei müsste sie von Beginn an darauf achten, dass die Bürgerrechte trotz der drohenden Pandemie nicht zu sehr eingeschränkt werden. Als Law-and-Order-Partei müsste sie scharfe behördliche Maßnahmen und rigorose Strafen bei Vorstößen befürworten. Die FPÖ entscheidet sich für Recht, Ordnung und – als erste Parlamentspartei und vor der Regierung – für einen Lockdown. Wortführer ist der Klubobmann. Am 13. März wirft Kickl der Regierung Versäumnisse vor und fordert »harte Maßnahmen«. Wie in Italien sollten Handel und Gastronomie zusperren und Reisen verboten werden. Nötig sei ein »rot-weiß-roter Anti-Corona-Schulterschluss«. Am 16. März tritt per Verordnung des Gesundheitsministers der erste Lockdown für Österreich in Kraft.

Opposition in Zeiten von Corona ist für Kickl und seine Krachpartei keine leichte Übung. In einer lebensbedrohenden Krise wird auch der Laute etwas leiser. Wenn in Italien massenhaft Särge auf Militär-Lkws abtransportiert werden, ist Kampfrhetorik unangemessen. Die Regierung genießt starken Rückhalt in der Bevölkerung, die Beliebtheitswerte von Sebastian Kurz nähern sich einem All Time High. Kickl ortet »Huldigungsrituale« für den Kanzler durch dessen Minister. Für den nationalen Schulterschluss müssen sich die Blauen ordentlich verrenken.

Anfang April funktioniert Herbert Kickls Instinkt wieder. Ein Verbot größerer häuslicher Zusammenkünfte nennt er »einen Erlass im Geiste der Blockwart-Mentalität«. Einschränkungen sollten nur für Risikogruppen gelten, für Bevölkerung und Wirtschaft müsse es Lockerungen geben. Früh ergreift die FPÖ Maßnahmen gegen die Corona-Maßnahmen. Kickl will bei der Datenschutzbehörde Anzeige gegen die Betreiber der Stopp-Corona-App des Roten Kreuzes einbringen, wegen »massiver datenschutzrechtlicher Bedenken«. Es sei zu befürchten, dass über die App Daten an Tech-Riesen wie Google oder Microsoft abfließen.

Jahrelang war die FPÖ eine Single-Issue-Partei, »Ausländer« ihr politischer Lebensinhalt. Nun saugt die Corona-

Krise Aufmerksamkeit ab. Das Virus ist eine Inländer-Angelegenheit geworden. Die Grenzen sind geschlossen. Die Bürger wollen keinen Krawall, sondern Politiker, die Ruhe ausstrahlen wie der grüne Gesundheitsminister Rudolf Anschober. In einer Umfrage im April 2000 liegt die FPÖ nur noch bei elf Prozent, noch einmal fünf Prozentpunkte weniger als bei den Wahlen 2019. Die Regierung erreicht dagegen historisch hohe Vertrauenswerte. So kann das aus blauer Sicht nicht bleiben. Kickl greift zu einem bewährten Werkzeug, startet im Internet eine Petition gegen den »Corona-Wahnsinn« und stellt einen Antrag auf einen parlamentarischen Untersuchungsausschuss zur Corona-Politik der Regierung. FPÖ-Obmann Norbert Hofer ist zu dieser Zeit öffentlich nicht mehr wahrnehmbar. Das Feld überlässt er seinem Klubobmann. Als im Herbst 2020 die Regierung neue Maßnahmen gegen die nächste Corona-Welle präsentiert, sieht Kickl ein »antidemokratisches Schurkenstück«. In einer Sitzung des Nationalrats gibt er erstmals eine Kampfparole aus: »Kurz muss weg!« Dass Nationalratspräsident Wolfgang Sobotka im Sitzungssaal des Parlaments Plexiglaswände zwischen den Abgeordneten-Sesseln montieren lassen will, lehnt er ab. Bei Plenarsitzungen tragen die meisten FPÖ-Abgeordneten keine Masken.

Mitten in der Corona-Herbstwelle findet am 11. Oktober 2020 die Wiener Gemeinderatswahl statt. 1,3 Millionen Bürger sind wahlberechtigt, daher hat sie auch große bundespolitische Bedeutung. Wer in Wien nicht punktet, kann auch nicht Kanzler-Partei werden. Die Vorzeichen haben sich geändert: Bei der Gemeinderatswahl im Oktober 2015 war die Flüchtlingskrise das Hauptthema, diesmal ist es Corona. Die meisten Parteien verzichten auf größere Veranstaltungen, nicht so die FPÖ. Sie setzt auf klassischen Wahlkampf mit intensiven

Bürgerkontakten. Ihr junger Spitzenkandidat Dominik Nepp lässt sich ohne Mund-Nasen-Schutz am Bahnsteig einer – oberirdischen – U-Bahn-Station fotografieren. Seine kleine Provokation funktioniert: Das Foto erscheint in der *Kronen Zeitung*. Ganz so rebellisch, wie er vorgibt, ist Nepp allerdings nicht. Die Maske hat er nur kurz für das Foto abgenommen.

Im Wahlkampf engagiert sich auch der Bundesparteiobmann. Bei einem Auftritt vor Parteigängern im 15. Gemeindebezirk kritisiert Norbert Hofer die Regierung scharf, meint aber: »Wir sind natürlich keine Coronaleugner.« Man leugne ja auch nicht »Hämorrhoiden, die Grippe oder Aids«. Jede Krankheit sei gefährlich.

Der Wahltag rückt näher. »Ausländer« sind nur Thema, wenn die FPÖ sie für Infektionen verantwortlich machen kann. Die blaue Parteispitze rechnet mit einer Strafe der Wähler. Doch es kommt noch wesentlich schlimmer. Die Wiener FPÖ verliert vier Fünftel ihrer Wähler und erreicht nur noch 7,1 Prozent, um fast 24 Prozentpunkte weniger als 2015, als sie auf 30,8 Prozent kam. Es ist der größte Wählerverlust einer Partei in den bis dahin 148 Landtagswahlen der Zweiten Republik. Der kleine Trost: Kaum ein freiheitlicher Wähler läuft zur neuen Strache-Partei DAÖ über, die es nicht in den Wiener Gemeinderat schafft. Zwar verliert die FPÖ viele Wähler an ÖVP und SPÖ, den größten Abfluss gibt es allerdings zu den Nichtwählern. Etwa hunderttausend FPÖ-Wähler von 2015 bleiben diesmal zu Hause. »Nicht andere Parteien haben uns diesmal besiegt. Die FPÖ selbst hat dieses Geschäft für unsere Gegner erledigt«, sagt Herbert Kickl.

Für den Absturz wird Heinz-Christian Strache verantwortlich gemacht, der bis zu seinem Rücktritt im Mai 2019 auch Obmann der Wiener Landespartei war. Ibiza und die Spesenaffäre haben die Wähler nicht vergessen. Bundesparteichef Hofer äußert in internen Sitzungen Selbstkritik. Die FPÖ habe sich Strache in der Vergangenheit zu sehr ausgeliefert und übersehen, wie sehr dieser die Partei für eigene Zwecke missbrauche. Man sei sich nach der Serie von Erfolgen zu sicher gewesen. Hofers Lehre daraus: Das Starprinzip an der Parteispitze habe ausgedient. Er selbst sei »kein Star, sondern ein ganz normaler Typ«.

Parteiinterne Analysen zeigen, dass die FPÖ weiterhin Arbeiter, aber kaum Bessergebildete anspricht. »Wir müssen mit unseren Themen höher zielen«, sagt Hofer. Die Bereichssprecher müssten zu Experten in ihren Politikfeldern werden. Man kann es als neue Sachlichkeit interpretieren, die Hofer seiner Partei verschreibt. Der oberösterreichische Landesparteichef und Landeshauptmann-Stellvertreter Manfred Haimbuchner fordert, die FPÖ müsse sich zur »konstruktiven, seriösen Rechtspartei« weiterentwickeln. Exakt so sieht es auch der Bundesparteichef – nicht jedoch Klubobmann Kickl. Der bezieht Haimbuchners Einsprüche nicht auf sich, sondern sieht sich in der richtigen Spur. Sein »zugegebenermaßen akzentuierter Stil« komme bei den Wählern gut an. Bei der Nationalratswahl ein Jahr zuvor hat er bekanntlich die meisten Vorzugsstimmen aller FPÖ-Kandidaten erhalten. Die Niederlage der FPÖ in Wien versucht Kickl für seine Zwecke zu nutzen und seine Vertraute, die Nationalratsabgeordnete Dagmar Belakowitsch, anstelle von Dominik Nepp zu installieren. Das Vorhaben scheitert.

Der Herbst 2020 ist auch für Hofer persönlich deprimierend. Vier Jahre zuvor wäre er beinahe als Bundespräsident in die Hofburg eingezogen. Nun, im ersten Corona-Jahr, verliert auch der freundliche Freiheitliche massiv in der Gunst der Bevölkerung. Im Index der Austria Presse Agentur, der die Vertrauenswürdigkeit von Politikern misst, ist Hofer auf den vorletzten Platz abgestürzt. Hinter ihm liegt nur noch Herbert Kickl. Den Landesvorsitz der burgenländischen FPÖ legt Hofer zurück. Er will sich auf die Führung der Bundespartei konzentrieren. Wittert Hofer eine Gefahr? Nach der Pleite bei der Wien-Wahl grassieren erste Personalspekulationen. Kickl weist sie in einem ORF-Interview zurück: »Es wird diese Obmann-Debatte nicht geben.« Die Schuld für die Niederlage in Wien Hofer zu geben, wäre »eine Themenverfehlung«.

Noch wackelt Hofer nicht. Aber noch ist Kickl auch nicht der Freiheitsheld der Impfgegner.

Natürlich weiß Herbert Kickl, dass eine Covid-Infektion gefährlich sein kann, vor allem für ältere Menschen. Privat befolgt er alle Vorschriften. Beim Einkaufen trägt er eine Maske. Und er lässt sich regelmäßig testen, um seine Eltern, die in einem Seniorenheim leben, besuchen zu können. Politisch jedoch erhöht er die Lautstärke: Im Parlament agitiert er gegen Massentests, »die Wurzel allen Übels«, die die Infektionszahlen in die Höhe treiben würden, und fabuliert über »Testzwang« und »Testapartheid«. Doch erst mit den Impfungen gewinnt Kickls Kampagne an Wucht. Im Jänner 2021 erklärt er: »Mein Kampfauftrag für 2021 lautet: Kurz muss weg.« Der Bundeskanzler führe Österreich vom »Corona-Wahnsinn in den Demokratie-Wahnsinn«. Die Videoplattform YouTube löscht ein Video einer Parlamentsrede von Kickl. Der FPÖ-Kanal »Österreich zuerst«, der das Video ausstrahlt wird von YouTube für eine Woche lang gesperrt. Kickl habe medizinische Falschinformationen zu Covid-Erkrankungen verbreitet. Der ortet einen Anschlag auf die Redefreiheit und fordert ein »Anti-Zensur-Gesetz«. Internet-Konzerne sollen nur eindeutige strafrechtliche Verstöße ahnden dürfen.

Die Auseinandersetzungen werden immer schärfer. In

Wien kommt es am 16. Jänner 2021 bei einer Demonstration von zehntausend Maßnahmengegnern auf dem Maria-Theresien-Platz, der Ringstraße und am Heldenplatz zu Tumulten, dreihundert Anzeigen und zwanzig Festnahmen. Kaum einer der Marschteilnehmer trägt eine Maske. Zu Beginn fordert eine Rednerin die Demonstranten auf: »Schmeißt's den dreckigen Fetzen endlich weg!« Viele Teilnehmer sind der »Querdenker«-Szene zuzurechnen, die sich nach Erkenntnis des Verfassungsschutzes radikalisiert und Morddrohungen gegen Politiker verbreitet.

Nach Angaben der Wiener Polizei nehmen auch zahlreiche Rechtsextremisten an der Kundgebung teil, darunter sind der Sprecher der Identitären Bewegung, Martin Sellner, der mehrfach verurteilte Neonazi Gottfried Küssel und Gesinnungsgenossen. Rechtsextreme Gruppen haben, so der Verfassungsschutz in einem Bericht, die Szene der Coronaleugner »als potenzielles Spalt-, Mobilisierungs- und Rekrutierungspotenzial« identifiziert.

Die Szene wiederum identifiziert Herbert Kickl als ihren Bruder im Geiste. Die Veranstalter der Demonstration »Für die Freiheit, gegen Zwang, Willkür, Rechtsbruch« laden Kickl ein, beim Aufmarsch am 31. Jänner am Maria-Theresien-Platz eine Rede zu halten. Kickl sagt zu, es sei ihm »ein inneres Anliegen«. Doch die Polizei untersagt die Demonstration, da nach den bisherigen Erfahrungen damit zu rechnen sei, dass Teilnehmer den vorgesehenen Mindestabstand nicht einhalten und keine Masken tragen würden. Kickl meldet spontan eine eigene Veranstaltung für Sonntagnachmittag auf dem Heldenplatz an. Auch diese wird untersagt, da laut Polizei mit »Gesetzwidrigkeiten in großem Ausmaß« gerechnet werde. Der ehemalige Innenminister hat für das Vorgehen der Polizei kein Verständnis, sondern sieht »einen demokratiepolitischen Skandal«. Kickls Kundgebung findet dennoch statt, friedlich im Internet. Per Livestream überträgt die FPÖ ein Gespräch Kickls mit den Organisatoren der nicht genehmigten Demonstrationen aus den blauen Klubräumlichkeiten. Kickl trägt keine Maske, hält aber einen Sicherheitsabstand ein.

Auf dem Maria-Theresien-Platz wird trotz des Verbots demonstriert. Zehntausend Teilnehmer – darunter »Querdenker«, Fußball-Hooligans und Rechtsextreme – versammeln sich zu einem »Spaziergang«, wie sie es nennen. Eine Kundgebung muss angemeldet werden, ein Bummel nicht. Die Polizei geht dennoch dagegen vor und löst die Zusammenkunft auf. Für das erste Wochenende im März werden in Wien mehr als dreißig Demonstrationen angemeldet. Die Behörden untersagen zwölf, vor allem Großdemos, die in der Innenstadt stattfinden sollen. Aus Protest meldet die FPÖ eine eigene Kundgebung – sie nennt es »Solidaritätsveranstaltung« – für 15 Uhr an. Sie wird nicht in der City, sondern auf der Jesuitenwiese im Prater stattfinden. Wo sonst Fußball und Volleyball gespielt wird, Kinder auf Spielplätzen herumtollen, im Winter rodeln, und die KPÖ alljährlich zum Herbstbeginn ihr »Volksstimme«-Fest feiert, wollen an diesem 6. März tausende Kickl hören. Die Kundgebung verläuft laut, aber friedlich. Beim Abzug der Teilnehmer eskaliert die Lage. Hunderte Demonstranten – vor allem Hooligans und Rechtsextreme – ziehen im Pulk auf der Straße am Donaukanal entlang und werden schließlich von der Polizei eingekesselt. Dutzende stürmen daraufhin die Tiefgarage eines Versicherungsgebäudes. Ein Wachmann wird verletzt.

Zwei Tage später fordert die ÖVP Kickls Rücktritt. Dieser habe »mit seinem Hooligan-Auftritt und seiner üblen Kampfrhetorik rechtsextreme Krawalle ausgelöst«. Kickls »Bündnis mit Rechtsextremen« würde »Gesundheit und Sicherheit der Österreicherinnen und Österreicher« in Gefahr bringen. Aus Kickls Sicht hingegen haben Innenminister Karl Nehammer und »seine Parteifreunde in der Polizeiführung« die Eskalation bewusst herbeigeführt, indem sie Demonstranten in einen Kessel getrieben hätten. FPÖ-Chef Hofer reagiert sanft, warnt vor einer Spaltung im Land und spricht sich »gegen die pauschale Kriminalisierung verzweifelter Menschen aus, die auf der Straße ihren Protest zeigen«. An der Demonstration auf der Jesuitenwiese hat Hofer nicht teilgenommen. Spätestens nach Kickls Auftritt im Prater ist spürbar: Die FPÖ steuert auf einen Machtkampf zu, so Norbert Hofer überhaupt noch die Kraft hat, um die Macht in der Partei zu kämpfen.

Die Frau des FPÖ-Obmanns ist Altenpflegerin. Seine Tochter lässt sich in einem Gesundheitsberuf ausbilden. Er selbst gehört aufgrund seiner Behinderung zu den gefährdeten Gruppen im Falle einer Covidinfektion. Wie Kickl kritisiert er die Corona-Maßnahmen, hält sie aber für vertretbar. Und vor allem: Norbert Hofer lässt sich impfen, im Gegensatz zu Kickl.

Anfang April ändert Nationalratspräsident Wolfgang Sobotka die Hausordnung des Parlaments und erlässt eine Maskenpflicht für Abgeordnete. Sie gilt im Plenarsaal, aber auch in den Parlamentsgängen. Von Verfassungsjuristen lässt sich Sobotka bestätigen, dass die Maskenpflicht mit dem freien Mandat vereinbar sei. Der Haken: Da sie nur in der Hausordnung, aber nicht in der Geschäftsordnung erlassen wird, ist sie nicht durchsetzbar. Trägt ein Abgeordneter keine Maske, kann er – etwa durch Bußgeld – nicht sanktioniert werden. Herbert Kickl ist der Erste, der ankündigt, bei der kommenden Nationalratssitzung ohne Maske zu erscheinen. Seinen Abgeordneten stellt er das Tragen frei.

Dann passiert Bemerkenswertes: Auf dem Kurznachrichtendienst Twitter übt Norbert Hofer am 7.April indirekte, aber heftige Kritik an Kickl. »Das freie Mandat erlaubt es, sich im Parlament der Hausordnung zu entziehen. Wer das tut, stellt sich aber in einer Selbstüberhöhung über alle Menschen, die sich an Regeln halten müssen. Ich respektiere als Präsident die Hausordnung und erwarte das von allen Abgeordneten.« Eine Stunde später folgt die nächste Überraschung. Hofer rudert zurück. Sein Büro stellt fest, alternativ zur Maske würde auch eine Plexiglas-Trennwand zum vorderen Sitz ausreichen. Hofer – so kontrolliert er in der Öffentlichkeit wirkt – folgt oft Impulsen. Öfter muss sein Büro korrigieren, was in der ersten Emotion aus ihm herausbricht – und sei es die Vernunft.

Mit Spannung wird die nächste Sitzung des Nationalrats erwartet. Es kommt, wie es kommen muss: Die FPÖ-Abgeordneten erscheinen geschlossen ohne Masken. Diese Niederlage hat Hofer sich selbst zugefügt. Einige FPÖ-Abgeordnete, vor allem aus Oberösterreich, sind auf seiner Seite. Vor dem Plenum ist eine Sitzung des FPÖ-Klubs zur Maskenpflicht angesetzt. Norbert Hofer erscheint nicht und lässt sich auch nicht per Handy zuschalten. Er habe seine Schwiegermutter kurzfristig ins Krankenhaus gebracht, rechtfertigt er sich später. Die Masken-Befürworter im FPÖ-Klub halten Hofers Verhalten für feige. Nun sehen auch sie keinen Grund mehr, sich Herbert Kickl zu widersetzen. Es ist der Anfang vom Ende des Norbert Hofer an der FPÖ-Parteispitze. In der Klubsitzung fassen die FPÖ-Abgeordneten einen Beschluss, in dem sie sich explizit für Kickls scharfen Corona-Kurs aussprechen; und einen zweiten, in dem sie einen fliegenden Wechsel in eine Koalition mit der ÖVP von Kanzler Kurz ausschließen, sollte die türkis-grüne Regierung zerbrechen. Norbert Hofer wird parteiintern nachgesagt, derartige taktische Überlegungen anzustellen, und dafür auch bereit zu sein, die harte Corona-Linie zu opfern.

Wenig später schildert der FPÖ-Bundesrat Johannes Hübner in einem Podcast mit dem FPÖ-nahen Medium *Info-direkt* den Ablauf der Klubsitzung im Detail. Unter den Mandataren habe »Erstaunen, Entsetzen, Verärgerung und Verwunderung« über Hofer geherrscht. Diesem empfiehlt er, sich nicht »irrtümlich vor den Karren« von Sebastian Kurz spannen zu lassen. Das Verhältnis der Doppelspitze Kickl und Hofer sei belastet. Der daran Schuldige habe aber seinen Fehler eingesehen. Und falls doch keine Einigung möglich sei, wäre »eine Trennung im Vernünftigen und im Interesse der Bewegung, der Partei und unserer Weltanschauung« denkbar. Es ist ein gezieltes Manöver gegen Hofer. Kickl selbst bestätigt in der Folge, es habe »durch einen etwas missglückten Tweet einen gewissen Gesprächsbedarf« und »ein kleines Gewitter gegeben«. Am Landesparteitag der Wiener FPÖ wird noch einmal Geschlossenheit zelebriert, tatsächlich verhöhnt Kickl in seiner Rede Hofer: »Ich bin heute mit Maske gekommen, kein Problem. Ich fühle mich wie ein Zorro des 21. Jahrhunderts.«

Damals, im April 2021, hat Hofer bereits jede Autorität in seiner Partei verloren. Nur vereinzelt melden sich noch Unterstützer wie der Oberösterreicher Manfred Haimbuchner zu Wort: »Ich halte dieses Herumgesäge für absolut unanständig. Der Obmann verdient größte Loyalität. Und die hat er von mir, solange er Obmann sein will.«

Haimbuchner hält wie Hofer wenig von Kickls – an Corona-Leugnung grenzende – Einstellung gegenüber der Pandemie. Er selbst wäre fast gestorben. Nach einer Infektion und schwerem Verlauf muss der Landeshauptmann-Stellvertreter im März 2021 auf die Intensivstation und künstlich beatmet werden. Die Ärzte im Linzer Kepler Universitätsklinikum retten ihm das Leben.

Wie Hofer will Haimbuchner die FPÖ als regierungsfähige, rechtskonservative Partei ausrichten. Mit Kickl, glaubt er, würden die Freiheitlichen in Daueropposition bleiben. Er selbst macht sich Hoffnung auf den oberösterreichischen Landeshauptmannstuhl. Eine radikale Bundespartei in Wien würde das unmöglich machen. In ihrer Prägung unterscheiden sich Haimbuchner und Kickl deutlich. Der oberösterreichische FPÖ-Chef stammt aus gehobenem freiheitlichen Elternhaus, ist Jurist und Mitglied der Studentenverbindung Corps Alemannia Wien zu Linz, Kickl ist das Arbeiterkind ohne Studienabschluss und ohne Zugang zur Welt der deutschnationalen Korporationen.

Auch in Oberösterreich wird das Lager der Maßnahmengegner und Impfverweigerer immer größer. Haimbuchner und Hofer wollen Abstand halten, da sich die Szene radikalisiert. Kickl will sie vereinnahmen. Aus zwei Gründen: Zum einen sieht er das Wählerpotenzial, zum anderen merkt er, dass aus der Bewegung eine politische Partei entstehen kann, die der FPÖ in die Quere käme. In Oberösterreich tritt dieses Szenario ein. Bei der Landtagswahl am 26. September 2021 zieht die neugegründete Impfskeptiker-Partei MFG – Menschen, Freiheit, Grundrechte – mit 6,2 Prozent in den Landtag ein. Der Erfolg geht auch zulasten der FPÖ, die auf 19,8 Prozent kommt und damit mehr als zehn Prozentpunkte verliert. Neben Manfred Haimbuchner sehen auch andere Landesparteichefs wie der Wiener Dominik Nepp und der Steirer Mario Kunasek Kickl skeptisch, Loyalitätsbekundungen für den massiv angeschlagenen Bundesparteiobmann zahlen sich aber nicht mehr aus. Hofers Ablöse ist eine Frage der Zeit.

Nun bringt sich Kickl öffentlich in Stellung. Mitte Mai 2021 erklärt er, als Spitzenkandidat bei der nächsten Nationalratswahl zur Verfügung zu stehen. Klarer kann eine Botschaft nicht sein: Die Bereitschaft zur Spitzenkandidatur bedeutet gleichzeitig den Anspruch auf die Parteiführung. In einer Sitzung der oberösterreichischen FPÖ-Gremien schließt Manfred Haimbuchner aus, dass Kickl Spitzenkandidat oder gar Obmann werden könnte. Andere freiheitliche Spitzenvertreter begrüßen Kickls Aussage offensiv. Er habe »das handwerkliche Zeug dazu«, sagt die Salzburger Parteichefin Marlene Svazek. Hilflos fast erklärt Hofer, die Frage der Spitzenkandidatur würde erst vor der nächsten Wahl entschieden. Zu dieser Zeit befindet er sich zur Behandlung seiner Halswirbelschmerzen in Baden. Er gibt sich verständnisvoll. Dass über den Spitzenkandidaten diskutiert wird, hält er für legitim. Allerdings, so Hofer, störe ihn der Zeitpunkt. Aber so ist es eben, weil: »Wenn die Katze aus dem Haus ist, feiern die Mäuse Kirtag.«

Auf Schonung im Krankenstand kann er nicht hoffen. Kickl spottet gnadenlos über Hofers »Kirtag«-Sager: »Mir fällt dann immer ›Tom und Jerry‹ ein. Und das ist für die Katze wenig schmeichelhaft.« Sich selbst hält er fraglos für den geeigneteren Kandidaten: »Wir haben einen Parteiobmann, der sich nach der letzten Nationalratswahl ganz bewusst überparteilich positioniert hat mit dem Amt des Dritten Nationalratspräsidenten.« Damit habe Norbert Hofer einen Schritt gesetzt, »der ihn herausnimmt aus der oft sehr, sehr hart geführten tagespolitischen Auseinandersetzung, wohl auch mit dem Gedanken, vielleicht mittelfristig noch einmal bei der Bundespräsidentenwahl anzutreten«. Eine Nationalratswahl sei dagegen »eine der härtesten Formen der inhaltlichen Auseinandersetzung zwischen Parteien«. Er führe diese Auseinandersetzung schon jetzt, und daher habe es »eine gewisse Logik«, diese in einem Wahlkampf fortzusetzen. Und er startet ein weiteres Manöver: Kickl bietet SPÖ, Grünen und NEOS an, gemeinsam eine Allianz gegen die ÖVP zu bilden, obwohl sich sein Bundesparteiobmann klar dagegen ausspricht.

Am 1. Juni 2021 ist Norbert Hofers Reha-Aufenthalt zu Ende. Und seine Zeit als FPÖ-Obmann ist es auch.

Dass Hofer über Twitter seinen Rückzug bekanntgegeben hat, erfährt Kickl auf dem Abstieg von dem auf 1361 Metern gelegenen Waxriegelhaus an der Rax. Der Klubobmann hat Parteifunktionäre und Journalisten zur Wanderung gebeten. Es herrscht Konfusion. Funklöcher erschweren das Telefonieren. Hofer hat ihm die Inszenierung verdorben. Eine kleine Rache beim Abgang? Die Nachricht vom Rücktritt kann Kickl zunächst nicht glauben, ebenso wenig Hofers Mitarbeiter im Präsidentenbüro, die den Tweet ihres Chefs löschen, weil sie an einen Fake glauben. Herbert Kickl lässt Freunde, Funktionäre und Journalisten stehen und fährt mit dem Dienstwagen zurück nach Wien. In einer Aussendung bestätigt die FPÖ den Rücktritt ihres Parteichefs. Hofer meldet sich noch einmal zu Wort. Hat sein Rücktritt mit den Scharmützeln der vergangenen Wochen zu tun? »Ja natürlich. Ich lasse mir nicht jeden Tag ausrichten, dass ich fehl am Platz bin.« Herbert Kickls Mobbing war erfolgreich.

Die Krisenkommunikation des Klubobmanns greift noch am selben Tag. Erste Landesparteichefs wie der Tiroler Markus Abwerzger und Salzburgs Marlene Svazek sprechen sich für Kickl als nächsten Obmann aus. Vorerst wird statutengemäß der älteste von Hofers Stellvertretern interimistischer Parteichef: Harald Stefan, Nationalratsabgeordneter, Notar in Wien, ehemaliges Mitglied der Wiener Burschenschaft Olympia.

Zwei Jahre später – die FPÖ liegt in den Umfragen deutlich voran – wird Stefan sagen: »Was 2021 gesät wurde, geht jetzt auf.«

Stefan ist ein Mann im Hintergrund, drängt sich nicht auf. Der Parlamentsklub ist neben der FPÖ Niederösterreich Kickls Machtbasis und Stefan dort einer der zentralen Mandatare. Für Kickl wird er immer wichtiger. Er hält Verbindung zum Milieu der Corps und Burschenschaften, mit denen Kickl fremdelt, deren Unterstützung er aber braucht. Zwölf der insgesamt dreißig FPÖ-Abgeordneten sind völkisch Korporierte. Und sollte die FPÖ wieder in eine Regierung kommen, werden die notwendigen Mitarbeiter für die Kabinette aus den Reihen der Corps und Burschenschaften rekrutiert. Über andere Akademiker-Pools verfügt die FPÖ nicht. Die zweite zentrale Funktion des Harald Stefan: Er ist Kickls Fürsprecher in der Wiener FPÖ, die neben den Oberösterreichern die größten Zweifel gegenüber Kickl hegen. Landesparteiobmann Dominik Nepp wird auch als möglicher Hofer-Nachfolger gehandelt, sagt aber rasch ab.

Alles läuft auf Kickl hinaus. Schließlich gibt auch Manfred Haimbuchner seinen vehementen Widerstand auf. Er will in Oberösterreich bleiben und keinesfalls Bundesparteiobmann werden, auch sonst ist kein Alternativkandidat auszumachen. Am 7. Juni, sechs Tage nach Hofers Rücktritt, wird Herbert Kickl vom FPÖ-Präsidium zum neuen Parteiobmann designiert. Die Entscheidung unter den anwesenden Präsidiumsmitgliedern fällt einstimmig aus. Allerdings haben Haimbuchner und der Vorarlberger Landesparteiobmann Christof Bitschi die Sitzung vorzeitig verlassen. In einer ersten Erklärung als blaue Nummer eins widmet sich Kickl seinem erklärten Feind: »Ich halte die türkise ÖVP für das größte politische Blendwerk der Zweiten Republik.« Dass es nun zu blauen Flügelkämpfen kommt, schließt er aus: »Die FPÖ ist kein Vogel.« Norbert Hofer ist wieder der freundliche Freiheitliche: »Ich bin keiner, der irgendwem besonders lange böse sein kann.« Nicht nur aus charakterlichen Gründen, sondern auch aus taktischen: Schließlich will Hofer 2028 wieder Bundespräsidentschaftskandidat werden. Wohlverhalten tut not. Dabei ist Hofer nicht einmal als nächster FPÖ-Nationalratspräsident gesetzt. Kickl favorisiert die Wiener Abgeordnete Dagmar Belakowitsch.

Der erste Eklat des neuen FPÖ-Obmanns lässt nicht lange auf sich warten. Zwei Tage nach seiner Nominierung nennt Kickl die Identitäre Bewegung ein »interessantes und unterstützenswertes Projekt«. Sie sei für ihn »so etwas wie eine NGO von rechts«. Es ist ein typisches Kickl'sches Verwirrspiel. Noch am Vortag bestätigte er die Gültigkeit des Vorstandsbeschlusses, wonach FPÖ-Funktionäre nicht Mitglied bei den Identitären sein können. Andeutungen, Provokationen, Rückzieher – schon Jörg Haider schuf gern kommunikative Knäuel.

1995 begann Herbert Kickl mit den Worten »Ich kann zwar nichts, aber ich kann alles lernen« seine Karriere in der FPÖ. Am 19. Juni 2021 wählt ihn der FPÖ-Parteitag in der Arena-Nova-Mehrzweckhalle in Wiener Neustadt mit 88,2 Prozent zum 14. Bundesparteiobmann der FPÖ. Er ist 52 Jahre alt. Dass er seinen Vorgänger aus dem Amt gemobbt hat, wird ihm nur von wenigen nachgetragen. »Gestern. Heute. Morgen. Die Freiheit, die wir meinen«, lautet das offizielle Motto des Parteitags, in Erinnerung an Jörg Haiders Buch »Die Freiheit, die ich meine«. In seiner Rede bezeichnet Kickl Haider als »meinen Lehrmeister«. Huldigungen setzen ein. Der Welser FPÖ-Bürgermeister Andreas Rabl nennt Kickl »den Cicero der österreichischen Innenpolitik«. Everybody's Darling ist er nicht. Im

Vertrauensindex der Austria Presse Agentur liegt er weiterhin an letzter Stelle unter den Spitzenpolitikern.

Nach dem Erfolg der Impfgegner-Partei MFG bei der Landtagswahl in Oberösterreich werden Kickls Äußerungen zur Corona-Politik der Regierung noch aggressiver – und schlicht befremdlich. Die türkis-grüne Politik sei »eine Brandmarkung für Ungeimpfte«, diese erinnere »an die dunkelsten Zeiten der Geschichte«. Auch der Nationalsozialismus habe damit begonnen, »dass man Menschen systematisch ausgegrenzt hat«. Gelbe »Juden-Sterne« und Schilder mit der Aufschrift »Impfen macht frei« bei Demonstrationen verteidigt er: »Das ist eine Kritik am Nationalsozialismus und überhaupt nichts anderes.«

Stolz und bei vielen Gelegenheiten erklärt der FPÖ-Obmann, sich nicht impfen zu lassen. Dass zahlreiche blaue Spitzenpolitiker geimpft sind, ignoriert er. Mehrfach referiert Kickl über Alternativen zur Impfung. Er empfiehlt Präventionsmaßnahmen wie »Vitaminpräparate« und »Bitterstoffe« sowie im Falle einer Covid-Erkrankung das in Impfverweigerer-Kreisen populäre rezeptpflichtige Anti-Wurmmittel Ivermectin, obwohl das Bundesamt für Sicherheit im Gesundheitswesen davor warnt. Sogar Parteifreunde kritisieren Kickl. Seine frühere FPÖ-Regierungskollegin, Ex-Gesundheitsministerin Beate Hartinger-Klein, nennt die Empfehlung »letztklassig und indiskutabel«. Ex-FPÖ-Chef Hofer spricht sich gegen medizinische Ratschläge von Politikern aus. Das Arzneimittelgesetz verbietet Laienwerbung für rezeptpflichtige Medikamente. Eine Anzeige der Ärztekammer Niederösterreich gegen Kickl bleibt ohne Konsequenzen, der Nationalrat hebt dessen parlamentarische Immunität nicht auf.

Am 15. November 2021 macht Kickl öffentlich, sich mit dem Corona-Virus angesteckt und leichte Symptome zu haben. Sein

»Vertrauensarzt« würde ihn mit Medikamenten behandeln. Nach der Genesung präsentiert sich Kickl der Öffentlichkeit »gesund und munter«. Ob er mit Ivermectin behandelt wurde, verrät er nicht. Möglicherweise hat sich Kickl auf seiner »Freiheitstour« angesteckt, von der er sich auch durch die Pandemie nicht abbringen lässt. Am 5. November tritt er in St. Andrä im Kärntner Lavanttal in einem Gasthaus auf. Der Saal ist voll. Danach schnellen im Bezirk die Infektionszahlen in die Höhe. Die FPÖ erklärt, alle vorgeschriebenen Sicherheitsmaßnahmen seien eingehalten worden.

Am 6. Oktober 2021 wird die Republik erschüttert. Beamte des Bundesamts für Korruptionsbekämpfung und Vertreter der Wirtschafts- und Korruptionsstaatsanwaltschaft führen eine Hausdurchsuchung im Bundeskanzleramt durch. Kanzler Sebastian Kurz ist nicht anwesend. Gleichzeitig gibt es Razzien im Finanzministerium, in der ÖVP-Parteizentrale und in Privatwohnungen von engen Mitarbeitern von Kurz. Handys und Datenträger werden sichergestellt. Der Tatverdacht lautet auf Untreue, Bestechung und Bestechlichkeit. Konkret geht es um einen verbreiteten, aber sittenwidrigen Deal: »Freundliche Berichterstattung gegen Inseraten-Geld«. Der Mechanismus: Boulevardmedien veröffentlichen zwischen 2016 und 2018 günstige Umfragen zu Sebastian Kurz. Als Gegenleistung erhalten sie Inserate der öffentlichen Hand. Die Umfragen werden zwar vom Finanzministerium bezahlt, sind laut Korruptionsstaatsanwaltschaft allerdings »parteipolitisch motiviert«. Und sie sind skurril: Eine Umfrage ergibt, Sebastian Kurz werde in der Bevölkerung als Delfin und Eichhörnchen wahrgenommen. Ausgeheckt wird das System vom Generalsekretär im Finanzministerium, Thomas Schmid. Eine interne Untersuchung des Finanzministeriums wird »ein hohes Maß an Unregelmäßigkeiten« belegen.

Für Kanzler Kurz wird es eng. Der grüne Vizekanzler Werner Kogler hinterfragt offen dessen Amtsfähigkeit und droht, eine Regierung ohne ÖVP aufzustellen, sollte diese keinen anderen Kanzler nominieren – und zwar eine »untadelige Person«, so Grünen-Klubchefin Sigrid Maurer. Unter dem Druck der eigenen Partei tritt Kurz am 9. Oktober als Bundeskanzler zurück und wird Klubobmann. Neuer Kanzler ist Außenminister Alexander Schallenberg.

Herbert Kickl nutzt die Krise geschickt aus. Will Werner Kogler tatsächlich eine Mehrheit gegen die ÖVP bilden, braucht er die FPÖ. Dass seine Partei eine Dreierkoalition aus SPÖ, NEOS und Grünen dulden würde, ohne selbst daran beteiligt zu sein, schließt Kickl aus. Er will Gleichberechtigung. Auch eine Expertenregierung, über die Bundespräsident Van der Bellen bereits nachdenkt, lehnt er ab. Die SPÖ-Vorsitzende Pamela Rendi-Wagner bietet sich öffentlich als Bundeskanzlerin an und trifft sich mit Kickl. Eine – bis dahin in der SPÖ ausgeschlossene – Kooperation mit der FPÖ hält sie aufgrund der außergewöhnlichen Situation für vertretbar. Unter einer Bedingung: Der Impfverweigerer Kickl würde wohl nicht Gesundheitsminister werden. Dieser hält seine Partei nach dem Gespräch für resozialisiert. Die jahrzehntelange »Ausgrenzung« der FPÖ durch die SPÖ sei Geschichte. Kickl frohlockt: »Der Geist ist aus der Flasche, und da kommt er auch nicht mehr rein.«

Im November 2021 macht der neue Bundeskanzler Alexander Schallenberg – im Nachhinein betrachtet – einen schweren Fehler. Die Corona-Fallzahlen steigen rasant, die Landeshauptleute üben bei einer Sitzung im Tiroler Achensee immensen

Druck aus. Am 19. November verkündet Schallenberg eine allgemeine Impfpflicht, die ab Februar 2022 gelten soll. Kein anderes EU-Land wird diese Maßnahme beschließen. Es ist eine Auflage für Herbert Kickl, der aus seiner Corona-Quarantäne apodiktisch erklärt: »Österreich ist mit heutigem Tag eine Diktatur!« Am nächsten Tag demonstrieren vierzigtausend Menschen in der Wiener Innenstadt. Die Impfpflicht bleibt ein bloßer Gesetzestext. Umgesetzt wird sie nie. Im Juli 2022 wird das Covid-Impfpflichtgesetz nur fünf Monate nach dem Inkrafttreten wieder aufgehoben. Politisch wirkt es nach bis zu den Landtagswahlen 2023 in Niederösterreich und Salzburg, die Regierungsbeteiligungen der FPÖ bringen werden. Herbert Kickl sieht es voraus.

Am 2. Dezember 2021 legt Sebastian Kurz auch die ÖVP-Obmannschaft zurück und scheidet aus der Politik aus: zu Fall gebracht von staatsanwaltlichen Ermittlungen, an deren Anfang das Ibiza-Video steht – jenes Video, das zu Kickls Entlassung als Innenminister führte. Doch Herbert Kickl ist noch da. Im Dezember 2021 sagt er: »Ich habe am Beginn des Jahres gesagt, Kurz muss weg, jetzt ist er weg.«

Was er im November aufgrund seiner Corona-Infektion versäumt hat, holt Kickl am 11. Dezember nach. Vor 44 000 Demonstranten hält er eine Rede am Wiener Heldenplatz. Wieder verzichtet er auf eine Maske, und abermals folgt eine behördliche Anzeige. Ihm droht eine Geldstrafe von bis zu 500 Euro. Das Magistrat Wien bittet den Nationalrat um Aufhebung der parlamentarischen Immunität. Dieser liefert den FPÖ-Chef tatsächlich aus, da eine Mehrheit keinen Zusammenhang zu Kickls politischer Tätigkeit erkennt. Später kommt die Behörde zu dem Schluss, Kickl habe keine Verwaltungsübertretung begangen. Manche seiner Parteifreunde driften mittlerweile ins Lager der sogenannten Corona-Schwurbler ab. So behauptet die Abgeordnete Dagmar Belakowitsch, die Spitäler seien nicht wegen ungeimpfter Covid-Patienten voll, sondern wegen der vielen Geimpften, die aufgrund eines Impfschadens behandelt werden müssen. Selbst Herbert Kickl nennt diese Aussage »verunglückt«.

Am 24. Februar 2022 überfallen russische Truppen auf Befehl von Präsident Wladimir Putin die Ukraine. Herbert Kickl spricht sich gegen die Aufnahme von Flüchtlingen aus. Er sieht allein Nachbarländer wie Rumänien, Ungarn, Slowakei und Polen in der Pflicht. Hinter Kickls Ablehnung steckt nicht die freiheitliche Russophilie. Den Freundschaftspakt, den Heinz-Christian Strache im Jahr 2016 mit der Kreml-Partei »Einiges Russland« abschloss, hat Kickl nie befürwortet. Als Parteichef lässt er ihn auslaufen. Kickls Weigerung, Flüchtlinge aufzunehmen, beruht auf einem Prinzip: Sind sich alle Parteien in einer Frage einig, schert die FPÖ bewusst aus. Instinktiv erkennt er auch bei außenpolitischen Ereignissen, wie er sie innenpolitisch nutzen kann.

Kickl ernennt sich zum einzigen Verteidiger der österreichischen Neutralität. Die Sanktionen der EU gegen Russland lehnt er ab. Später wird er eine Volksbefragung dazu fordern. Den Besuch von Schallenbergs Nachfolger als Bundeskanzler, Karl Nehammer, in Kiew nennt er »eine falsche und vor allem eine neutralitätsfeindliche Schwerpunktsetzung«. Nehammer solle sich lieber um die Österreicher kümmern, die »unter einer massiven Preisexplosion leiden«. Als der ukrainische Präsident Wolodymyr Selenskyj im März 2023 eine Videorede im österreichischen Parlament hält, stellen die FPÖ-Abgeordneten Tafeln mit der Aufschrift »Frieden« und »Neutralität«

auf ihre Pulte, drehen Selenskyj den Rücken zu und verlassen geschlossen den Sitzungssaal.

Wie als Generalsekretär lässt Kickl auch als Parteiobmann seine Partei und die Öffentlichkeit nicht zur Ruhe kommen. Vor der Bundespräsidentenwahl 2022 weiß er, dass kein FPÖ-Kandidat gegen Amtsinhaber Alexander Van der Bellen eine Chance hat. Doch jeder Wahlkampf hilft der FPÖ, ihre Themen zu platzieren. Die ÖVP verzichtet auf einen eigenen Kandidaten, daher hat die FPÖ das Monopol auf Kritik am Bundespräsidenten. Neben Sebastian Kurz ist Alexander Van der Bellen Kickls Hauptgegner. Im Mai 2019 hat er ihn als Innenminister entlassen. In einem Interview 2021 bezeichnet er Kickl im Nachhinein als »Belastung«. Er hält ihn nicht mehr für ministrabel.

Während des Bundespräsidenten-Wahlkampfs bietet Van der Bellen eine breite Angriffsfläche. Herbert Kickl kann sein gesamtes Repertoire einsetzen. Van der Bellen sei ein Kandidat des »Systems«, unterstützt von den »Einheitsparteien« ÖVP, SPÖ, Grünen und NEOS; der Bundespräsident habe während der Pandemie die »bösartige« Corona-Politik der Regierung mitgetragen; er tue nichts gegen Inflation und »Kostenlawine«; er stehe für die Aufweichung der Neutralität, indem er die EU-Sanktionen gegen Russland mittrage.

Als Gegenkandidaten nominiert Kickl den FPÖ-Volksanwalt und früheren Klubchef Walter Rosenkranz. Er ist nicht seine erste Wahl. Kickl hat zuvor beim Wiener Anwalt Tassilo Wallentin angefragt, der in seiner wöchentlichen Kolumne in der *Kronen Zeitung* schriftlich dasselbe betreibt wie Kickl mündlich und unaufhörlich die Regierung kritisiert. Doch Wallentin will sich parteipolitisch nicht vereinnahmen lassen und kandiert lieber als unabhängiger Kandidat.

Walter Rosenkranz, Alter Herr der Wiener Burschenschaft Libertas, ist zwar auch nicht begeistert, beugt sich aber Kickls Wunsch. Bei der Wahl am 9. Oktober holt Van der Bellen mit 56,7 Prozent im ersten Wahlgang die absolute Mehrheit. Rosenkranz erringt mit 17,7 Prozent einen Achtungserfolg, immerhin ist er mit drei Konkurrenten aus dem rechten Lager konfrontiert. Tassilo Wallentin erreicht 8,1 Prozent, der ehemalige BZÖ-Politiker Gerald Grosz 5,6 Prozent und der Chef der Impfgegner-Partei MFG, Michael Brunner, 2,1 Prozent. Zusammengezählt entscheidet sich ein Drittel aller Wähler für rechte und rechtspopulistische Kandidaten. Das Ergebnis zeigt dem Strategen Herbert Kickl, was möglich ist. Allerdings bringt die Wahl der FPÖ auch die Einsicht: Rechts außen entstehen rasch Protestbewegungen, die Kickl und seine Partei bei Nationalratswahlen entscheidende Stimmen kosten können.

So schnell Konkurrenz für die FPÖ entsteht, so flüchtig ist sie. Bei der Landtagswahl in Niederösterreich am 29. Jänner 2023 spielt zwar die Pandemie eine Rolle, die MFG aber nicht mehr. Diesmal kassiert die FPÖ die Stimmen all jener, die der Politik die Corona-Maßnahmen nicht verzeihen. Ohne rechte Konkurrenz sammeln die Blauen auch die Proteststimmen ein. Angesichts der Teuerung sind es viele. Am Wahltag erreicht die ÖVP 39,9 Prozent und verliert die absolute Mehrheit. Die FPÖ überholt mit 24,2 Prozent die SPÖ und wird Zweite. 1,3 Millionen Bürger sind wahlberechtigt. Ein Erfolg in einem großen Bundesland zählt für die FPÖ doppelt, da er auch für die Nationalratswahl eine gute Ernte verspricht. Herbert Kickl kann zufrieden sein. Die FPÖ Niederösterreich ist seine persönliche Landespartei. Er wohnt in Purkersdorf. Bei der Nationalratswahl 2019 war er Spitzenkandidat auf der niederösterreichischen Landesliste der FPÖ. Von allen Landesparteien sind die niederösterreichischen Freiheitlichen wohl die radikalsten. Skandale treten gehäuft auf: die Affäre um antisemitische Texte im Liederbuch der Burschenschaft von Landesparteiobmann Udo Landbauer; die Verurteilung eines Abgeordneten wegen NS-Wiederbetätigung; derbe Sager des früheren Landesrats Gottfried Waldhäusl.

Dennoch geht Landeshauptfrau Johanna Mikl-Leitner, ÖVP, ein Bündnis mit der FPÖ in St. Pölten ein, nachdem Verhandlungen mit der SPÖ gescheitert sind. Im Wahlkampf haben sich Mikl-Leitner und Landbauer noch scharfe Auseinandersetzungen geliefert. Herbert Kickl freut sich. Er hat seine Parteifreunde in Niederösterreich zur Zusammenarbeit mit der ÖVP ermuntert. Neuer Klubobmann der FPÖ im Landtag wird Reinhard Teufel, der wichtigste Mann an Kickls Seite. Im Innenministerium ist er sein Kabinettschef, im Parlamentsklub sein Büroleiter. Wird Kickl eines Tages Kanzler, wird Teufel Minister.

Auch in Salzburg schließt die ÖVP eine Koalition mit der FPÖ vor der Landtagswahl am 23. April 2023 im Grunde aus. Am Wahltag ist die FPÖ die große Gewinnerin. Spitzenkandidatin Marlene Svazek erreicht 25,7 Prozent, die ÖVP mit Landeshauptmann Wilfried Haslauer verliert massiv und kommt nur noch auf 30,4 Prozent. Wie Mikl-Leitner entscheidet sich auch Haslauer für die Freiheitlichen. Marlene Svazek wird Landeshauptmann-Stellvertreterin.

Um ihre Koalitionen mit der FPÖ zu rechtfertigen, nutzen Mikl-Leitner und Haslauer den gleichen rhetorischen Trick. Ihr Regierungspartner sei die jeweilige freiheitliche Landespartei, nicht die »Kickl-FPÖ«. Es ist ein wackliges Konstrukt: Gerade Svazek und Landbauer sind von Beginn an starke Unterstützer des FPÖ-Chefs. Die ÖVP-Landeshauptleute verschließen ihre Augen vor der Tatsache, dass es nur eine FPÖ gibt. Und ihr Chef heißt Herbert Kickl. Beim Bundesparteitag im September 2022 in St. Pölten wird er mit 91 Prozent abermals zum Parteiobmann gewählt. Anfang 2023 ist die FPÖ in der monatlichen Umfrage des Nachrichtenmagazins *profil* erstmals Nummer eins. Im November 2023 ergibt die Erhebung ein bis dahin unvorstellbares Ergebnis: Herbert Kickl liegt in der fiktiven Kanzler-Frage allein an erster Stelle. Könnten die Österreicherinnen und Österreicher ihren Regierungschef direkt wählen, würden zwanzig Prozent für Kickl stimmen, nur noch 16 Prozent für ÖVP-Obmann Karl Nehammer und 13 Prozent für SPÖ-Chef Andreas Babler. Ein Jahr zuvor sagte Kickl bei einer Veranstaltung: »Wenn ihr wollt, gehe ich voran. Bis hinein ins Kanzleramt.«

MADE IN AUSTRIA

Eine kurze Geschichte des Rechtspopulismus zeigt:
Österreich ist Wiege und Motor der Bewegung gleichermaßen.

Als Herbert Kickl 1968 geboren wird, ist das, was man heute »Rechtspopulismus« nennt, noch kein Thema. Zwar gibt es Parteien, die weit rechts der Konservativen angesiedelt sind, doch die nennt man zumeist »rechtsextrem«, und sie krebsen am äußersten Rand des politischen Spektrums herum. Fernab von realer Macht begnügen sie sich damit, ihr extremistisches Gedankengut zu pflegen. Hart an der Grenze zum Parteienverbot, gelegentlich auch jenseits davon.

In ganz Europa gibt es nur eine relevante Ausnahme, und das ist die FPÖ. Sie kombiniert auf einzigartige Weise Deutschnationalismus, NS-Nostalgie und Antisemitismus – also eindeutig rechtsextreme Elemente – mit liberalem Gedankengut. Dank dieser Zusammensetzung einer »national-liberalen« Ideologie hebt sich die FPÖ von den meisten anderen rechtsextremen Parteien ab. Das sichert ihr immerhin die kontinuierliche Präsenz im Parlament, allerdings im einstelligen Prozentbereich bei Nationalratswahlen.

Europaweit lehnt eine überwältigende Mehrheit rechtsextreme Parteien ab. Wer rechts der Konservativen steht, begibt sich ins politische Out. Dafür sorgen auch die Konservativen, die rechte Positionen, die sie als nichtextremistisch erachten, selbst abdecken. Legendär ist der Satz des Parteivorsitzenden der bayerischen Christlich-Sozialen Union (CSU) Franz-Josef Strauß: »Rechts von der CDU/CSU darf es keine demokratisch legitimierte Partei geben.«

Tatsächlich gibt es auch keine, jedenfalls keine von irgendwelcher Relevanz. Es existiert diesbezüglich auch keine Nachfrage, kein halbwegs bedeutsames Thema, das nicht von den anderen Parteien abgedeckt würde.

Fünf Jahrzehnte später fällt es schwer, sich eine Welt ohne Rechtspopulismus vorzustellen, so sehr hat sich diese neue politische Denkweise in Europa breitgemacht. (Fast) jedes Land hat eine rechtspopulistische Partei, sie erheben den Anspruch mitzuregieren, und in manchen Ländern stellen sie bereits den Ministerpräsidenten.

Rechtspopulisten behaupten, »bürgerliche« Parteien zu sein, oder in den Worten von Alice Weidel, der Co-Vorsitzenden der Alternative für Deutschland (AfD): »die gesamtdeutsche Volkspartei«. Tatsächlich ist der Begriff »Volkspartei« bei manchen der rechtspopulistischen Parteien nicht mehr falsch. Wenn Marine Le Pen im zweiten Wahlgang der Präsidentschaftswahlen 2022 knapp mehr als vierzig Prozent der abgegebenen Stimmen auf sich vereint, dann kann man ihre Gefolgschaft nicht länger als Interessen- oder Protestpartei ansehen. Menschen aus allen Schichten wählen heute rechtspopulistisch.

Die rechtspopulistische Welle geht weit über reine Parteipolitik hinaus. Dahinter steht eine informelle Bewegung, die so etwas wie ein Lebensgefühl eint. Rechtspopulistisches Denken durchzieht neue, »alternative« Medien, es äußert sich als Massenphänomen in sozialen Medien, und wenn irgendwo in Europa Großdemonstrationen stattfinden, steht mindestens in der Hälfte der Fälle ein rechtspopulistisches Motiv dahinter.

Wie ist diese Welle des Rechtspopulismus entstanden? Warum überall? Welche Veränderungen in der Gesellschaft, in der Wirtschaft – oder vielleicht in Bereichen, an die man zunächst gar nicht denkt? – haben stattgefunden, die das Aufkommen des Rechtspopulismus begünstigt haben?

Herbert Kickls politischer Erfolg an der Spitze der – heute – rechtspopulistischen FPÖ ist kein singuläres Phänomen, im Gegenteil. Sein Aufstieg und der seiner Partei sind Teil einer Entwicklung, die einer politischen Kontinentalverschiebung gleichkommt.

Dieses Kapitel zeichnet nach, wie der Rechtspopulismus zu einer bestimmenden politischen Kraft wurde. Es ist bei weitem keine vollständige Darstellung dieses Phänomens, sondern eine Abfolge von Schlaglichtern, die zeigen sollen, wie das politische Umfeld in Europa entstanden ist, in dem Herbert Kickl groß werden konnte.

1968, Herbert Kickls Geburtsjahr, ist die Chiffre für eine Bewegung, die das Europa der zweiten Hälfte des zwanzigsten Jahrhunderts prägte. Die Achtundsechziger. Die Gesellschaft rückt nach links, die Schlagworte, die diese Ära prägen, sind »antiautoritär«, »antifaschistisch«, »antikapitalistisch«. Die Vokabel »Rechtspopulismus« hingegen ist zu dieser Zeit keine politische Kategorie. Parteien, die weit rechts der Konservativen stehen, sind in der Regel Sammelbecken für alte Nazis, Neonazis, Faschisten, Neofaschisten, Rassisten, Antisemiten – mit einem Wort: Rechtsextreme. Sie sind Überbleibsel der dunkelsten Zeit, die der Kontinent je erleben musste. Störenfriede im demokratischen Nachkriegseuropa, mehr nicht.

In Deutschland existiert seit 1964 die Nationaldemokratische Partei (NPD; ab Juni 2023 »Die Heimat«), die eine ethnisch homogene Volksgemeinschaft anstrebt und damit einen wesentlichen Teil der Ideologie des Nationalsozialismus weiterträgt.

In Frankreich lösen einander kleine, politisch unbedeutende rechtsextreme Verbände ab. 1969 bildet sich die neofaschistische Bewegung Ordre Nouveau (Neue Ordnung), die wenig später als Schirmherrin des Gründungkongresses einer neuen Partei eine Rolle spielen wird: 1972 wird der Front National (Nationale Front) aus der Taufe gehoben, die beiden Anführer sind Pierre Bousquet, ehemaliges Mitglied der Waffen-SS, und ein gewisser Jean-Marie Le Pen, der in den folgenden Jahrzehnten den Rechtsextremismus in Frankreich zu einer nennenswerten politischen Kraft machen wird.

Eine vergleichsweise einflussreiche rechtsextreme Formation im Europa der Nachkriegsjahrzehnte ist die italienische neofaschistische Partei Movimente Sociale Italiano (MSI; Italienische Sozialbewegung). Gegründet 1946 von ehemaligen Anhängern des faschistischen Diktators Benito Mussolini, schafft es die MSI immerhin, sich in den fünfziger Jahren kurzfristig als viertstärkste Partei zu etablieren, und stützt Anfang der sechziger Jahre sogar eine Minderheitsregierung der Christdemokraten, ehe sie wieder als Partei außerhalb des Verfassungsbogens ins politische Ghetto verbannt wird.

Und dann gibt es eben noch die FPÖ, eine Ausnahmeerscheinung in der europäischen Politik. Der Politologe Anton Pelinka formulierte es einmal so: »Sie ist eine Partei, die Ex-Nazis für Ex-Nazis gegründet haben.« Trotz ihrer Wurzeln in der Geschichte des Dritten Reichs und ihrer in dieser Frage zweideutigen Haltung ist sie als »Drittes Lager« wie selbstverständlich Teil der österreichischen Parteienlandschaft, niemand denkt an ein Verbot oder an eine faktische Ausgrenzung. 1970 unterstützt die FPÖ, damals unter der Obmannschaft des ehemaligen Waffen-SS-Obersturmführers Friedrich Peter, eine SPÖ-Minderheitsregierung.

Aber trotz dieser eigentümlichen Sonderstellung der FPÖ im Panorama der europäischen Rechtsaußen-Parteien sind die Freiheitlichen zu diesem Zeitpunkt noch keine rechtspopulistische Partei. Die FPÖ ist keine Anti-Eliten-Partei, im Gegenteil, ihr Führungspersonal besteht überwiegend aus Akademikern und Freiberuflern, die auch ideologisch mit dem sprichwörtlichen kleinen Mann wenig am Hut haben. Noch ist in Europa kein Rechtspopulist in Sicht.

Die Generation an Führungspersonen, die wir heute als Rechtspopulisten kennen, wird in einem Europa sozialisiert, in dem sozialdemokratische und christdemokratische Parteien dominieren.

Privat allerdings erfolgt die politische Erziehung in manchen Fällen sehr weit rechts der Mitte. Marine Le Pen etwa, geboren 1968, wächst als Tochter des rechtsextremen Parteichefs Jean-Marie Le Pen auf. Das prägt sie von Anfang an – auf traumatische Weise. In der Nacht auf den 2. November 1976, Marine ist acht Jahre alt, detoniert im Haus der Familie im 15. Pariser Arrondissement eine Bombe. Marine und ihre beiden Schwestern Marie-Caroline und Yann werden von der Explosion aus dem Schlaf gerissen, bleiben aber unverletzt. Auch sonst kommt niemand zu Schaden, obwohl ein Teil des fünfstöckigen Gebäudes bei dem Attentat schwer beschädigt wird. Niemand bekennt sich zu der Tat, das Verbrechen wird nie aufgeklärt.

Marine Le Pen sagt in einem Interview, das wir 2011 mit ihr geführt haben, ihr Vater sei in Frankreich wie ein »Staatsfeind« behandelt worden, und sie selbst dementsprechend.

Als sie an der Pariser Elite-Universität Paris II-Assas Rechtswissenschaften studiert, wird sie im Hörsaal von den Kommilitonen ausgebuht, schreibt sie in ihrer Autobiografie. Einmal lässt ein Professor Le Pens Klasse einen Fall analysieren, in dem Jean-Marie Le Pen wegen »Verherrlichung von Kriegsverbrechen« verurteilt wurde. All das bindet sie noch stärker an ihren Vater. Mit 18 Jahren tritt sie in seine Partei ein, den Front National. Sie gilt fortan, so wie ihr Vater, als rechtsextrem.

Es ist 1986, das Jahr, in dem Jörg Haider die Führung der FPÖ übernimmt. Doch davon nimmt man im Ausland keine Notiz. Rechte Parteien stehen kaum in Kontakt zueinander. Im Europäischen Parlament existiert zwar seit 1984 die Fraktion der Europäischen Rechten, doch da Österreich kein EU-Mitglied ist, spielt die FPÖ keine Rolle.

Die meisten großen Namen des Rechtspopulismus tummeln sich noch fernab der Politik, oder allenfalls bei einer anderen Partei – oder sie gehen noch zur Schule.

Der Niederländer Geert Wilders, heute Chef der rechtspopulistischen Partei für die Freiheit, der stärksten im niederländischen Parlament, wird 1989 Mitglied der Volkspartei für Freiheit und Demokratie, einer Schwesterpartei der ÖVP. Die Haare trägt er platinblond gefärbt, seit er 21 ist. In der konservativen Partei legt man ihm nahe, das zu ändern.

Alice Weidel, 1979 geboren und heute Co-Bundessprecherin der Alternative für Deutschland, geht zur Schule und steht am Anfang ihrer Bildungskarriere, die sie später als Analystin in die Investmentbank Goldman Sachs führen wird. Die Politik ist weit weg. Das gilt auch für Tino Chrupalla, 1975 geboren, ebenfalls Co-Bundessprecher der AfD. Er absolviert eine Ausbildung zum Maler und Lackierer. Matteo Salvini, 1973 geboren und heute Chef der italienischen Lega, geht einen ähnlichen Weg wie Herbert Kickl. Er studiert Geschichte, bricht das Studium dann ohne Abschluss ab.

Der Rechtspopulismus, wie man ihn heute in Europa versteht, hat einen Vater: Jörg Haider. Die politische Sprache, die er erschafft, wird zum Paradigma all derer, die gegenwärtig die populistische Rechte bilden. Haiders jungenhaft-aufmüpfiges Auftreten, sein spöttisch-aggressiver Tonfall und sein eingängiges Vokabular, mit dem er die Menge begeistert, setzen Standards. Ein neuer Sound, ein neuer Stil. Ohne Krawatte sitzt er in der TV-Debatte vor der Nationalratswahl 1994 dem amtierenden Bundeskanzler Franz Vranitzky (SPÖ) gegenüber und zehrt mit seinen Sticheleien sichtlich an dessen Nerven. Haider erklärt, er versuche, »den Filz dieses politischen Systems aufzubrechen«, etwas »für die kleinen Leute« zu tun und »für die Tüchtigen, die arbeiten gehen«. Vranitzky wirft er vor, dieser sei bloß »angeblich« der Vertreter einer Partei der kleinen Leute.

Haider verändert die FPÖ. Er verwendet für die SPÖ und die ÖVP den Begriff »Altparteien« und positioniert sich als wackerer Kämpfer gegen das Proporzsystem, das alle wichtigen Institutionen der Republik zwischen den beiden Volksparteien aufteilt. Erstmals tritt das sogenannte dritte Lager nicht mehr als inhaltlich rechte Alternative auf, sondern als Kraft für einen kompletten Systemwechsel. Haider fordert die Gründung einer »Dritten Republik« in Österreich. Der Typus der rechten, populistischen Anti-System-Partei ist geboren.

Die neu geformte FPÖ unterscheidet nicht zwischen links und rechts, sondern zwischen »denen da oben« und dem »kleinen Mann«, der natürlich von der FPÖ vertreten wird. Außerdem werden »Sozialschmarotzer« und Ausländer vom Volk der »Anständigen« abgegrenzt.

Haider macht vor, wie man gleichzeitig rechts der Konservativen und links der Sozialdemokratie stehen kann. Weitere Puzzlesteine für den Rechtspopulismus folgen.

In Italien formiert sich 1989 eine neue Partei, die ebenfalls Züge eines beginnenden Rechtspopulismus trägt: die Lega Nord. Ihre ursprüngliche Bestimmung ist der Kampf um Autonomie für die nördlichen Regionen Italiens, genannt »Padanien«. Neu ist, dass die Lega Nord als Rechtspartei keine Anleihen beim Faschismus nimmt, wohl aber von Anfang an den Kampf gegen illegale Einwanderung und die Skepsis gegenüber der EU ins Zentrum ihrer Politik stellt. Der Studienabbrecher Matteo Salvini wird 1997 Redakteur der Lega-Nord-Parteizeitung *La Padania*.

Eine weitere rechtspopulistische Partei, die wieder ein anderes Hauptanliegen antreibt, beginnt in Großbritannien relevant zu werden. Die United Kingdom Independence Party (UKIP) arbeitet zwar hauptsächlich auf den Austritt des Vereinigten Königreichs aus der Europäischen Union hin, doch sie verknüpft dies mit einem britischen Nationalismus, Ausländerfeindlichkeit und der Ablehnung von Multikulturalismus und insbesondere des Islam.

Der Vlaams Blok (später: Vlaams Belang) in Belgien gründet auf dem flämischen Separatismus, doch auch hier tauchen bald ausländerfeindliche Elemente auf.

In der Schweiz baut der Milliardär Christoph Blocher die ursprünglich deutsch-schweizerische Schweizer Volkspartei zu einer landesweiten Kraft um, die 1992 bei einer Volksabstimmung über den Beitritt des Landes zum Europäischen Wirtschaftsraum (EWR) als einzige Partei für ein Nein wirbt – und siegt.

Zu dieser Zeit denkt noch niemand daran, dass aus diesen einzelnen Sonderfällen jemals eine bestimmende, europäische politische Strömung entstehen könnte. Nichts, was die Parteien jeweils ausmacht, scheint auf andere Länder übertragbar.

Eher unbemerkt und weitgehend unabhängig voneinan-

.der kristallisieren sich in den Programmen der Parteien, die auf dem Weg in Richtung Rechtspopulismus sind, drei Elemente heraus: die Ablehnung des »Systems« – was immer genau darunter verstanden wird; die Ablehnung gegenüber Einwanderern, insbesondere aus Kulturen, die als fremd empfunden werden; schließlich die Ablehnung der Europäischen Union (damals Europäische Gemeinschaft), vor allem jeglicher Übertragung von nationaler Souveränität an die Brüsseler Institutionen.

Es muss etwas im Gange sein, das diese politischen Ideen – vor allem die Wiederkehr des Nationalismus – langsam populärer werden lässt.

Ein Blick auf die Wirtschaftswachstumsraten vermittelt einen deutlichen Hinweis. In Deutschland etwa liegt das Wachstum zwischen 1960 und 1970 preisbereinigt im Schnitt bei 4,4 Prozent, in den Jahren von 1991 bis 2000 sind es nur noch 1,6 Prozent und im ersten Jahrzehnt des neuen Jahrtausends bloß 0,9 Prozent. Das Versprechen, dass es rasant immer weiter aufwärts gehen wird, kann nicht mehr eingehalten werden. Die Globalisierung setzt ganze Wirtschaftszweige unter Druck, Industrien und mit ihnen Arbeitsplätze verschwinden. Die Betroffenen suchen nach Schuldigen und finden sie in den Regierungen, die die Richtung vorgezeichnet haben, die jetzt nach unten weist: die Sozialdemokraten, die Christdemokraten und alle anderen, die mit ihnen »das System« errichtet haben. Dazu zählen die Globalisierung und die EU.

Die fortschreitende Integration der Nationalstaaten in die Europäische Union, die *ever closer Union*, wurde lange als Win-Win-Angelegenheit angesehen. Gemeinsame Regeln schufen einen gemeinsamen Markt, eine gemeinsame Währung, gemeinsame Politik, gemeinsame Grenzen, und gleichzeitig stieg der Lebensstandard. Jetzt läuft die Wirtschaft nicht mehr so toll, und die Nachteile rücken in den Fokus.

1996 zeichnet der britische Historiker Tony Judt in dem Essay »Große Illusion Europa« ein pessimistisches Bild von der Idee einer immer enger zusammenwachsenden Europäischen Union. Er sagt, nur das Zusammentreffen außergewöhnlicher wirtschaftlicher und politischer Umstände in den Jahrzehnten nach dem Zweiten Weltkrieg habe die Union so weit gebracht – ein Fortschreiben dieser Entwicklung sei unter veränderten, schwierigeren Bedingungen eine Illusion. Zu diesem Schluss kommt Judt, ein durchwegs proeuropäischer Denker.

Tatsächlich gelingt 2004 die EU-Osterweiterung, doch in den Mitgliedstaaten rumort es längst. Das Gefühl breitet sich aus, früher sei es besser gewesen; und die aufkommenden Rechtspopulisten tun alles, um dies zu bekräftigen: Ja, die EU habe mit ihrer Politik der Harmonisierung, der Einheitswährung Euro und der Öffnung der Grenzen den gut funktionierenden Nationalstaat kaputtgemacht. Ausländer überschwemmten den Arbeitsmarkt, rafften die Sozialleistungen an sich und zerstörten die heimische Kultur.

In Österreich stellt sich die FPÖ an die Spitze der EU-Skeptiker. Ab den neunziger Jahren ändert sie ihre Haltung gegenüber einem Beitritt Österreichs – den sie ursprünglich befürwortet hat – radikal. Jörg Haider warnt vor der Abschaffung der Landeswährung Schilling, dem nach seiner Lesart drohenden Ausländerwahlrecht und einem vermeintlichen Anwachsen der organisierten Kriminalität.

Haider liefert mit dieser Neuausrichtung seiner Partei in einer der wichtigsten Fragen der Republik ein Lehrbeispiel für Rechtspopulismus. Er sieht die Chance, das Volk emotional gegen ein Projekt der anderen Parteien aufzubringen, und

wirft dafür seine bisherige Haltung über Bord. Die EU abzu-
lehnen, bleibt von da an Dauerbrenner der FPÖ-Propaganda,
die damit Nationalismus, Ausländerfeindlichkeit und Widerstand gegen das »System« kombinieren kann.

Diese Stimmung breitet sich in vielen Ländern aus. In Großbritannien kämpft Nigel Farage, Gründungsmitglied und Vorsitzender der UKIP, für den Brexit – den Austritt aus der EU –,
in Frankreich will der Front National den Ausstieg aus dem
Euro, andere, wie die FPÖ, kokettieren mit einer Volksabstimmung über ein Ende der Mitgliedschaft. Diese Entwicklungen
ereignen sich nicht überall gleichzeitig. Doch das Konglome-
rat aus EU-Skepsis, Ausländerfeindlichkeit und Anti-System-
Rhetorik wächst um die Jahrtausendwende zu einer eigenstän-
digen politischen Richtung.

Plötzlich wenden sich Parteien mit gänzlich unterschied-
lichen Wurzeln diesem Modell zu: Viktor Orbáns einst liberale und später nationalkonservative Partei Fidesz in Ungarn
wird zum Vorbild vieler Rechtspopulisten; der Front National von Jean-Marie Le Pen bewegt sich unter der Führung seiner Tochter Marine und unter dem neuen Namen Rassemblement National vom Rechtsextremismus weg in Richtung des
Rechtspopulismus; in Italien wandelt sich die Lega Nord zur
gesamtitalienischen Lega, die im rechtspopulistischen Fahr-
wasser zur Regierungspartei wird.

Manche Parteien sind zwar schon lange aktiv, grundeln
jedoch bei Wahlen unterhalb der Wahrnehmungsschwelle dahin wie die seit 1995 existierende finnische Partei Die Finnen
(vormals Wahre Finnen) oder die 1988 gegründeten Schwedendemokraten. Letztere benötigt bei Parlamentswahlen fünf
Anläufe, ehe sie 2002 zum ersten Mal mehr als ein Prozent der
Stimmen erhält – 2022 wird sie mit 20,5 Prozent zweitstärks-

te Kraft hinter den Sozialdemokraten. Auch Die Finnen erreichen bei den Parlamentswahlen 1999 gerade einmal ein Prozent, 2023 sind auch sie mit knapp über zwanzig Prozent Zweitstärkste.

Wo es keine Partei gibt, die das Potenzial hat, die rechtspopulistischen Positionen zu vertreten, wird eine gegründet. In den Niederlanden verlässt Geert Wilders die konservative PVV und bildet die Partei für die Freiheit, in Deutschland entsteht 2013 die Alternative für Deutschland, in Spanien im selben Jahr die Vox.

Es ist wohl nicht falsch, aus alldem zu schließen, dass es in Europa einen Bedarf an rechtspopulistischen Parteien gibt. Wer aber sind die Leute, die dieses Bedürfnis verspüren?

Zu Beginn des Aufstiegs des Rechtspopulismus scheint klar, aus welchen Teilen der Bevölkerung sich dessen Anhänger rekrutieren: Man bezeichnet sie als die abgehängten Modernisierungsverlierer – Menschen aus unteren Einkommensgruppen, die aufgrund niedriger Bildung Arbeitsplatzsorgen plagen, und die sich durch zugewanderte Arbeitskräfte bedroht fühlen. Außerdem sind es überwiegend Männer. Weil diese Leute nun rechtspopulistischen Parteien ihre Stimme geben, die ausländerfeindlich, rassistisch und manchmal auch sexistisch argumentieren, schlägt ihnen in der öffentlichen Meinung oft Verachtung entgegen.

Legendär ist die Aussage der US-Präsidentschaftskandidatin Hillary Clinton, die während des Wahlkampfs 2016 über die Anhänger ihres Kontrahenten Donald Trump sagt, diese seien »zur Hälfte ein Korb von Beklagenswerten« (basket of deplorables). Clinton entschuldigt sich später, doch sie hat ausgesprochen, was viele denken.

Auch geografisch lassen sich die Wähler zuordnen. Sie

wohnen mehrheitlich an der Peripherie großer Städte. Die Bewegung der Gelbwesten, die der französischen Regierung zwischen November 2018 und Frühjahr 2019 mit Straßenblockaden und Demonstrationen arg zusetzt, zeigt, wo der Unmut brodelt: unter Pendlern, die sich von einer zusätzlichen Klima-Steuer auf Diesel provoziert fühlen. Sie hassen die urbane Elite und deren aus ihrer Sicht rücksichtslose, weltfremde Politik.

Die Rechtspopulisten erweitern ihr Wählerspektrum zusehends – soziologisch und geografisch. Das gelingt ihnen aus zwei Gründen: Erstens stellen sie Spitzenkandidaten – und bald auch Spitzenkandidatinnen – nach vorne, die für einen größeren Bevölkerungskreis attraktiv sind. Bestes Beispiel ist der Wechsel von Jean-Marie Le Pen zu seiner Tochter Marine. Von da an steigt der Anteil der Wählerinnen. Auch Giorgia Meloni, Spitzenkandidatin der Fratelli d'Italia und Italiens erste Ministerpräsidentin, präsentiert sich als moderne Frau. Das Bild der männerbündlerischen Rechtsparteien gehört der Vergangenheit an.

Zweitens erweist sich der Rechtspopulismus als geeignet, auf jede neue Krise eine – naturgemäß populistische – Antwort zu finden. Besonders gelegen kommt den Rechtspopulisten die Migrationskrise des Jahres 2015, aber sie nutzen auch die Corona-Pandemie, um das System zu geißeln. Der Populismus ist eine opportunistische politische Disziplin, und so wettert etwa in Österreich Herbert Kickl gegen den Maskenzwang und nennt ihn eine »Kapitulation vor den Corona-Hysterikern«, während in Frankreich Marine Le Pen die Regierung beschuldigt, der Bevölkerung nicht den Sinn des Maskentragens erklärt zu haben. Aus populistischer Perspektive sind beide Positionen gleichermaßen valide, denn in beiden Fällen wird die Regierung attackiert, weil sie das Volk missachtet. Das Tragen der Maske spielt in Wahrheit keine Rolle.

Der Rechtspopulismus gilt nach wissenschaftlichen Kriterien nicht als Ideologie, dazu ist er zu wenig konsistent. Seine konkreten Positionen hängen oft davon ab, was die sogenannten Mächtigen und »das System« gerade als richtig ansehen – das Gegenteil davon propagieren Rechtspopulisten dann im Namen der »Stimme des Volkes«.

Sie erweitern ihr Themenspektrum, indem sie spontan auf Ereignisse reagieren. Die Zuschreibung »rechts« trifft dabei oft überhaupt nicht zu. Als 2022 die Inflationskrise zum bestimmenden Thema wird, fordert die FPÖ das Aussetzen der Mehrwertsteuer im Handel, genau wie die AfD, der Rassemblement National – und die SPÖ. Konsequenterweise nennt sich die FPÖ mittlerweile die »soziale Heimatpartei«, was den Raum für linke Forderungen öffnet – solange sie dem eigenen Volk zugutekommen. Dennoch ergibt die Bezeichnung »rechtspopulistisch« weiterhin Sinn, denn das völkische, nationalistische Weltbild liegt auch den sozialpolitischen Forderungen zugrunde.

Dass die Rechtspopulisten lange Zeit daran scheitern, eine europaweit vernetzte Bewegung zu bilden, liegt vor allem an einem Element, das manche der Parteien in sich tragen: dem Antisemitismus.

Im November 2005 starten zehn Rechtsparteien aus sieben Ländern in Wien ein ambitioniertes Projekt. Sie nennen es hoffnungsfroh den »rechten Aufbruch«. Das Ziel ist eine europäische Kooperation, um zusammen mehr politisches Gewicht zu bekommen, vor allem im Europäischen Parlament, wo es seit mehr als zehn Jahren keine gemeinsame Fraktion der Rechtsparteien mehr gibt. Der Anfang des Unternehmens ist wenig glamourös. Man trifft sich in den Räumlichkeiten eines Wiener Hotels und schreitet zur Bestandsaufnahme. Von den angekündigten zehn »patriotischen und nationalen Parteien« haben drei bloß eine höfliche Grußbotschaft geschickt, und zwar ausgerechnet die drei, die in ihren Ländern an Regierungen beteiligt sind: die italienische Lega Nord (heute: Lega), die polnische Partei für Recht und Gerechtigkeit (PiS) und die Dänische Volkspartei.

Anwesend sind: Filip Dewinter von der flämischen Partei Vlaams Belang, die sich im Jahr davor von ihrem alten Namen Vlaams Blok hatte verabschieden müssen, um einem Parteiverbot wegen Rassismus zu entgehen; Bruno Gollnisch vom französischen Front National (heute: Rassemblement National), der wenige Monate zuvor wegen zweideutiger Aussagen zum Holocaust von seiner Lehrtätigkeit an der Universität Lyon suspendiert wurde; Alessandra Mussolini, Enkelin des Diktators Benito Mussolini und zu diesem Zeitpunkt Chefin der Kleinst-Partei Azione Sociale. Dazu noch Abgesandte der Groß-Rumänien-Partei und der bulgarischen Ataka sowie der gerade erst gegründeten Spanischen Alternative, die bis dahin noch bei keiner Wahl angetreten ist. Schließlich die Gastgeber der FPÖ – allen voran der EU-Abgeordnete Andreas Mölzer. Doch Letztere ernten vor allem Mitleid, ist doch die FPÖ wegen der Abspaltung des BZÖ wenige Monate zuvor aus der Regierung geflogen.

Keine besonders mächtige Gruppe also, die sich in Wien dazu aufschwingt, »im Bewusstsein unserer gemeinsamen Verantwortung für die europäischen Völker« weitreichende Forderungen zu erheben, die in acht Punkten der sogenannten »Wiener Erklärung« aufgelistet sind. Der Text stammt von

Andreas Mölzer und ist so formuliert, dass alle anwesenden Rechten problemlos zustimmen können. Er enthält die Ablehnung der Globalisierung, die Warnung vor einem »zentralistischen europäischen Superstaat« und die Forderung nach einem »sofortigen Einwanderungsstopp«. Ein Begriff inmitten einer Aufzählung von Gefahren unter Punkt vier soll in den folgenden Jahren zum absoluten politischen Verkaufsschlager aller europäischen Rechten und zum einigenden Mantra werden: Ein wenig versteckt zwischen »Terrorismus«, »Supermacht-Imperialismus« und »wirtschaftlicher Aggression durch Niedriglohnländer« steht da: »aggressiver Islamismus«.

Herbert Kickl, damals Geschäftsführer der Freiheitlichen Akademie, taucht bei dem Treffen nicht auf. Mölzer sagt heute, er könne sich nicht erinnern, dass Kickl besonderes Interesse an Beziehungen zu ausländischen Schwesterparteien gehabt hätte. Doch der spätere Parteichef wird Jahre danach von den anfangs frustrierenden Anstrengungen profitieren.

Nicht einmal die politisch interessierte Öffentlichkeit nimmt Notiz von der »Wiener Erklärung« und der großspurig angekündigten europäischen Zusammenarbeit. Bisherige Versuche, im Europäischen Parlament eine Rechtsaußen-Fraktion zu gründen, verliefen so kläglich, dass sich die Überzeugung durchgesetzt hat, nationalistische Parteien könnten ohnehin niemals international erfolgreich kooperieren. Die 1984 gegründete Fraktion der Europäischen Rechten unter dem Vorsitz von Frankreichs Front-National-Chef Jean-Marie Le Pen zerbröselte nach einer Legislaturperiode; auch die darauf folgende Technische Fraktion der Europäischen Rechten schrumpfte infolge von Austritten vor sich hin, 1994 war auch sie Geschichte. Jetzt, mehr als ein Jahrzehnt später, soll ein neuer Anlauf gelingen.

Noch stecken die europäischen Rechtsaußen-Parteien in Ideologien der Vergangenheit fest. Sie sehen sich selbst als Erben faschistischer Bewegungen wie etwa die italienischen Neofaschisten, pflegen eine zweideutige Haltung zum Nationalsozialismus wie die FPÖ, geben sich eine Aura aggressiver Militanz wie der Front National und fallen allesamt regelmäßig durch antisemitische Äußerungen auf. Damit scheint diese Parteienfamilie, selbst wenn sie sich zusammenraufen sollte, dazu verdammt, eine Existenz am äußersten Rand zu führen.

Wenig überraschend setzt es noch einmal einen Rückschlag. Die neue, 2007 gegründete Fraktion Identität, Tradition, Souveränität überdauert nicht einmal ein Jahr. Die FPÖ und die italienische Alternativa Sociale kriegen sich wegen der Südtirol-Frage in die Haare, und die Abgeordneten der Groß-Rumänien-Partei treten wegen »fremdenfeindlicher Äußerungen von Mussolini gegen das rumänische Volk« aus der Fraktion aus. Der »rechte Aufbruch« erweist sich als vernachlässigbarer Spuk. Die Europäische Union scheint gegen eine Renaissance des Rechtsextremismus immun, nicht zuletzt deshalb, weil die Parteien des Rechtsaußen-Flügels eher irrlichtern, als strategisch vorzugehen.

Doch hinter der alten Garde der Rechtsextremisten wartet bereits eine neue Generation darauf, die Führung zu übernehmen und die ideologisch verstockten Parteien zu modernisieren. Die Neuen sind jünger, moderner und ebenso weit rechts wie die alten Recken – aber auf eine ganz andere Art; eine, die sie für erstaunlich große Teil der Bevölkerung attraktiv macht.

Was macht sie so anders?

Die neuen Köpfe der Rechten erkennen, dass sie sich von einem der wesentlichen Pfeiler ihrer bisherigen Ideologie verabschieden müssen: dem Antisemitismus. Jahrzehntelang war er ein selbstverständlicher, unhinterfragter Teil rechten Gedankengutes. Bei manchen war es wohl tief empfundener Hass auf Juden, bei anderen eher ein zynisches Mittel zur Provokation; insgesamt diente der Antisemitismus dem rechten Rand als emotionaler Kitt. Doch nun steht er dem »rechten Aufbruch« im Weg und soll entsorgt werden. Was bei den verschiedenen Parteien und Personen das Motiv für diese Entscheidung ist, und ob diese aus ehrlicher Überzeugung oder bloß aus taktisch-politischen Gründen getroffen wird, ist im Ergebnis nicht ausschlaggebend.

Strategisch ist die Abkehr vom Antisemitismus eine Notwendigkeit. Die Zahl der Bürger, die eine antisemitische Partei wählen wollen, ist zur Irrelevanz geschrumpft. Umgekehrt stößt Antisemitismus eine große Mehrheit ab und macht Rechtsaußen-Parteien somit für sie nicht wählbar. Außerdem gibt es längst einen viel besseren Ersatz: den Kampf gegen den Islam.

Und so folgt auf das Wiener Treffen von 2005 und den danach gescheiterten Versuch, eine tragfähige EU-Parlamentsfraktion auf die Beine zu stellen, ein dramatischer, folgenschwerer Umbruch. Im Dezember 2010 unternimmt FPÖ-Chef Heinz-Christian Strache gemeinsam mit Filip Dewinter vom Vlaams Belang und Kent Ekeroth von den Schwedendemokraten eine Reise nach Israel. Das Ziel ist es, der Wählerschaft zu Hause die neue politische Ausrichtung klarzumachen: Die Rechten sind ab sofort projüdisch und proisraelisch – der neue Gegner ist der Islam.

Strache und seine Reisegefährten fahren ins von Israel besetzte Westjordanland und lassen sich jüdische Siedlungen zeigen. Die sind nach internationalem Recht illegal, aber das interessiert Strache gar nicht, schließlich ist er gekommen, um seine neu entdeckte Liebe zu Israel möglichst plakativ unter Beweis zu stellen. »Unser Herz ist mit euch«, versichert Strache den Siedlern salbungsvoll, berichtet die israelische Tageszeitung *Haaretz*.

Während Jörg Haider einst bekannte, »in der Palästinenserfrage einer Meinung mit (dem irakischen Diktator, Anm.) Saddam Hussein« zu sein, steht Strache nun uneingeschränkt an der Seite jüdischer Siedler.

Zu Hause in Österreich registriert die mediale Öffentlichkeit den Schwenk vom Antisemitismus zur unverbrüchlichen Freundschaft mit Israel zunächst skeptisch, aber der Schachzug gelingt. Indem die FPÖ, der Vlaams Belang und andere historisch belastete Parteien sich vom Antisemitismus lossagen, werden sie nun potenzielle Partner von Rechtsparteien, die selbst niemals antisemitisch waren, wie etwa die niederländische Partei für die Freiheit von Geert Wilders. Die Parteienfamilie wächst zusammen.

Herbert Kickl nimmt all das von der zweiten Reihe aus zur Kenntnis. Noch im September 2010 hat er in einer TV-Debatte mit dem Satz »Die Waffen-SS ist nicht kollektiv schuldig zu sprechen« für Aufregung gesorgt, jetzt vollzieht auch er den Schwenk. Als Redenschreiber von Jörg Haider textete er einst den berüchtigten Satz »Wie kann einer, der Ariel heißt, so viel Dreck am Stecken haben?« – eine Schmähung von Ariel Muzicant, dem damaligen Vorsitzenden der Israelitischen Kultusgemeinde. Jetzt sind die Muslime Ziele der verbalen FPÖ-Attacken: »Daham statt Islam«, »Pummerin statt Muezzin«, »Heimatliebe statt Marokkaner-Diebe«.

Im Jänner 2011 übernimmt Marine Le Pen von ihrem Vater Jean-Marie den Parteivorsitz des Front National. Bei einer Mitgliederbefragung hat sie sich gegen Bruno Gollnisch, einen der Teilnehmer am Wiener Treffen, durchgesetzt. Gollnisch, bekannt für antisemitische Äußerungen, lehnt es ab, Le Pens Stellvertreter zu werden, denn er weiß, was die neue Parteichefin vorhat: Auch sie will den Antisemitismus aus ihrer Partei eliminieren. Sie hat es dabei ungleich schwerer als Strache, denn der prominenteste Antisemit des Front National ist ihr eigener Vater.

Vater Le Pen sagt 1987 in einem Radiointerview, die Gaskammern seien »ein Detail der Geschichte des Zweiten Weltkriegs« gewesen, und wird deshalb zu einer Geldstrafe verurteilt. Zehn Jahre später wiederholt er die Aussage und wird erneut verurteilt – um schließlich 2015 denselben Satz ein weiteres Mal zu äußern und wiederum zu einer Geldstrafe verdonnert zu werden. Es ist ein bizarres, öffentlich ausgetragenes Familiendrama zwischen einem starrköpfigen Patriarchen und seiner um das Ansehen ihrer Partei kämpfenden Tochter. Entnervt schließt Marine Le Pen ihren Vater 2015 aus der Partei aus.

Ebenfalls im Jahr 2015 versucht auch die FPÖ zu demonstrieren, dass sie Antisemitismus nicht länger duldet, etwa durch den Parteiausschluss der Nationalratsabgeordneten Susanne Winter, die auf Facebook antisemitische Äußerungen gutgeheißen hat. Der Antisemitismus verschwindet aber nicht aus der FPÖ. 2017 listet das Mauthausen Komitee Österreich 39 Vorfälle antisemitischer oder neonazistischer Natur auf, die sich in der FPÖ ereignet haben. Darunter finden sich etwa Happy-Birthday-Wünsche an Adolf Hitler in sozialen Medien. Doch die bedingungslose Unterstützung der Partei für die – rechte – israelische Regierung vermag den Eindruck von Judenfeindlichkeit in der Öffentlichkeit zu übertünchen.

Als die Parlamentsparteien nach den Terroranschlägen der Hamas am 7. Oktober 2023 eine Solidaritätserklärung für Israel beschließen, gehört auch FPÖ-Chef Kickl zu den Unterzeichnern. Mehr noch: In einem Treppenwitz der Geschichte schlüpfen die Rechtspopulisten in die Rolle der Warner vor dem Antisemitismus der Linken. In Paris nimmt Marine Le Pen an einer Großdemonstration gegen Antisemitismus teil, während der linke Jean-Luc Mélenchon der Veranstaltung fernbleibt.

Die spektakuläre Volte scheint zu gelingen. Serge Klarsfeld, Holocaust-Überlebender, Nazi-Jäger und der Mann, der 2017 zum Boykott der FPÖ-Minister aufrief, sagt in einem Interview, Marine Le Pens Partei Rassemblement National habe »den Antisemitismus und die Holocaust-Leugnung aufgegeben« und »nähere sich den republikanischen Werten an«. Und eine Umfrage des Institutes Elabe für den TV-Sender BFMTV ergibt, dass 57 Prozent der Franzosen Le Pens Kampf gegen den Antisemitismus als »ernsthaft« erachten.

Der Antisemitismus hat ausgedient, vor allem, weil die Rechtspopulisten ein besseres Werkzeug entdeckt haben. Die geballte Feindseligkeit aller rechtspopulistischen Parteien in Europa richtet sich längst lautstark gegen den »politischen Islam«, gegen muslimische Einwanderung, gegen Kopftücher, Minarette und alles, was mit »Islamismus« assoziiert werden kann. Wer wie sie die jeweils schärfsten Worte gegen Muslime und den Islam findet, läuft nicht mehr Gefahr, des Antisemitismus verdächtigt zu werden.

Die Vernetzung der Rechtspopulisten ist organisatorisch und programmatisch weitgehend geglückt. Identität und Demokratie, die aktuelle rechtspopulistische Fraktion im Europäischen Parlament, muss nicht wie ihre Vorgängerorganisationen darum bangen, wegen einer zu geringen Zahl an Mitgliedern aufgelöst zu werden. In der Gesetzgebungsperiode bis Mai 2024 stellt sie 62 Abgeordnete aus acht Staaten. Tendenz: steigend.

Herbert Kickl braucht keine informellen Treffen mehr zu organisieren, um gleichgesinnte Parteien zu ködern. Der »rechte Aufbruch« ist geschafft.

Der Aufstieg des Rechtspopulismus ist nur dann zu verstehen, wenn man die emotionale Ebene einbezieht. Politische Bewegungen entwickeln große Dynamik, wenn ihre Anhänger Gefühle mitbringen. Welche Emotion treibt Rechtspopulisten an?

Der französische Historiker Pierre Rosanvallon, der sich vor allem mit der Geschichte der Demokratie befasst, identifiziert in seinem Buch »Die Prüfungen des Lebens« das Gefühl, verachtet zu werden, als prägend für rechtspopulistische Wählerinnen und Wähler. Diese empfinden sich auf zwei Ebenen benachteiligt: wirtschaftlich und in ihrer Identität.

Sie haben den Eindruck, niemand schütze sie und ihre Arbeitsplätze vor der Konkurrenz durch ausländische Arbeitnehmer, ihre Unternehmen würden um der Globalisierung willen geopfert, und die Sozialleistungen des Staates kämen in erster Linie Asylwerbern und Ausländern zugute. Sie selbst hingegen würden vom Staat und dessen Institutionen gewissermaßen dafür bestraft, einheimische Bürger zu sein, sie müssten die Steuerlast tragen und damit ein System finanzieren, das gegen sie arbeitet.

Noch stärker glauben rechtspopulistische Wählerinnen und Wähler die Verachtung ihrer Identität zu spüren. Aus ihrer Perspektive stellt sich das so dar: Ihr Lebensstil – die Kleinfamilie in Kombination mit der traditionellen Verteilung der Geschlechterrollen – gilt der urbanen Elite als überholt. Ihre Religion – das Christentum – wird heruntergemacht, während etwa der Islam gegen Anfeindungen verteidigt wird. Ihre Lebensart – das nationale Kulturgut, die Sprache ihrer Vorfahren, die überlieferten Wahrheiten – muss einer multikulturellen Neuordnung weichen. Was ihnen unbedenklich, lustig und schön erscheint, wird als rassistisch oder sexistisch gebrandmarkt. Was ihnen lieb ist, gilt als klimafeindlich oder rückständig. Alles wird verachtet: ihre nicht gegenderte Sprache, ihre Geschlechtereinteilung in Mann und Frau, ihr Wunsch nach einem homogenen Volk.

So starke Emotionen haben große politische Auswirkungen. Die staatlichen Institutionen, die anderen Parteien, die Medien – alle, von denen sich die rechtspopulistischen Wählerinnen und Wähler verachtet fühlen, werden als monolithische, feindliche Elite betrachtet. Diese Entfremdung schürt Misstrauen, der Glaubwürdigkeitsverlust der Medien ist eine der unübersehbaren Folgen.

Wer immer der Masse der Verachteten – oder besser: der sich verachtet Fühlenden – hingegen vermitteln kann, er oder sie stehe in all den Fällen von Benachteiligung auf ihrer Seite, bekommt ihre Unterstützung. Und diese gründet dann auf einer tiefen emotionalen Bindung. Nur so lässt sich die Begeisterung für rechtspopulistische Politikerinnen und Politiker erklären.

Das anschaulichste Beispiel dafür ist Donald Trump; deshalb lohnt sich hier ein kurzer Ausflug außerhalb Europas: Die Argumente, die selbst aus der Perspektive seiner Anhängerschaft gegen ihn sprechen, sind zahllos: Er hat seine Wahlversprechen in seiner ersten Amtszeit nicht eingelöst (weder hat er die Mauer zu Mexiko gebaut, noch das Einreiseverbot für Muslime aus bestimmten Staaten durchgesetzt, noch Obamacare abgeschafft ...); er hat mehrere Gerichtsverfahren am Hals; er ist wegen sexuellen Missbrauchs verurteilt. Doch aus der Sicht seiner Anhänger spielt all das eine untergeordnete Rolle. Im Gegenteil. Wenn Medien, Justiz und die politischen Gegner Trump attackieren, dann ist er in den Augen der Verachteten das Opfer desselben Systems wie sie selbst. Genau das behauptet er auch, und das ist der Grund, weshalb selbst strafrechtliche Verfahren und sogar Verurteilungen seiner Popularität keinen Abbruch tun.

Die emotionale Bindung, die durch die – reale oder imaginierte – Komplizenschaft der Verachteten im Kampf gegen das System entsteht, hält viel aus. Deshalb geht auch der oft gehörte Hinweis, Rechtspopulisten hätten für die Probleme der Menschen in Wahrheit keine Lösungen, auf der emotionalen Ebene ins Leere. Wenn es nicht gelingt, ein Problem zu beseitigen, dann deshalb, weil das System immer noch viel zu mächtig ist. Allein die Tatsache, dass die Rechtspopulisten den Verachteten eine Stimme geben, macht sie zu ihren Repräsentanten. Denn es ist nicht irgendeine Stimme: Es ist eine trotzige, aggressive, beleidigende, eine, die den Zorn ausdrückt, den die Verachteten in sich tragen. Das zu vermitteln, ist die besondere Qualität eines jeden Rechtspopulisten und einer jeden Rechtspopulistin.

Herbert Kickls Tonfall ist der des Beleidigten oder der des Rächers. Genau so klingt ein Mann, dem dasselbe widerfahren ist wie all den Verachteten, und der schwört, sie zu rächen. »Einer, der unsere Sprache spricht« lautet der Slogan eines Kickl-Plakats vor der Nationalratswahl 2019. Gemeinsam mit Alice Weidel beklagt er »Ausgrenzung, Kampagnisierung und Diffamierung« von FPÖ und AfD.

Die Masse der Menschen, die sich vom System betrogen fühlen, ist nicht eine »Klasse«, wie man sie in den großen Auseinandersetzungen des 19. und 20. Jahrhunderts definierte.

Damals waren sozioökonomische Kriterien entscheidend dafür, welcher Klasse man angehörte. Jetzt mischen sich ökonomische und identitätspolitische Motive, und das Resultat ist eine auf den ersten Blick inhomogene Menge von Empörten. Darunter finden sich Arbeitslose, die für ihr Schicksal illegale Immigranten verantwortlich machen; Pendler, die wegen des »Klimakommunismus« schäumen; Impfskeptiker, die sich durch die Corona-Maßnahmen unterjocht fühlen; und Angehörige der Mittelschicht, die wegen des Genderns im öffentlichen Rundfunk erbost sind. Wichtig ist, dass alle emotionalen Kränkungen kanalisiert und auf einen Schuldigen zurückgeführt werden: das System.

So finden viele unterschiedliche Gruppen zueinander und formen ein Kollektiv, das es bisher in der Klassenlogik nicht gab. Auf der Basis des Gefühls, verachtet und benachteiligt zu werden, bildet sich etwas heraus, das stärker wirkt als objektive Wahrheiten. Die gemeinschaftliche Haltung ist das Ressentiment, die tiefe Abneigung gegenüber Migranten, Muslimen, Globalisten, Medien, der EU, der WHO und vieler anderer.

Die politische Einstellung, die daraus folgt, verlangt nach Abschottung, nach Rückbesinnung auf die überschaubare Einheit des Nationalstaates, nach Zertrümmerung internationaler Strukturen und Verpflichtungen und nach einer neuen Autorität, der man all das zutraut. Hier trifft sich die Theorie des gefühlsbasierten Rechtspopulismus mit der des britischen Journalisten David Goodhart, der in seinem Buch »The Road to Somewhere« zwei Gruppen gegenüberstellt: die »Anywheres«, die in ihrem Selbstverständnis nicht ortsgebunden leben, sondern in einem globalisierten Raum, und die »Somewheres«, deren Lebenswelt an einen bestimmten Ort gebunden ist. Aus der Sicht der »Somewheres« sind die »Anywheres« genau die abgehobene Elite, deren links-internationalistische Ideen die Heimat der »Somewheres« zerstören.

Egal welcher Theorie man zuneigt, beide verzichten auf eine Kategorisierung anhand ökonomischer Kriterien. Das erscheint schlüssig, denn wenn Rechtspopulisten wirtschaftliche Versprechen machen, beziehen sie sich nie auf den alten Klassenbegriff, sondern auf ein ausschließlich national abgegrenztes Kollektiv: »Wir geben EUCH zurück, was sie EUCH nehmen«, verspricht ein FPÖ-Plakat aus dem Jahr 2017, versehen mit der Unterzeile: »Österreicher verdienen Fairness«.

Am Ende geht es dem Rechtspopulismus nicht bloß um die Befriedigung eines Lebensgefühls, sondern um die Macht, die Welt zu verändern. Noch existieren wenige Beispiele, wie ein Land aussieht, in dem diese Wende stattgefunden hat. Eines zitieren Herbert Kickl und andere Vertreter seiner Denkrichtung am liebsten: Ungarn, konkret: das Ungarn des Viktor Orbán.

Dort wird deutlich, was der geforderte Systemwechsel in der Realität bedeutet. Orbán ist stolz darauf, sein Land in eine »Festung« verwandelt zu haben. Flüchtlinge und Migranten werden entgegen europäischem Recht von ungarischem Territorium ohne die Möglichkeit, einen Asylantrag zu stellen, abgeschoben. Das Recht auf Asyl ist de facto abgeschafft. Alle öffentlich-rechtlichen und eine große Mehrheit privater Medien wurden auf Regierungslinie gebracht, die Unabhängigkeit der Justiz wurde systematisch geschwächt. Mit der Europäischen Union befindet sich Ungarn auf permanenter Konfrontation.

Es ist nicht klar, ob alle Wählerinnen und Wähler rechtspopulistischer Parteien hinter jeder einzelnen dieser politischen Systemänderungen stehen. Sie nehmen sie jedenfalls in Kauf. Auf den Kampf gegen das bestehende System folgt notwendig die Errichtung eines neuen. Doch so einfach wollen es die anderen Parteien den Rechtspopulisten nicht machen. Seit sie sich von deren Aufstieg ernstlich bedroht fühlen, schmieden sie Strategien, um eine Regierungsbeteiligung der Feinde des »Systems« zu verhindern.

Die radikalste besteht darin, rechtspopulistische Parteien von der Macht fernzuhalten, indem die anderen Parteien – formell oder informell – übereinkommen, kein Regierungsbündnis mit ihnen zu schließen. Den Ursprung dieser Politik der sogenannten »Ausgrenzung« kann man in Österreich ansetzen. Als Jörg Haider 1986 mithilfe des deutschnationalen Flügels Parteichef der FPÖ wird, beendet Bundeskanzler Franz Vranitzky die bis dahin bestehende Koalitionsregierung der SPÖ mit der FPÖ. Nach den Neuwahlen bildet Vranitzky eine Koalitionsregierung mit der ÖVP. In einem Interview mit der Wochenzeitung *Die Furche* sagt Vranitzky später: »Wäre ich gezwungen gewesen, mit Haider eine gemeinsame Regierung zu bilden, wäre ich zurückgetreten.«

Ähnliches ereignet sich beinahe zur selben Zeit in Belgien. Die damals nicht als rechtspopulistisch, sondern als rechtsextrem geltende Partei Vlaams Blok erreicht 1989 bei den Kommunalwahlen in Antwerpen 17 Prozent. Der Kandidat der Grünen schlägt daraufhin den anderen Parteien vor, keine Kooperation mit dem Vlaams Blok einzugehen. Zwei Jahre später kommt der Vlaams Blok bei den belgischen Parlamentswahlen auf zehn Mandate, und jetzt unterzeichnen alle anderen Parteien ein Abkommen, wonach sie keine Koalitionsgespräche mit dem Vlaams Blok aufnehmen werden.

Journalisten taufen diese Maßnahme »Cordon sanitaire«. Der Begriff bedeutet »Sperrgürtel« und kommt aus der Medizin. Ein »Cordon sanitaire« wird rund um ein Seuchengebiet gezogen, um die Ausbreitung einer Krankheit zu verhindern.

Keine besonders schmeichelhafte Formulierung also, wenn es darum geht, eine politische Partei von der Regierungsbank fernzuhalten. Doch nicht nur der Begriff, auch die Maßnahme selbst setzt sich durch. Keine belgische Partei tritt in Koalitionsgespräche mit dem Vlaams Blok ein, und auch der belgische König gewährt dessen Chef im Gegensatz zu allen anderen Parteivorsitzenden keine Audienz.

In Frankreich bekommt der »Cordon sanitaire« bald einen anderen, staatstragenden Namen. Hier finden sich die Parteien zur »republikanischen Front« zusammen, um den Front National zu blockieren. Der Name »republikanische Front« deutet an, dass sich deren Mitglieder als Bewahrer der Republik verstehen und die Rechtsaußen-Partei als Kraft brandmarken, die sich gegen deren Werte stellt.

Bei der Präsidentschaftswahl 2002 besteht die republikanische Front ihre Feuerprobe. In die Stichwahl kommen der konservative Kandidat Jacques Chirac und – völlig überraschend – Jean-Marie Le Pen, der Chef des Front National. Alle Parteien rufen zur Wahl von Chirac auf; aber nicht nur sie tun es, auch die meisten Medien und Persönlichkeiten der Zivilgesellschaft. Chirac gewinnt mit dem Rekordwert von 82 Prozent.

Dennoch bröckelt die Front gegen die Rechten. Wiederum macht Österreich den Anfang. Im Jahr 2000 bildet die ÖVP unter ihrem Obmann Wolfgang Schüssel mit der FPÖ unter Jörg Haider eine Bundesregierung. Europa ist in Aufruhr. Auch anderswo mehren sich Zweifel an der Sinnhaftigkeit des Pakts. In der politischen Debatte bezeichnen die Rechtspopulisten die anderen Parteien als »Einheitspartei«, da sie im Ernstfall eine Not-Koalition eingehen, um eine rechtspopulistische Regierungsbeteiligung zu verhindern. Zusammen mit all den Wahlempfehlungen der Medien gegen die jeweiligen

Rechtspopulisten fällt es nicht schwer, das Bild eines monolithischen »Systems« zu zeichnen.

In Belgien, wo der »Cordon sanitaire« seine Geburtsstunde erlebte, ist er zwar noch informell in Kraft, auch wenn ein schriftliches Dokument dazu fehlt, seit der Vlaams Blok in den Vlaams Belang umgetauft wurde. Doch die bei der Parlamentswahl 2019 stärkste Partei, die flämisch-nationalistische N-VA, hat den »Cordon sanitaire« bereits infrage gestellt. Sein Ende scheint eine Frage der Zeit. Deutliches Indiz dafür: Nach der vergangenen Wahl war zum ersten Mal auch der Chef des Vlaams Belang, Tom Van Grieken, zum Treffen mit König Philippe geladen.

Gänzlich obsolet wird ein Pakt gegen Rechtspopulisten, sobald diese die absolute Mehrheit erringen. Bei der Parlamentswahl 2022 in Italien gelingt dies gemeinsam drei Parteien: Giorgia Melonis rechtspopulistischer Fratelli d'Italia, Matteo Salvinis rechtspopulistischer Lega und der Partei Forza Italia des verstorbenen Ex-Ministerpräsidenten Silvio Berlusconi, auch er ein Wegbereiter des Rechtspopulismus. Damit ist die Bildung einer rechtspopulistischen Regierung unter Giorgia Meloni nicht mehr zu verhindern.

Über Jahrzehnte sieht es so aus, als sei ein Mehrheitswahlrecht in Kombination mit dem republikanischen Pakt das geeignete Mittel, um die Rechtspopulisten für immer auszusperren. Jetzt droht auch dieser Gewissheit ein baldiges Ende. Marine Le Pen, die bereits bei den Präsidentschaftswahlen 2017 und 2022 in die Stichwahl gekommen ist, liegt derzeit in allen Umfragen weit voran auf Platz eins.

Was wurde aus der Strategie der Einbindung? Dazu existieren zu wenige Fälle, um einigermaßen gültige Aussagen zu treffen. Wahr ist, dass die FPÖ jeweils während der Phasen ihrer Regierungsbeteiligung abgestürzt ist. Allerdings waren dafür außerordentliche Ereignisse verantwortlich – die Spaltung der Partei, der Ibiza-Skandal –, aus denen man keine Gesetzmäßigkeit ableiten kann. Den Schwedendemokraten scheint es laut Umfragen nicht zu schaden, dass sie die aktuelle konservative Regierung von Ulf Kristersson stützen.

Die Eindämmung der Rechtspopulisten wird nicht erst am Wahltag versucht. Vor allem konservative und sozialdemokratische Parteien experimentieren auf der strategischen Ebene, um die Wähler der Rechten zurückzugewinnen. Die Konservativen schwanken zwischen deutlicher Abgrenzung nach rechts und der Tendenz, selbst Rechtsaußen-Positionen zu beziehen, etwa in der Migrationsfrage. Durchschlagenden Erfolg zeigt bisher keiner der beiden Wege. Einzelfälle lassen sich meist nicht als generelle Strategie auf andere Länder übertagen. Schneidet in Spanien die Rechtspartei Vox relativ schwach ab, weil die konservative Volkspartei (PP) keine Berührungsängste mit Rechtsaußen hat? Befindet sich die AfD in einem Hoch, weil – oder obwohl? – die Unionsparteien die »Brandmauer« nach rechts aufrechterhalten?

Auch die Linke findet bisher kein taugliches Rezept. Der Mitte-Kurs des Partito Democratico (PD) in Italien kann Giorgia Melonis Siegeszug ebenso wenig stoppen wie der links-populistische Kurs von Jean-Luc Mélenchons Partei Unbeugsames Frankreich die Dominanz von Le Pen.

Können rechtspopulistische Parteien verboten werden? Eine solche Maßnahme ist in einer Demokratie nur im äußersten Fall angezeigt. Die Mehrzahl der rechtspopulistischen Parteien ist weit davon entfernt, dass ein Verbotsverfahren gerechtfertigt wäre. Doch erweist sich die Grenze zum Rechtsextremismus immer wieder als durchlässig. Die AfD driftet –

zumindest in Teilen – so weit nach rechts, dass die jeweiligen Verfassungsschutzbehörden zu dem Schluss kommen, die AfD-Landesverbände Thüringen, Sachsen-Anhalt und Sachsen (Stand Ende 2023) seien als »gesichert rechtsextremistisch« zu betrachten.

Der deutsche Verfassungsschutzbericht 2022 konstatiert, dass in Verlautbarungen der AfD vielfach ein ethnisch-kulturell geprägtes Volksverständnis zum Ausdruck komme, »welches im Widerspruch zur Offenheit des Volksbegriffs des Grundgesetzes steht«. Zudem würden »rechtsextremistische und verschwörungstheoretische Narrative bedient, indem zum Beispiel vor einem ›Bevölkerungsaustausch‹ gewarnt« werde. Nach einer vom *Spiegel* veröffentlichten Studie des politikwissenschaftlichen Forschungsprojekts Manifesto Project stehen die AfD, die Estnische Konservative Volkspartei (EKRE), die spanische Vox und die ungarische Regierungspartei Fidesz unter allen europäischen, rechtspopulistischen Parteien am weitesten rechts.

Doch die in Umfragen zweitstärkste Partei zu verbieten, ist ein Schritt, der politisch extrem heikel wäre. In der Geschichte der Bundesrepublik wurden bisher erst gegen zwei Parteien Verbote ausgesprochen: gegen die nationalsozialistisch ausgerichtete Sozialistische Reichspartei im Jahr 1952 und gegen die stalinistische Kommunistische Partei Deutschlands im Jahr 1956.

Trotz einzelner alarmierender Strömungen hat sich das Bild der Rechtsaußen-Parteien insgesamt radikal gewandelt. Die alten NS-Nostalgiker, Antisemiten und Vertreter wüster Rassentheorien wurden von einer Generation abgelöst, die rechtes Gedankengut harmloser, geschmeidiger und attraktiver erscheinen lässt. Das liegt einerseits am modernen, professionellen Erscheinungsbild der neuen oder neu ausgerichteten rechten Parteien, andererseits aber auch daran, dass sich die politischen Koordinaten der Gesellschaft nach rechts verschoben haben.

Die Überzeugung, alle Menschen, egal, woher sie kommen, könnten Teil unserer Gesellschaft sein, weicht zusehends tiefem Misstrauen. Der Wert der Gleichheit und des Schutzes vor Diskriminierung sinkt in den politischen Charts, die Zustimmung zu Benachteiligungen einzelner Gruppen – etwa von Muslimen – steigt. Der Anspruch, ein Regelwerk zu erarbeiten, das für alle Menschen gilt, wird von einem Rückzug in identitäre Abschottung verdrängt. Nostalgischer Nationalismus schlägt Universalismus.

Europa erlebt eine politische Umwälzung, deren Ausmaß noch nicht abgeschätzt werden kann. Folgt auf das »sozialdemokratische Jahrhundert«, wie Ralf Dahrendorf das zwanzigste Jahrhundert nannte, eine rechtspopulistische Ära? Herbert Kickl und all die anderen in seiner Parteienfamilie glauben und arbeiten daran. Sie wollen die Errungenschaften der Zeit seit dem Zweiten Weltkrieg zu Irrtümern uminterpretieren und den Kontinent in die Gegenrichtung führen.

DIE PROPAGANDA DER RECHTSPOPULISTEN

»Systemmedien«, »Ökokommunismus«:
Die fünf zentralen Behauptungen von Kickl, Meloni
und Le Pen offenbaren eine extreme Gesinnung.

Ein Bevölkerungsaustausch ist im Gange.

Am 7. Oktober 2020 verwendet Herbert Kickl in einer Rede im Nationalrat den Begriff »Bevölkerungsaustausch«. Er tut das im Zusammenhang mit dem Vorschlag, Kürzungen bei den Sozialleistungen für Ausländer vorzunehmen, denn so könne man »zwei Fliegen mit einer Klappe erschlagen«. Zum einen Geld sparen, »das wir den Österreichern geben können«, und »gleichzeitig verhindern wir das Fortschreiten des Bevölkerungsaustausches«.

Das stenografische Protokoll der Sitzung vermerkt am Ende des Satzes »Beifall bei der FPÖ«. Weitere Reaktionen sind nicht vermerkt, es folgt auch kein Ordnungsruf. Der Begriff »Bevölkerungsaustausch« ist kein politisches Propagandawort wie viele andere. Sogar manche Rechtspopulisten lehnen ihn ab. »Ich habe diesen Ausdruck nie verwendet«, hält Marine Le Pen 2019 in einem Interview fest.

Hinter dem Begriff »Bevölkerungsaustausch« oder »Der große Austausch« steht eine Theorie, die unter Rechtsextremen große Bedeutung erlangt hat. Ein Buch, das Martin Sellner, Aktivist der Identitären Bewegung Österreich, gemeinsam mit dem gleichgesinnten Publizisten Martin Lichtmesz geschrieben hat, trägt den Titel »Bevölkerungsaustausch und Great Reset«. Die englische Bezeichnung der Theorie, »The Great

Replacement«, ist auch der Titel des Pamphlets, das der neusee-ländische Attentäter Brenton Tarrant ins Netz stellte, ehe er am 15. März 2019 in Christchurch einen Terroranschlag auf zwei Moscheen verübte und dabei 51 Menschen erschoss.

Was besagt die Theorie des Bevölkerungsaustauschs? Kurz gefasst behauptet sie, dass die europäische – weiße, christliche – Bevölkerung durch eine nichteuropäische – muslimische – Bevölkerung ersetzt werde, und dass die derzeit regierende politische Führung dies absichtlich befördere. Es ist ein rechts-extremer Verschwörungsmythos, und es lohnt sich, dessen Herkunft und die Geschichte seiner Verbreitung nachzuver-folgen – bis herauf zu Herbert Kickls Rede im Nationalrat.

Am Anfang steht ein heute 77 Jahre alter französischer Pu-blizist namens Renaud Camus, dessen Lebenslauf und Werk mehrere unerwartete Wendungen genommen haben. Gebo-ren als Sohn einer wohlhabenden Familie in der französischen Provinz, gesteht sich Camus nach anfänglicher Selbstverleug-nung ein, dass er homosexuell ist. Er wird daraufhin von seinen Eltern enterbt. Er sympathisiert mit der 68er-Bewegung, stu-diert Politik und Literatur, wird Mitglied der Sozialistischen Partei und arbeitet unter anderem als Autor für ein Homo-sexuellenmagazin. In seinen späteren Büchern jedoch beklagt der distinguierte Gelehrte die »Dekulturation« – den herbeige-führten Verlust der christlich-jüdischen Kultur – und vermeint dahinter das Bestreben einer »globalistischen Elite« zu erken-nen, die einen austauschbaren Menschen züchten will. Seiner Identität entledigt, werde der sich angesichts der Massenimmi-gration nicht zur Wehr setzen. Der »große Austausch« sei nach Meinung Camus' »ein evidenter Befund«.

Aus der Sozialistischen Partei ist Camus längst ausgetre-ten und stattdessen Mitglied einer rechten Kleinpartei, die mit

Le Pens Rassemblement National assoziiert ist. Rechtsextreme lieben seine Theorie des Bevölkerungsaustauschs, denn sie greift eine Urangst auf: den Selbstverlust, das Ende der eigenen, kollektiven Identität. »Fremd in der eigenen Heimat« zu werden, ist eines der Bilder, das Herbert Kickl in seinen Reden warnend vor Augen führt. Auch Heinz-Christian Strache hat während seiner Zeit als FPÖ-Parteichef und Vizekanzler vom »Bevölkerungsaustausch« gesprochen. Identitären-Chef Martin Sellner kommentierte dies damals euphorisch: »Das ist hervorragend, völlig richtig und wahr.«

Nachdem Camus' Theorie vom »großen Austausch« und dem »Genozid durch Verdrängung« in der Nachfolge von Brenton Tarrants Anschlag in Neuseeland weitere Terroristen in den USA, Norwegen und Deutschland zu Attentaten inspiriert hat, konfrontieren Journalisten der Tageszeitung *Le Monde* Renaud Camus mit diesem Faktum. Der weist jeden Zusammenhang mit seinem Buch von sich und sagt, »diese Idioten« hätten seine Texte weder gelesen noch verstanden.

Der Topos des Bevölkerungsaustauschs hat sich von seinem Urheber längst gelöst und verselbständigt. Ungarns Ministerpräsident Viktor Orbán sagt 2022 in einer Rede vor der amerikanischen Conservative Political Action Conference, einer Konferenz konservativer Gruppierungen: »Ich sehe den großen europäischen Bevölkerungsaustausch als einen selbstmörderischen Versuch, den Mangel an europäischen, christlichen Kindern durch Erwachsene aus anderen Zivilisationen zu ersetzen.« Die AfD-Politikerin Beatrix von Storch schreibt in einem Posting auf dem Kurznachrichtendienst X, die »Pläne für einen Massenaustausch sind längst geschrieben«.

Die tatsächlichen demografischen Zahlen widerlegen derartige Behauptungen. Der Anteil der muslimischen Bevölkerung in Österreich liegt im Jahr 2022 laut Statistik Austria bei 8,3 Prozent, in Europa liegt er laut Schätzungen zwischen fünf und acht Prozent. Der US-Thinktank Pew Research Center rechnet, dass bei einer Einwanderungsrate, die so hoch bliebe wie die in den Jahren 2014 und 2015, der Anteil der muslimischen Bevölkerung in Europa bis ins Jahr 2050 auf 14 Prozent steigen könnte.

Die Warnung vor dem großen Austausch geht von der Annahme aus, dass es ein nach strengen ethnischen und religiösen Kriterien definiertes Volk gebe, das zu existieren aufhört, wenn ein zu großer Anteil von Menschen hinzukommt, die diesen Kriterien nicht entsprechen. Das Konzept von inkompatiblen Völkern, die notwendigerweise miteinander in einem Verdrängungskampf stehen, ist zutiefst rassistisch. Integration und das Phänomen, das in den USA der »Schmelztiegel« genannt wird, werden ausgeblendet.

Kickl spricht von dem »Experiment Integration«, das gescheitert sei, er will eine »Festung Österreich« errichten. Politisch mehrheitsfähig kann dies nur werden, wenn sich die Menschen fürchten. Die Angst vor einer existenziellen Bedrohung durch Fremde bleibt das bedeutendste Motiv, rechtspopulistische Parteien zu wählen. Ein solches Bedrohungsszenario beschwört Kickl permanent. Der von ihm immer wieder zitierte »katastrophale Grenzsturm von 2015« soll in den Köpfen der Leute präsent bleiben.

Die Warnung vor dem Bevölkerungsaustausch ist ein typisches Beispiel für eine Behauptung der Rechtspopulisten, die sich nicht widerlegen lässt, weil sie auf der Gefühlsebene funktioniert. Noch viel eindringlicher als Renaud Camus beschreibt ein anderer Autor die rassistische Dystopie der kollektiven Auslöschung eines weißen, christlichen Landes durch eine Flüchtlingsinvasion: Jean Raspail. Es ist kein Zufall, dass Renaud Camus sein Buch diesem Schriftsteller gewidmet hat, der 1973 den xenophoben Gruselklassiker schlechthin veröffentlichte. »Das Heerlager der Heiligen« lautet der Titel des Romans, der ein halbes Jahrhundert nach seinem Erscheinen eine größere politische Wirkung entfaltet als je zuvor. Wie einflussreich dieser Roman ist, belegen Zitate von Rechten, die ihn gelesen haben.

Stephen Bannon, ehemaliger Chefredakteur der rechten US-Onlineplattform *Breitbart* und später Chefstratege von US-Präsident Donald Trump, vergleicht im Jahr 2015 die Flüchtlingskrise in Europa mit dem Plot von Raspails Roman: »Es handelt sich um eine Invasion nach Zentral-, West- und Nordeuropa, beinahe im Stil von ›Das Heerlager der Heiligen‹.« Viktor Orbán hält im Juli 2022 eine Rede, in der er ein düsteres Bild der »westlichen Zivilisation im Niedergang« zeichnet, die durch die Migration ihre christlich-nationalen Wurzeln verloren habe. Den tausenden Anhängern im Publikum empfiehlt er, um den Verfall besser zu verstehen, ein Buch: »Das Heerlager der Heiligen«. Tom Van Grieken, Chef des Vlaams Belang, nennt es als eines der fünf Bücher, die ihm am wichtigsten sind. Und Marine Le Pen, die es mit 18 Jahren von ihrem Vater geschenkt bekommen hat, sagt in einem TV-Interview: »Das Buch, das mich stark geprägt hat, ist ›Das Heerlager der Heiligen‹ von Jean Raspail. Man muss dieses Buch lesen.«

Es ist kein Wunder, dass alle Rechten von Raspails Roman begeistert sind. Er beschreibt darin genau das, was Wählerinnen und Wähler in ihre Arme treibt. Der Plot: Eine riesige Flotte verrosteter Schiffe mit rund achthunderttausend Menschen an Bord steuert auf die französische Küste zu. Es sind Flüchtlinge aus Indien, die der Autor als »Horde«, »Invasoren« und

»Feinde« bezeichnet und deren Auftauchen bei der einheimischen Bevölkerung apokalyptische Ängste vor Vergewaltigungen, Plünderungen und Morden auslöst. Alle Institutionen versagen angesichts der Massenmigration. Die Medien (»eine Hure«) betreiben aus ideologischer Verblendung Schönfärberei und vertuschen die Wahrheit über die herannahende Katastrophe. Opportunistische Politiker wollen sich nicht mit der öffentlichen Meinung anlegen, der »Pöbel« wird zu ausländerfreundlichen Lichtermärschen angehalten, der Vatikan betreibt die Selbstaufgabe des Christentums, das Militär versagt. Die Flüchtlinge selbst sind eine berechnende, gewalttätige, gesichtslose Horde. Das unausweichliche Resultat ist laut Raspail die »Gefährdung der weißen Rasse, die tragischerweise zur Minderheit auf diesem Planeten schrumpft«.

Die »Invasion« führt geradewegs zum »Bevölkerungsaustausch«. Raspail hat mit dem »Heerlager der Heiligen« das Weltbild der neuen Rechten bis ins Detail vorgezeichnet: Die überlegene, christliche Kultur der Weißen wird durch fremdländische Barbaren vernichtet. Den Anhängern der Politik der »Festung« gilt Raspail deshalb als Prophet und das Jahr der Flüchtlingskrise 2015 als Beweis für seine Wahrsagung.

Camus und Raspail haben die beiden Standardwerke des rechtsextremen Migrantenhasses verfasst und ein Weltbild grotesker Ressentiments entworfen, das unsere Zeit stärker prägt, als sie selbst je vermutet hätten. Politiker wie Herbert Kickl tragen es unters Volk und in die Parlamente und leiten daraus ihre politischen Maximen ab: »Ohne ›Festung Österreich‹ werden unser Sozialsystem, unser Gesundheitssystem und die Sicherheitslage im Land ruiniert!«, sagt der Parteichef. Im November 2022 präsentiert die Kickl-FPÖ ihre Website *bevölkerungsaustausch.at*. Dort warnt ein Countdown gleichsam in Echtzeit, wann nach den Berechnungen der FPÖ die Zahl der Menschen mit Migrationshintergrund die Zahl der Menschen ohne Migrationshintergrund – jeweils im wahlfähigen Alter – übersteigt. Laut FPÖ werde dieser »Kipppunkt« in etwa 28 Jahren erreicht sein. Unter dem Titel »Lösungen« heißt es, »Menge, Art und Geschwindigkeit zukünftiger Zuwanderung« sollten durch eine Volksabstimmung »volksdemokratisch« legitimiert werden.

Eine selbsternannte Elite zerstört das normale
Empfinden der Menschen.

Hebt Herbert Kickl den Zeigefinger der rechten Hand, wird er deutlich. Ein solcher Moment ist gekommen, als der FPÖ-Parteichef beim Oktoberfest 2022 in Hartberg in der Steiermark am Ende seiner Rede noch mitteilen möchte, was ihm »ganz wichtig ist«, wie er vorausschickt. Dann sagt er, die einfachen Leute bräuchten sich nicht zu fürchten, wenn die Freiheitlichen einmal den Kanzler stellten, denn: »Gefährlich ist das nur für die Eliten!« Rechter Zeigefinger hoch! Und dann noch einmal: »Für die ist es gefährlich! Und dazu stehe ich!« Zeigefinger hoch!

Die Eliten also. Sie werden die Macht eines Bundeskanzlers respektive »Volkskanzlers« Kickl zu spüren bekommen. Ihnen droht Gefahr; welche konkret, bleibt vorerst offen.

»Die Eliten« ist einer der von Kickl meistverwendeten Begriffe, wenn er die politischen Feinde in ihrer Gesamtheit benennt. Wen meint er damit?

Gelegentlich fügt er so etwas wie eine Definition hinzu. Zum Beispiel: »diejenigen aus Politik und Medien, die sich zusammengeschweißt haben, weil sie Euch kleinhalten wollen«.

Oder: »Eine kleine Elite, die weiß, was für uns gut ist, und der haben sich alle unterzuordnen.« Manchmal nennt Kickl auch eine konkrete Gruppe: »Die EU-Kommission mit Frau Von der Leyen an der Spitze gefällt sich als eine Art selbsternannte Elite.«

In der Kickl'schen Ideologie steht »die Elite« nicht einfach für alle Verantwortungsträgerinnen und Verantwortungsträger im Land oder für die Zugehörigkeit zu einer sozial oder bildungsmäßig gehobenen Schicht. Eine solche Definition wäre sinnlos, denn irgendjemand wird diese Funktionen in Politik, Medien, Justiz und Wirtschaft immer innehaben – und im Fall eines Wahlsieges wäre es möglicherweise sogar Kickl selbst. Zudem mutet ein hoch bezahlter Abgeordneter mit Vorliebe für Hegel auch nicht ganz unelitär an.

Um also dieser verteufelten Gruppe anzugehören, muss man ein wesentliches Kriterium erfüllen: politisch links zu stehen. Das wiederum scheint zunächst banal, doch Kickl – und nicht nur er – leitet die Verknüpfung von »Elite« und »links« auf eine Weise her, die offensichtlich einem immer größeren Teil der Bevölkerung schlüssig erscheint.

Die Geschichte beginnt ironischerweise mit dem Geburtsjahr von Herbert Kickl, 1968. Der generelle politische Richtungspfeil zeigt in den Jahrzehnten nach dem Jahr der sogenannten Studentenrevolution nach links. Das ist nicht als simple parteipolitische Machtverschiebung zu begreifen. Auch konservative Parteien entwickelten sich vor allem gesellschaftspolitisch nach links. Man kann darin einen Fortschritt sehen – oder wie Herbert Kickl den »Ungeist der Achtundsechziger« orten. Dafür hat der Anti-68er ein feines Sensorium entwickelt, das verlässlich anschlägt, wann immer seiner Meinung nach Umtriebe aus dieser Richtung kommen. Als etwa im Oktober

2005 bekannt wird, dass der Künstler Hermann Nitsch von der ÖVP-BZÖ-Regierung den Großen Österreichischen Staatspreis verliehen bekommen soll, sieht Kickl dies als Beweis dafür an, dass auch die schwarz-orange Kulturpolitik von dem Ungeist »völlig infiltriert« sei.

Kickl sieht den elitären, linken Ungeist in den Medien – besonders im ORF –, in den Theatern, den Kabaretts, in tausenden politischen Entscheidungen, in der Justiz, und eigentlich überall. Am liebsten in symbolischen Aktionen: Als der Text der österreichischen Bundeshymne mit 1. Jänner 2012 neben den großen Söhnen auch die großen Töchter berücksichtigt, sieht Kickl dies erwartungsgemäß als »Beispiel dafür, wie sich in Österreich linke Eliten über die Bedürfnisse der Bevölkerung hinwegsetzen« – im konkreten Fall über das Bedürfnis, »Heimat bist du großer Söhne« zu singen anstatt »Heimat großer Töchter und Söhne«. In solchen, vergleichsweise kleinen Dingen erkennt Kickl denselben Feind am Werk wie in großen Fragen – etwa dem Klimaschutz. Immer ist es eine linke Elite, oder besser noch: eine »selbsternannte Elite«, die aus Sicht der FPÖ den Willen des Volkes missachtet. Um von der FPÖ »selbsternannt« genannt zu werden, braucht man sich übrigens selbst nicht so zu nennen.

Kickls großer Plan sieht vor, im Wahljahr 2024 – bei der Wahl zum Europäischen Parlament wie auch bei der Nationalratswahl – den Kampf gegen diese »selbsternannten Eliten« zur großen politischen Auseinandersetzung zu erklären. Die rechte Gegenbewegung zur linken 68er-Bewegung soll den Pendelschlag bewirken. Zwischen ÖVP, SPÖ, Grünen und NEOS macht Kickl da keinen Unterschied. Wer immer links von der FPÖ steht, ist Teil der abgehobenen Elite.

Kickl und die FPÖ stehen mit dieser Idee nicht allein da.

In Deutschland ist die AfD die schärfste Kritikerin der Eliten, Parteichefin Alice Weidel ätzt: »Deutschlands politische Elite übt sich in Dekadenz.« Aber auch in der AfD wird der Begriff nicht einfach als Gruppe der höher Gebildeten oder sozial Bessergestellten verstanden. Die *Frankfurter Allgemeine Zeitung* wies 2019 nach, dass der Anteil der Akademiker unter den AfD-Spitzenfunktionären deutlich höher ist als im Bevölkerungsdurchschnitt. Eine solche Kritik missversteht den Kampfbegriff »Elite«. Die Behauptung der AfD und aller anderen rechtspopulistischen Parteien besteht darin, dass sie die Leute vertreten, die »vernünftig denken«, im Gegensatz zu allen anderen Parteien, die dem Volk, einer linken Ideologie folgend, Konzepte wie Klimaschutz, Gendersprache oder Zuwanderung aufzwingen würden.

Es gebe eine »Revolte des Volkes gegen die Elite«, beteuert auch Marine Le Pen. Sie alle, Kickl, Weidel, Le Pen und ihre Verbündeten, wollen die Hegemonie durchbrechen, die die 68er an sich gerissen haben. Wie viel von der überhaupt noch übrig ist, spielt dabei keine Rolle. Politisch wirksam ist dieser Kampf, wenn sich viele von der Parole angesprochen fühlen, weil sie den Eindruck haben, dass es tatsächlich eine solche gleichgeschaltete, linke Herrschaft gebe.

Bei einzelnen Themen, etwa bei der sogenannten gendergerechten Sprache, kann die FPÖ tatsächlich auf Umfragen verweisen, die belegen, dass solche Schreib- und Sprechweisen, die zum Beispiel an Universitäten, Ämtern oder von Medien verwendet werden, von einer Mehrheit abgelehnt werden. Aber sonst?

Ist die Stimmung gegen die »Eliten« heute annähernd so negativ wie einst in den Jahren ab 1968 gegen das »Establishment«? Überspitzt formuliert: Kann der Verteidigungskrieg der Ukraine die Öffentlichkeit so empören wie der Vietnamkrieg der USA? Wendet sie sich gegen das Asylrecht, gegen universell gültige Menschenrechte, gegen Klimaschutz? Schließlich: Steht Europa eine rechte Hegemonie bevor? Herbert Kickl baut seine politische Zukunft darauf auf, dass es so kommt.

Im Studio des parteieigenen TV-Senders FPÖ aktuell kann der Parteiobmann auf die empört-hohe Stimmlage und den erhobenen rechten Zeigefinger verzichten. Hier wird er im Interview nicht unterbrochen und spricht zu Anhängern und solchen, die es werden wollen. In ruhigem, aber eindringlichem Tonfall erläutert er im September 2023 das perfide Konzept, das er erkannt zu haben meint: »Das Ziel ist ja eine Verunsicherung der Menschen. Ihre Geborgenheit, ihre Orientierung, ihr normales Empfinden zu zerstören, und an diese Stelle etwas zu setzen, was diese selbst ernannten Eliten für richtig halten, weil es ihnen nützt.«

Das Gegenstück zu den »Eliten« sind in Kickls Ideologie die »Normalen«. Darunter versteht er Menschen, die den Forderungen der FPÖ zustimmen. Kickl nennt die »Frage der Familie« (gemeint ist: gegen die Ehe für alle), »die Frage der Geschlechter« (gemeint ist: Mann und Frau) und die »Frage der Berechtigung eines Nationalstaates« (gemeint ist: gegen die EU). Die »Normalität unserer Positionen« sieht Kickl darin bestätigt, dass sie von politischen Gegnern angegriffen würden. Wer jedoch denkt wie die FPÖ, sei »ganz normal«.

Erlebt Österreich einen Aufstand der »Normalen« gegen die »Eliten«? Und was passiert mit denen, die dann nicht mehr als normal gelten? Kickl verspricht in einer Rede im salzburgischen Flachgau die »totale Hinwendung zur eigenen Bevölkerung«. Für die bisherige Elite hingegen wird es, wenn man ihm Glauben schenkt, gefährlich werden. Zeigefinger hoch!

Die Gender-Bewegung ist eine Gefahr für Kinder,
Familie und Sprache.

»Schreiben Sie ›Keine Migration. Kein Gender. Kein Krieg‹ in Großbuchstaben auf die Plakate. Das funktioniert überall.« Der Tipp stammt von Viktor Orbán, er verrät ihn im Mai 2023 beim Treffen der Conservative Political Action Conference. Herbert Kickl benötigt den Ratschlag nicht, er reitet auf diesen drei Themen mit so viel Freude herum wie einst auf dem Leider-doch-nicht-Polizeipferd der gecancelten Reiterstaffel. Doch Orbáns Aufzählung belegt, wie problemlos die bevorzugten Themen der Rechtspopulisten exportiert werden können.

Das Thema Gender, in Kickls Diktion »Genderwahn«, ist in Kombination mit »Wokeness« der Schlager der Rechtspopulisten im Bereich der Gesellschaftspolitik. Ausgangspunkt ist die Forderung der Gender-Bewegung nach der Vermeidung des in der deutschen Grammatik geltenden »generischen Maskulinums«. Anstatt »die Lehrer«, wenn es sich in Wahrheit um eine Menge von Lehrern und Lehrerinnen handelt, sollte etwa LehrerInnen (mit Binnen-I) geschrieben werden. Oder auch »Lehrer:innen«, weil so auch nonbinäre Personen sprachlich erfasst würden. Das ist der bekannteste Aspekt einer Ideologie, die sich dem Kampf gegen jegliche Diskriminierung verschrieben hat – vor allem auf sprachlicher und symbolischer Ebene. Der Begriff der Diskriminierung wird dabei so weit gefasst, dass etwa die Frage »Woher kommen Sie?«, wenn sie an eine Person nichtweißer Hautfarbe gerichtet wird, eine Übertretung darstellt. Geschlechterklischees, Bezeichnungen wie »Indianer« oder »Eskimos«, kulturelle Aneignungen wie Dreadlocks bei Weißen – all das und vieles mehr wird geächtet. Umgekehrt sollen Minderheiten und deren Subgruppen sichtbar gemacht werden – sprachlich und in Kultur, Gesellschaft und Politik. Besonders Geschlechter und sexuelle Orientierungsformen außerhalb des traditionellen binären und heterosexuellen Schemas gelten als unterdrückt und deshalb förderungswürdig.

Gegen all das wehrt sich die FPÖ. Sie argumentiert dabei auf drei Ebenen: Erstens verteidigt sie die Sprache, die aus ihrer Sicht durch sogenannte inklusive Schreibweisen »verunstaltet« werde. Zweitens wendet sie sich dagegen, dass Leute durch Vorschriften gezwungen werden sollen, etwa an Universitäten, Schulen, Behörden oder im öffentlichen Raum eine der neuen Formen der Sprache zu verwenden. Drittens lehnt die FPÖ Phänomene wie die (von ihr so bezeichnete) »Transgender-Propaganda« ab, also das, was progressive Gruppen umgekehrt als das Sichtbarmachen von Gender-Minderheiten feiern.

Die Werte, aus denen die FPÖ ihre Haltung herleitet, sind die Unverfälschtheit und Klarheit der Sprache; die Freiheit des Einzelnen, die Sprache so zu verwenden, wie er sie erlernt hat; schließlich der Schutz von Kindern und Jugendlichen vor »Frühsexualisierung« durch die Konfrontation mit verschiedenen Geschlechtern, Geschlechtstransitionen und sexuellen Orientierungen.

Die FPÖ positioniert sich als konservative, bewahrende Kraft, eine Haltung, die sie auch schon 1996 in ihrer (letztlich erfolglosen) Ablehnung der Rechtschreibreform eingenommen hat. Ihre Opposition gegenüber dem Zwang, eine inklusive Schreib- und Sprechweise zu praktizieren, könnte man als liberal deuten. Allerdings tauchen rasch Zweifel auf, ob Liberalismus das wahre Motiv dahinter ist. Dann müsste die FPÖ nämlich dafür plädieren, es jedem freizustellen, ob er das generische Maskulinum oder eine Variante mit Binnen-I oder Gender-Doppelpunkt verwendet. Das tut sie nicht.

Vielmehr haben sich in der Debatte um inklusive Sprache, Gender und LGBTQ zwei Lager gebildet. Die progressive Seite entdeckt immer neue Notwendigkeiten, die Sprache zu modifizieren und Diskriminierungen abzustellen, und neigt dabei zu dogmatischen Denkweisen. Die konservative Gegenseite wiederum greift die Vorschläge von obskuren Kleingruppierungen lustvoll auf, um das Bild einer Übermacht zu zeichnen, die demnächst jede sprachliche Äußerung kontrollieren und je nach Laune verbieten werde.

Ein Beispiel: Der Begriff »Mutter« wird von besonders progressiven Gruppen abgelehnt, weil sich dadurch transsexuelle Personen, die Kinder haben, falsch bezeichnet fühlen könnten. Tatsächlich macht sich der Einfluss dieser Gruppen vor allem in sozialen Medien bemerkbar. »Mutter«-Ersatzbegriffe wie »gebärende Person« sorgen für großes Aufsehen, wenn sie es tatsächlich in eine öffentliche Meldung schaffen. Das hindert die FPÖ nicht daran, so zu tun, als sei zum Beispiel der Begriff »Muttermilch« von Amts wegen bedroht. »Mutter wird zum Geburtselternteil, Muttermilch wird zur Menschenmilch«, protestiert die FPÖ-Abgeordnete Rosa Ecker in einer Parlamentsrede bitter. Stein des Anstoßes ist die Bezeichnung »Humanmilchbank« für eine Milchsammelstelle am Wiener Klinikum Floridsdorf. Ein Faktencheck von *profil* hat ergeben, dass das Wort »Humanmilch« in der Medizin seit Jahrzehnten geläufig ist und als Überbegriff für »Muttermilch« und »Frauenmilch« (Milch von Frauen, die nicht die Mütter der Babys sind) dient. Kein gender-ideologischer Übergriff also, aber der Mythos des vermeintlichen »Muttermilch«-Verbots wird weitergetragen.

Die Dogmatik von Verfechtern der Gendersprache wird von den autoritären Tendenzen der Gegenseite oft übertroffen. Die

FPÖ steht in dieser Frage in einer Phalanx mit Gleichgesinnten wie dem Gouverneur des US-Bundesstaates Florida, Ron DeSantis, mit europäischen Rechtspopulisten und natürlich mit Viktor Orbán. DeSantis und Orbán haben dabei im Gegensatz zur FPÖ den Vorteil, dass sie die politische Macht haben, Gesetze gegen den »Genderwahn« auf den Weg zu bringen. Diese Gesetze atmen keineswegs den Geist eines Liberalismus, der sicherstellen möchte, dass sich jeder ohne Zwang in der Sprache bewegen kann. Vielmehr zeugen sie von einer autoritären Tendenz, die weit über Sprachvorschriften hinausgeht.

DeSantis hat in Florida im März 2022 ein Gesetz unterzeichnet, das unter der Bezeichnung »Sag nicht schwul«-Gesetz (»Don't Say Gay Bill«) bekannt geworden ist. Es verbietet, dass in der Grundschule Themen wie sexuelle Orientierung, Homosexualität und Genderidentität besprochen werden. Die Anti-Gender-Bewegung in den USA sorgt zudem für einen nie dagewesenen Anstieg an Anträgen, Bücher, die sich mit nichttraditioneller Geschlechtlichkeit und Sexualität beschäftigen, aus Schulbibliotheken zu verbannen. Ein weiteres Gesetz, das den Titel »Kinderschutzgesetz« (»Protection of Children Act«) trägt und etwa verhindern soll, dass Kinder bei Lesungen von Dragqueens dabei sein dürfen, wurde von einem Gericht in Florida gestoppt, weil es gegen die von der Verfassung garantierte Redefreiheit verstößt. Ein weiterer Beleg dafür, dass Liberalismus nicht die treibende Kraft hinter der Anti-Gender-Bewegung ist.

In Ungarn hat Orbáns Regierungspartei 2023 ein Gesetz verabschiedet, das es Bürgern ermöglicht, »zum Schutz der ungarischen Lebensweise« anonym andere Menschen bei Behörden zu melden, wenn diese die »verfassungsmäßige Rolle von Ehe und Familie« infrage stellen. Gemeint sind etwa gleichgeschlechtliche Paare mit Kindern. Orbán hat zudem 2019 in die Verfassung schreiben lassen, dass eine Ehe nur zwischen einem Mann und einer Frau möglich ist.

Die rechtspopulistische Strategie macht sich die mehrheitliche Ablehnung der inklusiven Schreibweisen, der Neudefinition von Geschlechtern und der hypersensiblen Definition von Diskriminierung zunutze, um einen gesellschaftspolitischen Backlash einzuleiten. Wenn die Wiener SPÖ-Stadträtin Ulli Sima etwa in einer Presseaussendung das Wort »Fußgänger« durch die genderneutrale Neuschöpfung »Zufußgehende« ersetzt, freut sich die FPÖ, denn nur eine Minderheit kann den Sinn dieses Sprachwandels nachvollziehen. Ebenso wie die Republikaner in den USA sich jubelnd darüber empören, wenn Politikerinnen der Demokratischen Partei anstatt »Frauen« Begriffe wie »menstruierende Personen« oder »gebärende Personen« verwenden, um Transgender zu inkludieren.

Plötzlich wissen die Rechtspopulisten auf einem Gebiet der Gesellschaftspolitik, das für sie traditionell ein schwieriges Terrain darstellt, die Mehrheit auf ihrer Seite. Man macht es ihnen ziemlich einfach. Orbán braucht dafür nur zwei Worte: »No gender.«

Klimaschutz ist nichts anderes als hysterischer Ökokommunismus.

Am 15. März 2019 scheint die westliche Welt von einem neuen Zeitgeist erfasst zu werden. Knapp vier Jahre nach der großen Migrationskrise steht plötzlich ein anderes Thema im Mittelpunkt: der Klimawandel. Am ersten weltweit organisierten Klimastreik nehmen rund um den Globus zirka 1,8 Millionen

Menschen teil. Losgetreten hat die neue Bewegung, die sich Fridays for Future nennt, die damals 15 Jahre alte schwedische Schülerin Greta Thunberg, als sie im August 2018 den Unterricht schwänzt, um stattdessen vor dem Reichstagsgebäude in Stockholm für Klimaschutz zu demonstrieren.

Thunberg wird zum globalen Superstar, sie trifft Staats-, Regierungschefs und den Papst, spricht am UN-Klimagipfel und wird vom US-Magazin *Time* zur Person des Jahres 2019 gekürt.

Die Rettung des Weltklimas bewegt nicht nur Schulkinder. In einer Umfrage im Auftrag der Europäischen Investitionsbank geben 47 Prozent aller Befragten an, dass der Klimawandel eine »ernste gesellschaftliche Bedrohung« darstellt. Das Thema gewinnt rapide an Bedeutung. Es schlägt die Stunde der Grünen. Bei den Wahlen zum EU-Parlament im Mai 2019 liegen die Grünen in Deutschland mit 20,5 Prozent zum ersten Mal bundesweit vor der SPD (15,8 Prozent). Bei allen Altersgruppen bis 45 schlagen sie auch die Unionsparteien und behaupten unangefochten Platz eins. Der Klima- und Umweltschutz ist für 48 Prozent der Menschen das wahlentscheidende Motiv, die Zuwanderung kommt nur auf 25 Prozent. Es sieht so aus, als sei die Konjunktur der rechtspopulistischen Themen verebbt.

Bei der Nationalratswahl in Österreich im September 2019 kommen die Grünen, die bei der Wahl davor aus dem Parlament geflogen sind, auf 13 Prozent und werden erstmals Koalitionspartner in einer Bundesregierung.

Eine Studie der Denkfabrik adelphi analysiert im selben Jahr die Positionen rechtspopulistischer Parteien zum Klimathema und teilt sie in drei Gruppen ein: Die erste leugnet den vom Menschen verursachten Klimawandel, die zweite ignoriert das Thema, und nur die dritte (und kleinste) spricht sich für Klimaschutz aus.

Die FPÖ schwankt zwischen den Positionen eins und zwei. Heinz-Christian Strache sagt 2018 zur Frage der Klimaveränderung: »Die Wissenschaft weiß noch nicht, wohin wir uns entwickeln.« Die Wissenschaft weiß es durchaus. Die Wahrheit ist: Die Rechtspopulisten stehen bei dem Thema ziemlich daneben. Solange es irgendwie geht, leugnen die meisten das wissenschaftlich längst außer Streit gestellte Phänomen. Die damalige AfD-Vorsitzende Frauke Petry sagt 2016 in einem Interview, es sei nicht notwendig, »das Schreckgespenst eines menschengemachten Klimawandels an die Wand zu malen«.

Herbert Kickl behauptet noch im ORF-Sommergespräch 2022, die Wissenschaft sei noch »auf der Suche nach den Faktoren« für den Klimawandel. Ein Jahr später hat er seine Position bereits geändert. Leugnen hat sich als zwecklos erwiesen, zu eindeutig ist die Faktenlage. Doch der Rechtspopulismus wäre nicht der Rechtspopulismus, würde er sich einfach der Meinung anschließen, dass es dringender Maßnahmen bedarf, um die Klimaerhitzung zu verhindern. Die neue Strategie der Rechten lautet vielmehr so: Der Mensch ist zwar der wesentliche Verursacher des Klimawandels, doch das Ausmaß des Problems werde heillos übertrieben.

Im ORF-Sommergespräch 2023 verspottet Kickl den Weltklimarat als »Glaubenskongregation der ganzen Klimadebatte« und behauptet, dieser würde jeweils »das unwahrscheinlichste Worst-Case-Szenario auswählen«. Exakt gleich argumentiert Marine Le Pen in Frankreich: Der Weltklimarat sei »sehr, sehr alarmistisch«. Und der energiepolitische Sprecher der AfD, Steffen Kotré, macht sich in der ZDF-Diskussionssendung *Markus Lanz* über die »Hysterie« lustig, die er in der Klima-Berichterstattung ortet: »Wenn ich das Fernsehen anmache, dann habe ich immer das Gefühl, morgen fällt uns der Himmel auf den Kopf, und es ist ganz schlimm, und wir müssen sofort auf den nächsten Planeten.«

Kickl weist gern darauf hin, dass der Anteil Österreichs am weltweiten Emissionsvolumen minimal sei und besondere Anstrengungen somit ohnehin keine Wirkung zeigten. Im Gegensatz zu einer ambitionierten Klimapolitik propagiert Kickl Maßnahmen »mit Hausverstand«. Die Empfehlungen der Pariser Klimakonferenz, was zu tun sei, um die angestrebte Grenze von maximal 1,5 Grad Celsius Temperaturanstieg zu erreichen, schlägt er in den Wind. Die Rechtspopulisten in Europa sind sich einig. Auch Marine Le Pen fordert wortgleich mit Kickl eine Klimapolitik »mit gesundem Hausverstand«, Geert Wilders in den Niederlanden geißelt ein Klimapaket der mittlerweile abgewählten Regierung als »exzessiv und unleistbar«.

Wieder einmal zielt die Strategie darauf ab, eine Konfrontation heraufzubeschwören zwischen einer urbanen Elite, die in der Klimapolitik – genau wie in der Migrationspolitik – abgehoben agiere, und dem Volk, das darunter leiden müsse. Müßig zu erwähnen, dass Kickl, Le Pen, Wilders und ihresgleichen laut dieser Interpretation die Stimmen des Volkes repräsentieren. Das Volk denke erdverbunden und vernünftig, die urbanen »Klimakommunisten« (Zitat Kickl) wollten hingegen die Menschen »bevormunden«. Von einer »technokratischen Bobo-Ideologie« spricht der Rassemblement National.

Mit dem Begriff »Volk« sind in diesem Fall etwa die Autofahrer gemeint oder die Bauern, die nicht auf den Einsatz von Pestiziden verzichten wollen. Die Elite hingegen wird als diktatorische Macht imaginiert, die mit rigorosen Gesetzen in die Lebensweise und den Alltag des kleinen Mannes eingreifen wolle. Eine düstere, freudlose Verbotsgesellschaft sei das Ziel; ohne Privatautos, ohne Fleischkonsum, ohne Urlaubsflüge.

Aktivistische Gruppen wie die Letzte Generation, die den Straßenverkehr behindern, indem sich unangemeldete Demonstranten auf der Fahrbahn festkleben, kommen den Rechtspopulisten dabei sehr gelegen. Je spektakulärer und umstrittener die Aktionen, umso leichter fällt es der FPÖ, die gesamte Klimabewegung als fundamentalistische Verschwörung darzustellen.

So gelingt es der FPÖ und ihren Schwesterparteien, das zunächst für sie heikle Thema des Klimawandels in ein wahlkampftaugliches Instrument zu verwandeln. Der Wahlschlager der Grünen hat die Seiten gewechselt und nützt jetzt den Rechten. Der Kampf gegen den Klimawandel ist bei einem Teil der Bevölkerung deutlich weniger attraktiv als der Kampf gegen die Klimamaßnahmen. Die nämlich schadeten letztlich – wieder einmal – dem kleinen Mann: »Greta Thunbergs Ideologie wird uns so weit bringen, dass wir in Europa tausende Unternehmen und Millionen Jobs verlieren!«, warnt Italiens Ministerpräsidentin Giorgia Meloni. Herbert Kickl prophezeit Ähnliches: Die »Komplettumstellung des Systems« auf erneuerbare Energie werde »unsere Wirtschaft zerstören und uns von den Chinesen abhängig machen«. Kickl und Meloni verwechseln dabei absichtsvoll Greta Thunbergs Forderungen mit der tatsächlichen Klimapolitik der EU und der einzelnen Staaten.

Auf seinem Instagram-Account postet Herbert Kickl den Screenshot der Meldung »Klima-Kleber sorgen für Verkehrskollaps in Wien«. Darunter rufen seine Follower nach »Straßenkehrmaschinen«, »Schneepflug« und »Dampfwalze« und schwören, bei den nächsten Wahlen »die FPÖ unter Herbert Kickl zu wählen«. Der postet als Nächstes ein Selfie im verschneiten Wald mit der Botschaft: »Die herrliche Winterlandschaft genießen!« Die Sache mit dem Klima läuft für ihn durchaus zufriedenstellend.

Medien drucken die Lügen der Mächtigen.

Medien sind für Herbert Kickl nichts anderes als politische Gegner in einer anderen Verkleidung. Beide verachtet er gleichermaßen: »Die einen lügen wie gedruckt, die anderen drucken das Gelogene.« Der Satz ist zu brachial, um als Bonmot durchzugehen, aber Kickl findet ihn gut genug, um ihn sowohl bei einer Generaldebatte im November 2022 im Nationalrat als auch in einem Interview auf FPÖ TV im September 2023 und bei anderen Gelegenheiten zu wiederholen.

Der Umgang mit Medien gehört von Anfang an zum Kerngeschäft von Kickls politischer Karriere. Als Texter provokanter Slogans und Reden kalkuliert er die Reaktionen der Journalisten ein. Viele seiner Formulierungen ziehen empörte Kommentare in den Zeitungen nach sich. »Ich würde es heute nicht anders machen«, sagt er Jahre später in der Ö3-Frühstückssendung.

Als Generalsekretär ist Kickl unter anderem dafür zuständig, alles zu verteidigen, was sein Parteichef oder andere Spitzenleute von sich geben. Kickl versteht es blendend, den Spieß umzudrehen und seinerseits die Medien zu attackieren. Den ORF geißelt er gern als »Propagandainstrument der Regierung«. Im Umgang mit Medien kennt Kickl meist nur die offene Konfrontation. Taktische Annäherung ist ihm fremd.

Nur einmal zeigt sich Herbert Kickl gegenüber den Medien zahm. Nachdem im April 2005 das eben abgespaltene BZÖ seinen Gründungskonvent abgehalten hat, folgt eine Woche später der Ordentliche Bundesparteitag der FPÖ. Deren Existenz steht nach dem spektakulären Abgang von Jörg Haider auf der Kippe. Und so dürfen die Journalisten zum ersten und bis heute letzten Mal erleben, dass Herbert Kickl sich aufrichtig dankbar zeigt, dass es sie gibt: Ironiefrei bedankt sich der Generalsekretär der FPÖ in einer Aussendung »für die faire und ausgewogene Berichterstattung über den Parteitag« und kündigt an, es werde »die rituelle Journalistenbeschimpfung vergangener Zeiten bei uns jedenfalls nicht mehr geben«. Man betrachte »Journalisten nicht als Feinde, sondern als Partner«. Die angesprochenen Journalisten wissen nicht, wie ihnen geschieht, aber das müssen sie auch nicht, denn die ungewöhnliche Zuneigung erlischt so rasch, wie sie entflammt ist.

Als nämlich wenig später zur ORF-Diskussionssendung *Offen gesagt* zum Thema »Was stört uns an der EU?« kein Vertreter der FPÖ eingeladen wird, tobt Kickl, dass im ORF in einer »Art vorauseilendem Gehorsam einiger journalistisch Verantwortlicher unter dem Deckmantel der Pressefreiheit parteipolitisch motivierte Diskutanten-Selektion betrieben« werde. Der Schlusssatz enthält eine Drohung: Die FPÖ werde »der Bevölkerung mit geeigneten Mitteln dieses parteipolitische Spiel des ORF wirksam vor Augen führen«. Die Beziehung ist geklärt, aus den Partnern sind wieder Feinde geworden.

Tatsächlich hat es die FPÖ objektiv schwer, in der Medienlandschaft Wohlgesinnte oder gar Verbündete zu finden. Schlimmer noch: Manchmal ist es gar nicht selbstverständlich, überhaupt wahrgenommen zu werden. Armin Thurnher, Herausgeber der Wiener Stadtzeitung *Falter*, verhängt 1992 ein »Bilderverbot« über Jörg Haider. Kein Foto des FPÖ-Obmanns werde in der Wochenzeitung erscheinen, so die Order. Erhard Busek, ÖVP-Wissenschaftsminister, gratuliert dem *Falter* dazu in einem Leserbrief. Der FPÖ-Parteichef versucht, seine Ausblendung zu bekämpfen, indem er der Zeitung so lange ein Interview verweigert, bis auch wieder ein Foto von ihm abgedruckt wird. Der *Falter* hält vier Jahre durch.

Mit dem Argument, rechtsextreme Parteien und deren Vertreter nicht so behandeln zu wollen wie alle anderen, rechtfertigen Medien auch in anderen Ländern die Aus- oder besser Abgrenzung. In Frankreich muss Jean-Marie Le Pen, Parteichef des Front National seit 1972, bis zum Jahr 1984 warten, ehe er zum ersten Mal im öffentlich-rechtlichen Sender Antenne 2 als alleiniger Gast der abendlichen Politiksendung *Stunde der Wahrheit* auftreten darf.

Bereits vor der Sendung gehen die Wogen hoch, linke Politiker verurteilen die »unanständige Einladung« und kritisieren die »Banalisierung« des übel beleumundeten Le Pen. Die TV-Journalisten beginnen die Debatte offensiv: »Sie sind ein Außenseiter des politischen Lebens. Sie flößen Angst ein. Erklären Sie sich!« Am Ende jedoch ist Le Pen der Star des Abends. Die Einschaltquote geht durch die Decke, der polternde Rechte hält listig eine Schweigeminute für die Opfer des Stalinismus, und in den Tagen nach dem TV-Auftritt wird der Front National von neuen Mitgliedern überrannt.

Die Journalisten mögen die Rechten nicht, aber deren Auftritte in den Medien geraten zum Spektakel. Rechtsextreme und Rechtspopulisten wie Jean-Marie Le Pen, Jörg Haider oder später Geert Wilders, Matteo Salvini, Nigel Farage, Alice Weidel oder Herbert Kickl liefern Provokationen und bieten Empörungspotenzial. Das Publikum – ob es nun angewidert ist oder begeistert – starrt gebannt auf die rechten Unruhestifter. Ihnen nützt letztlich jeder Eklat. »Wir ringen um Aufmerksamkeit«, sagt Kickl später über diese Phase.

Doch um mehr Leute zu erreichen als das bloße Protestpotenzial, genügen das mediale Rabaukentum und die kalkulierten Skandale nicht. Die Rechtspopulisten wollen zu Volksparteien aufsteigen, und sie haben den Eindruck, dass die traditionellen Medien sie dabei behindern. Sie können dort nicht ungestört ihre Botschaften deutlich machen, immer setzt es Widerspruch. In einer Rede bei einer vom ORF live übertragenen Sondersitzung des Parlaments während der Flüchtlingskrise klagt Herbert Kickl, dass »hier einer der letzten Orte ist, wo man live und ungeschnitten diese Dinge auch noch sagen kann«.

Die mickrigen Einschaltquoten der Parlaments-Übertragungen befriedigen ihn nicht. Im Jahr 2012 gründet die FPÖ auf Initiative von Herbert Kickl ein Internet-TV-Magazin namens FPÖ TV, das zunächst wöchentlich gerade einmal 15 Minuten Programm macht. Auftritte, Pressekonferenzen und Parlamentsreden der FPÖ-Spitzen gehen online. Mittlerweile hat der YouTube-Kanal des Parteisenders zweihunderttausend Abonnenten; in den ersten elf Jahren verzeichneten die Videos 133 Millionen Aufrufe. Der Erfolg stellt vergleichbare Projekte aller anderen Parteien in den Schatten.

Die grüne Abgeordnete Sigrid Maurer gießt in einer Rede im Nationalrat Spott über das FPÖ-Medium: »Das ist ein Propagandasender, über den Sie ausschließlich Ihre Parallelwelt, Ihre Putin-Lügen präsentieren, wo eben kein kritischer Journalismus stattfindet. Und das ist Ihre Idee von Medien!« Kickls ironischer Zwischenruf: »Danke für die Werbung!«

Tatsächlich hat sich FPÖ TV zu einem für die Partei wertvollen Propaganda-Medium entwickelt, ergänzt durch Medien, die nicht im Eigentum der Partei stehen, aber von Personen in deren Umfeld betrieben werden. Die Internetportale *Unzensuriert* und *Info-direkt* sowie der TV-Sender AUF1 stehen nicht im Eigentum der FPÖ, werden aber indirekt über entgeltliche Einschaltungen gefördert.

»Alternativmedien« werden diese Portale und Sender genannt, in Abgrenzung zu klassischen Medien. Sie behaupten von sich, »frei und unabhängig« (Zitat AUFi) zu berichten und »die unabhängige und überparteiliche Publizistik in Österreich zu stärken« (Zitat *Info-direkt*). Nur *unzensuriert.at* verzichtet auf die Behauptung, unabhängig zu sein, und beschreibt sein journalistisches Credo mit den Begriffen »demokratisch, kritisch, polemisch und selbstverständlich parteilich«.

Wie sich das Verhältnis der FPÖ zu den ihr nahestehenden Alternativmedien tatsächlich gestaltet, erzählte Christian Hafenecker, FPÖ-Generalsekretär, laut einem Bericht des *profil* im Jahr 2020 bei einem Vortrag vor Abgeordneten der AfD: »Bei den neuen Medien (…) gibt es eine strukturierte Vorgehensweise. Das heißt, wir haben regelmäßige Treffen mit den Chefredakteuren dieser Medien und Plattformen, und das ist institutionalisiert. Das heißt, man versucht sich wirklich gegenseitig zu helfen.«

Die Hilfe macht sich bezahlt, wie ein paar Textproben belegen. AUFi meldet: »FPÖ-Chef Kickl fordert Systemparteien heraus und stellt Führungsanspruch.« *Info-direkt* analysiert: »Herbert Kickl hat verstanden, dass Glaubwürdigkeit in der Politik das höchste Gut ist und dass man nur dann erfolgreich ist, wenn man seine eigenen Wähler begeistert.« *Unzensuriert* beobachtet: »Noch nie zuvor ist ein Politiker in Wien-Simmering so euphorisch empfangen worden wie FPÖ-Chef Herbert Kickl gestern, Samstag, auf dem Enkplatz.«

In einem Interview auf FPÖ TV zieht Herbert Kickl über die Entwicklung der politischen Kommunikation zufrieden Bilanz: »Die klassischen Medien haben ihre kommunikative Schlüsselfunktion verloren.« Eine neue Phase beginnt. Erst fühlten sich die Rechtspopulisten gänzlich ausgegrenzt, dann wurden sie zwar wahrgenommen, aber aus ihrer Sicht nicht positiv genug beschrieben, und nun können sie es sich erlauben, dem unabhängigen Journalismus die kalte Schulter zu zeigen.

Die erste Gruppe, die sich klassischen Medien aus Prinzip verschloss, war die Protestbewegung Patriotische Europäer gegen die Islamisierung des Abendlandes (PEGIDA). Deren Veranstalter lehnten 2014 Gespräche mit Journalisten, die sie der »Mainstreampresse« zuordneten, fast immer ab. Gelegentlich beantworteten sie schriftlich eingereichte Fragen. Selbst Teilnehmer an Kundgebungen wurden aufgefordert, keine Interviews zu geben. Nur Medien wie etwa die *Junge Freiheit*, ein Sprachrohr der neuen Rechten, für das auch Herbert Kickl einen Gastkommentar verfasst hat, bekamen Interviewtermine.

Im September 2023 beschließt Herbert Kickl, den Sender Puls 24 mit Abwesenheit zu strafen. Kickl, der wie alle Parteichefs ein Jahr vor der Nationalratswahl zum TV-Gespräch unter dem Titel »Bürgerforum live – Schicksalswahl 2024« eingeladen ist, lehnt ab. Es handle sich bei Puls 24 »um einen linken Sender, der in der Vergangenheit den Kampf gegen die Inhalte und Positionen der FPÖ zu einer zentralen Aufgabe gemacht hat. Sowohl in Diskussionsformaten als auch bei Interviews haben die Moderatoren weniger eine neutrale Herangehensweise als vielmehr ihre eigene Haltung ins Zentrum der Sendungen gestellt«, heißt es in einer Aussendung der FPÖ.

Kickl geht davon aus, dass ihm eine Befragung durch die kritische Puls-24-Moderatorin Corinna Milborn und ein von der Redaktion ausgewähltes Panel von Bürgerinnen und Bürgern nicht nützt und er über die eigenen Kanäle mehr Menschen erreichen kann. Die Zahlen scheinen ihm recht zu geben: Der FPÖ-Chef hat auf Facebook 271 000 Follower, auf Instagram 58 000, auf TikTok 49 000, auf Telegram 31 000.

Es sind erste Schritte, um sich einem Journalismus zu entziehen, dessen Aufgabe es ist, Positionen von Politikerinnen und Politikern zu hinterfragen. Herbert Kickls Misstrauen gegenüber Medien, die nicht im eigenen Einflussbereich stehen, ist enorm. Beim Sommergespräch des ORF im September 2023 fragt er die Interviewerin Susanne Schnabl während der Aufzeichnung gleich mehrmals eindringlich, ob die Sätze, die er eben gesagt hat, »eh nicht rausgeschnitten« würden.

Kickls Interpretation von freien Medien beruht auf einer bewussten Verdrehung des Begriffs. Während er Journalismus, der keiner Partei verpflichtet ist, als unfrei kritisiert, lässt er das ungefilterte Senden von O-Tönen seiner selbst als »objektiv, direkt und ohne Zensur« propagieren. Journalismus, der kritisch an die FPÖ herangeht, wird verächtlich als Produkt der »Systemmedien« abgetan.

Damit steht Kickl nicht allein da, unter Rechtspopulisten ist dies vielmehr gängige Lehrmeinung. Daraus folgt das Ziel, »Systemmedien«, auch »Mainstreammedien« genannt, zu schwächen, zu ersetzen oder unter eigene Kontrolle zu bringen.

Den ORF zu schwächen, heißt in Kickls Terminologie, ihn zu »redimensionieren«. Es brauche »einen verschlankten Grundfunk und keinen aufgeblähten Rundfunk«, fordert die FPÖ in ihrer Kampagne gegen die Haushaltsabgabe, die der Finanzierung des ORF dient. Hinter den Attacken auf die ökonomische Grundlage des öffentlich-rechtlichen Senders offenbaren sich inhaltliche Forderungen: Die FPÖ verlangt vom ORF unter anderem »objektive Berichterstattung statt Regierungspropaganda und Bevormundung«, »ehrliche Information statt Corona-Propaganda und Impflobbyismus« und »echte Unterhaltung statt steuergeldfinanzierter Staatskünstler«.

Was die FPÖ unter objektiver Berichterstattung versteht, ist tagtäglich auf FPÖ TV zu sehen. Medien durch eigene Propaganda-Portale zu ersetzen, das ist europaweit im Gange. Und schließlich gibt es auch Beispiele dafür, wie Medien unter parteipolitische Kontrolle gebracht werden können.

Das große Vorbild aller Rechtspopulisten ist in dieser Hinsicht Ungarns Ministerpräsident Viktor Orbán. »Wir wollen eine Medienlandschaft ähnlich wie der Orbáns aufbauen«, sagte der damalige FPÖ-Chef Heinz-Christian Strache im 2017 aufgenommenen Ibiza-Video.

Orbáns Medienlandschaft zeichnet sich vor allem dadurch aus, dass etwa achtzig Prozent aller Medien in regierungstreuen Händen sind – also im Einflussbereich von Orbáns Partei Fidesz. 476 einzelne Unternehmen wurden 2018 in die Mitteleuropäische Presse- und Medienstiftung (Kesma) eingebracht – genehmigt per Bescheid und ohne eingehende Prüfung durch das Wettbewerbsamt. Orbáns Regierung begründete dies mit der »nationalen strategischen Bedeutung« der Maßnahme. Eine Reihe von ungarischen Oligarchen, deren Geschäftsmodell auf dem Naheverhältnis zu Orbán beruht, hatten ihre Medienunternehmen per Schenkung der Stiftung überlassen. Führung und Beiräte der Kesma sind mit Orbán-Leuten besetzt.

Zudem steht der staatliche Rundfunk komplett unter der Kontrolle der Regierung. »Systemische politische Voreingenommenheit« konstatierten Wahlbeobachter der OSZE vor den ungarischen Parlamentswahlen 2022.

Nicht nur in Ungarn werden Medien umgedreht. In Frankreich tritt im Juni 2023 die Redaktion der Wochenzeitung *Le Journal du Dimanche* in den Streik. 1948 gegründet, ist *JDD*, wie das Blatt genannt wird, das einzige am Sonntag landesweit erscheinende Nachrichtenblatt – und es ist politisch weitgehend neutral. Als die Redaktion erfährt, wer neuer Chefredakteur werden soll, macht sich Entsetzen breit: Geoffroy Lejeune, 35 und vormals Chefredakteur des Magazins *Valeurs actuelles*, das unter seiner Führung nach rechts abgedriftet ist und vor den Präsidentschaftswahlen am 10. April 2022 nicht weniger als sieben Mal den Rechtsaußen-Kandidaten Eric Zemmour auf das Cover gehoben hat. Vierzig Tage lang dauert der Streik, am Ende resigniert die Redaktion, und Lejeune tritt die Funktion als Chefredakteur an. Seither häufen sich im *JDD* Gastkommentare aus dem Rechtsaußen-Lager.

Gelingen konnte die politische Neuausrichtung der Zeitung, weil deren Eigentümer, der Milliardär Vincent Bolloré, dies so wollte. Bolloré ist auch Hauptaktionär des TV-Nachrichtensenders CNews, der Eric Zemmour als politischen Kommentator großgemacht hat. Zemmour wurde mehrmals wegen rassistischer Beleidigung und Aufstachelung zum Rassenhass verurteilt. Der Aufstieg der Rechtspopulisten findet in der europäischen Medienlandschaft seinen Niederschlag. Medien spiegeln die Gesellschaft wider.

Wie diese Medien allerdings berichten, denen Herbert Kickl und seine Mistreiter bescheinigen, »objektiv, direkt und ohne Zensur« zu agieren, ist längst kein Geheimnis mehr. Stefan Magnet liefert am 18. September 2023 in seinem Internet-TV AUF1 ein besonders anschauliches Beispiel für die Art von Journalismus, die Herbert Kickl vorschwebt. Kickl und AfD-Fraktionsvorsitzende Alice Weidel sind zum Interview geladen, und Magnet erläutert eingangs, wie er das Gespräch führen möchte: Er werde sich »bemühen, die beiden aussprechen zu lassen«, denn »die Leute wollen endlich einmal sehen und hören, was denn die Argumente sind, ohne dass ein Moderator ständig lästig dazwischenfunkt«. Herbert Kickl lächelt, Alice Weidel ist entzückt.

DRITTE REPUBLIK

Wie ein »Volkskanzler« Herbert Kickl die Bürgerrechte
aufweichen und Österreichs Verfassung aushebeln könnte.

Große Umwälzungen beginnen oft im Kleinen. Gleich zu Beginn seiner Kanzlerschaft, sagt Herbert Kickl, wolle er wieder den alten Text der Bundeshymne einführen und die »großen Töchter« aus der ersten Strophe streichen. Welch ein Unterschied zu seinem Vorgänger: Heinz-Christian Strache kündigt 2017 vor seiner Angelobung zum Vizekanzler an, sofort den neuen Text singen zu wollen. Schließlich ist dieser gesetzlich festgelegt – und ein Regierungsmitglied hat sich an Gesetze zu halten. Der Rückbau der Hymne wäre reaktionär, so etwas wie ein Fingerzeig, in welche Richtung sich die Republik ab sofort entwickeln werde. »Symbolpolitik ist ein unglaublich mächtiges Instrument«, sagt Kickl einmal im Ö3-Interview.

Aber wie weit will er gehen? Könnte ein Kanzler Kickl die Republik in der Struktur verändern? Droht eine Orbánisierung Österreichs? Hat Kickl dazu einen Plan? Und was soll das eigentlich sein: ein Volkskanzler?

Das erste Mal verwendet Kickl den Begriff nach einer Klausur des FPÖ-Bundesparteipräsidiums in Saalbach-Hinterglemm im März 2023. Er sagt: »Nach vielen Kanzlern des Systems braucht es einen freiheitlichen Volkskanzler. Das nehmen wir in Angriff. Nahe beim Volk, weit weg von den selbsternannten Eliten.« »System«, »Volk«, »Eliten« – darin steckt die Essenz von Kickls politischem Paradigma. In einer Aussendung zum Nationalfeiertag 2023 schreibt er: »Das Volk muss im Zentrum aller unserer Überlegungen, Planungen, Entscheidungen und

Handlungen stehen. Alles hat sich um den Souverän, das Volk, zu drehen.« Um einer Antwort auf die Frage, was eine Regierung unter Herbert Kickl für Österreich bedeuten würde, näher zu kommen, bieten sich mehrere Wege an. Zunächst ein Rückblick auf seine Amtszeit in der türkis-blauen Regierung.

2017 will Kickl das Innen- in ein »Heimatschutzministerium« umbenennen. Er setzt sich nicht durch. Die ÖVP und vor allem Bundespräsident Alexander Van der Bellen sind dagegen. Die Botschaft ist aber deutlich: Das Volk braucht Schutz. Um diesen zu gewährleisten, plant Kickl de facto einen Überwachungsstaat. Dies geht aus einem von Kickl initiierten Reformkonzept zum Verfassungsschutz hervor, das die Möglichkeit groß angelegter Lausch- und Spähangriffe durch eine eigene BVT-Einheit prüft. Diese soll schon bei einer abstrakten Gefahrenlage Wohnungen, Räume und Fahrzeuge durchsuchen und verwanzen dürfen, notabene ohne richterliche Genehmigung. Auch Vorratsdatenspeicherung und verdeckte Inhaltsüberwachungen sollen möglich werden. Allerdings halten selbst die Juristen im Innenministerium das Projekt für zu abenteuerlich. Die Pläne seien »nicht umsetzbar«, »unverhältnismäßig«, »bedenklich« und sogar »verfassungswidrig«.

Während seiner eineinhalbjährigen Zeit als Minister bringt es Kickl auf nicht weniger als sieben Misstrauensanträge. Zuständig für den Schutz der Verfassung, nimmt er es in Kauf, sie auszuhebeln. »Manchmal«, sagt Kickl, »muss man auch neue Wege gehen, um Dinge voranzutreiben.« Eine von der Führung des Innenministeriums unternommene Razzia im eigenen Verfassungsschutz ist gewiss ein neuer Weg. Gefährdet hat er damit die Sicherheit der Bürgerinnen und Bürger. Im parlamentarischen Untersuchungsausschuss wird bekannt, zu welchen Kompetenzüberschreitungen er und sein Umfeld bereit waren. So sagt die den Fall führende Staatsanwältin Ursula Schmudermayer aus, ein Kabinettsmitarbeiter von Kickl habe in der BVT-Affäre sogar um Telefonüberwachungen und Festnahmen gebeten.

Kickls Erkenntnis seiner Amtszeit verläuft letztlich enttäuschend: Er selbst verfügt nicht über die Macht, tiefgreifende Veränderungen zu erzwingen. Die FPÖ ist nur der Juniorpartner in der Regierung, Kickl nicht Parteichef. Symbolpolitik sorgt zwar für Aufsehen, es folgt aber nicht das, was Kickl vorschwebt.

Kann es beim nächsten Anlauf anders werden? Bei der Nationalratswahl 2024 könnte die FPÖ zum ersten Mal in der Geschichte der Zweiten Republik Platz eins erreichen. Nach den letzten hier zu berücksichtigenden Umfragen liegt die FPÖ bei zirka dreißig Prozent vor der SPÖ und der ÖVP, die innerhalb der Schwankungsbreite jeweils auf zwanzig bis 23 Prozent kommen. Es wäre ein historischer Sieg für Herbert Kickl, sein Anspruch auf das Kanzleramt die logische Konsequenz daraus.

Doch wer würde als Koalitionspartner Kickl eine Mehrheit im Parlament verschaffen und ihn zum »Volkskanzler« machen? Diese Frage bestimmt zu Beginn des Wahljahrs 2024 die politische Debatte. ÖVP-Obmann Karl Nehammer und andere schwarz-türkise Spitzenpolitiker wie die Europaministerin Karoline Edtstadler schließen es für sich kategorisch aus. Dass ausgerechnet die SPÖ Kickl dessen Kanzlertraum erfüllt, ist noch unwahrscheinlicher.

Während regelmäßig Neuwahlgerüchte die Runde machen, gibt es erste wechselseitige Annäherungsversuche von SPÖ und ÖVP, um auszuloten, ob nach der Wahl eine Koalition unter Einbeziehung einer dritten Partei möglich wäre. Die FPÖ bliebe dann trotz ihres Wahlsieges in der Opposition. Für Kickl bedeutete das strategisch kein Unglück. Er könnte sich seiner Wählerschaft als nicht korrumpierbarer Kandidat präsentieren, während die anderen Parteien – aus seiner Sicht – eine Koalition gebildet haben, bloß mit dem Ziel, ihn von der Macht fernzuhalten. Opferrolle samt Empörungsgestus stehen ihm gut. Darüber hinaus könnte Kickl auf die Labilität eines solchen Mehrparteienbündnisses setzen. Neuwahlen würden die FPÖ noch weiter stärken. Kickls Gegner wissen das. Das Dilemma liegt ganz auf ihrer Seite.

Gemäß der Bundesverfassung bleibt noch jemand, der sich einem »Volkskanzler« Kickl in den Weg stellen kann, und der bereits angekündigt hat, dass er das zu tun beabsichtigt. Es handelt sich um den einzigen von den Bürgern direkt gewählten Bundespolitiker des Landes: Bundespräsident Alexander Van der Bellen. 2019 hat er Kickl als Innenminister entlassen, weil er ihn für ungeeignet hielt. Wie könnte er ihn danach zum Bundeskanzler ernennen? Es mag sich allerdings eine Lage wie im Februar 2000 ergeben, als ÖVP-Obmann Wolfgang Schüssel gegen den Willen des hilf- und ratlosen Bundespräsidenten Thomas Klestil die erste schwarz-blaue Regierung bildete. Präsentiert Herbert Kickl eine parlamentarische Mehrheit für eine von ihm geführte Regierung, wird ihm der Bundespräsident das Amt des Bundeskanzlers kaum verweigern können.

Wenn Rechtspopulisten ihren eigenen Ansprüchen gerecht werden wollen, benötigen sie dazu weitreichende Machtbefugnisse. Sie müssen die Spielregeln der Demokratie grundlegend verändern, besser gesagt, sie aushebeln. Es ist Kickl zuzutrauen, dass er seinem Vorbild Viktor Orbán auch in dieser Frage nacheifert. Der Vergleich mit dem ungarischen Ministerpräsidenten zeigt allerdings, welche Trümpfe Orbán im Gegensatz zu Kickl auf seiner Seite hat: Er ist seit 2010 ohne

Unterbrechung im Amt, er verfügt über eine Zweidrittelmehrheit im Parlament, und er hat 2011 ein neues Grundrecht beschließen lassen.

Kickl weiß, dass die Gesetze vielen seiner Pläne einen Riegel vorschieben, vor allem auf dem wichtigsten Gebiet, der Migrations- und Asylpolitik. Die Ankündigung der FPÖ, »einen Asylstopp, insbesondere für Asylwerber aus muslimischen Ländern« zu erlassen, verstößt gleich gegen mehrere Gesetze, unter anderem gegen die Europäische Menschenrechtskonvention (EMRK). Wird sich Kickl davon stoppen lassen? Glaubt man seinen Ankündigungen, lautet die Antwort: nein.

Seine Aussage im ORF-Interview, es müsse der Grundsatz gelten, dass »das Recht der Politik zu folgen habe, und nicht die Politik dem Recht«, ist ernst zu nehmen. Aus ihm spricht der Populist, der das rechtsstaatliche Prinzip der Grundrechte infrage zu stellen bereit ist. Die Revolutionäre von 1848, auf die sich die freiheitlichen Traditionspfleger gern berufen, kämpften gegen die staatliche Willkür an. Kickls Vorstellungen haben mit einer freiheitlichen Gesinnung im ursprünglichen Sinn nichts mehr zu tun. Nach heftiger Kritik an seinen Aussagen rudert er zurück: »Ich bekenne mich voll und ganz zur Rechtsstaatlichkeit.« Doch Kickl ist Wiederholungstäter. Im November 2022 fordert er nach einem Lokalaugenschein an der burgenländischen Grenze in Nickelsdorf einen eigenen nationalen Grundrechtekatalog, wie ihn auch andere EU-Länder haben. Dieser solle statt der Europäischen Menschenrechtskonvention zur Anwendung kommen und könnte nach Kickls Dafürhalten auch das »Verbot von Zwangsimpfungen« und das »Recht auf Heimat« enthalten. Als Kickl als FPÖ-Generalsekretär 2015 eine Änderung der Menschenrechtskonvention fordert, wirft ihm der damalige Justizminister Wolfgang

Brandstetter vor, sich »außerhalb des Verfassungsbogens« zu bewegen. Kickls Saat geht auf. Im Jahr 2023 äußern sich prominente ÖVP-Politiker wie Klubobmann August Wöginger über eine mögliche Adaption. Und die FPÖ-Abgeordnete Dagmar Belakowitsch formulierte ihr Verständnis vom Rechtsstaat in vielleicht unbeabsichtigter Offenheit, als sie in ihrer Rede zum Thema Corona im Jänner 2019 ins Plenum ruft: »Niemals haben wir uns damit abzufinden, dass Gesetze uns in unserem Handeln behindern!«

Grundrechte, die Verfassung und die Justiz, die über deren Einhaltung wacht, sind die größten Hindernisse auf dem Weg der Rechtspopulisten zu dem Staat, wie sie ihn sich vorstellen. Doch es gibt Mittel und Wege, diese zu überwinden. Viktor Orbáns Methode, gleich eine neue Verfassung in Kraft zu setzen, funktioniert wie erwähnt nur aufgrund einer Zweidrittelmehrheit. Eine andere, rechtlich heiklere Variante ist der Weg über ein Referendum. Die FPÖ fordert seit langem die Stärkung der direkten Demokratie und spricht sich für eine Volksabstimmung über einen Zusatz zu Artikel 1 der Bundesverfassung aus, der einen umfassenden Schutz der »Souveränität Österreichs« enthalten soll. Damit würde »der Schutz unserer Heimat gegenüber Brüssel« gesichert, so Kickl. Tatsächlich jedoch ist im »Vertrag über die Arbeitsweise der Europäischen Union«, einer der Grundlagen der EU, längst genau festgelegt, in welchen Bereichen die EU für die Gesetzgebung zuständig ist. Würde Österreich versuchen, sich diese Souveränität »zurückzuholen«, wäre dies nichts anderes als ein Bruch europäischen Rechts.

Genau das könnte der Plan sein: Ein »Volkskanzler« Kickl bricht, gestärkt durch ein Referendum, das (möglicherweise) zugunsten der »Souveränität Österreichs« ausgeht, bei nächster Gelegenheit einen Konflikt mit der EU vom Zaun. Er argumentiert, dass der Wille des Volkes über die Gültigkeit des Vertrags mit der EU zu stellen sei. Das Resultat wäre ein listig herbeigeführtes Patt – und eine tiefe Krise.

Diese Vermutung ist so weit nicht hergeholt. Die AfD, Schwesterpartei der FPÖ, möchte eine Volksabstimmung über den Austritt Deutschlands aus der EU abhalten. Marine Le Pen wiederum plant seit langem, eine Volksabstimmung über eine Änderung der französischen Verfassung abzuhalten, in die eine sogenannte »nationale Präferenz« aufgenommen werden soll. Damit sollen den legal in Frankreich lebenden Ausländern alle Sozialleistungen gestrichen werden, auf die sie aufgrund des Grundsatzes der Gleichheit vor dem Gesetz ein Anrecht haben. Ein solches Verfassungsgesetz widerspräche nach Meinung so gut wie aller Juristen sowohl der Erklärung der Menschen- und Bürgerrechte aus dem Revolutionsjahr 1789 als auch der Präambel der Verfassung von 1946 sowie weiteren sechs Artikeln. Das Ergebnis eines solchen Referendums wäre eine Verfassungskrise, und man braucht nicht hellsehen, um vorherzusagen, dass eine Staatspräsidentin Le Pen der »Stimme des Volkes« den Vorzug gäbe, um die Diskriminierung per Verfassungsputsch zu legalisieren.

Herbert Kickl macht kein Geheimnis daraus, was er als »Volkskanzler« plant: In einem *ZiB*-2-Interview sagt er, er wolle »eine Rechtslage herstellen, dass man solchen Leuten auch die Staatsbürgerschaft wieder entziehen kann«. Mit »solchen Leuten« meint er kriminell gewordene Menschen, allerdings nur solche, die ihre Staatsbürgerschaft nicht durch Geburt bekommen haben, sondern weil sie eingebürgert wurden. Einer solchen »Rechtslage«, wie Kickl sie fordert, steht unter anderem das »Europäische Übereinkommen über die Staatsangehörigkeit« entgegen, ein Vertrag im Rahmen des Europarats, der auch für Österreich Gültigkeit hat. Er enthält den Grundsatz der Nichtdiskriminierung von Staatsangehörigen, »gleichviel ob es sich bei diesen um Staatsangehörige durch Geburt handelt oder ob sie die Staatsangehörigkeit später erworben haben«. Kickl entgegnet auf solche Einwände: »Das ist die Demokratie.« Er versteht darunter die Möglichkeit, dass eine Mehrheit einer Minderheit deren Rechte entzieht.

Rechtspopulisten behaupten, dem Willen des Volkes wieder zum Durchbruch zu verhelfen, nachdem dieser jahrzehntelang von den linken Eliten unterjocht gewesen sei. Deshalb sei das Instrument der direkten Demokratie so bedeutsam. Interessanterweise erlahmt die Begeisterung, die Stimme des Volkes zu hören, sobald die eigene Macht zementiert ist. Viktor Orbán verzichtete auf ein Referendum über die von ihm gewünschte, neue Verfassung, sondern ließ das Volk bloß vorab über ein paar ausgewählte, nicht wirklich entscheidende Punkte befragen. Und die neue Verfassung schränkt zudem die Themen für Referenden ein. Über Verfassungsänderungen und Wahlgesetze darf keine Volksabstimmung abgehalten werden.

Ein wichtiges Kriterium bei der Beurteilung der Frage, wie weit ein »Volkskanzler« Kickl gehen wird, stellt der europäische Kontext dar. Die FPÖ ist ja nicht die einzige rechtspopulistische Partei in Europa, die an die Macht drängt. Sollte das mehreren gelingen, erweitert sich Kickls Spielraum. »Wir werden die progressive Elite aus Brüssel vertreiben«, kündigt Viktor Orbán als Ziel der EU-Wahlen im Juni 2024 an, und die Devise gilt auch darüber hinaus. Ungarns Ministerpräsident sorgt bisher mit seinem Veto für Blockaden bei Entscheidungen, die Einstimmigkeit unter den Staats- und Regierungschefs erfordern. Säßen im Europäischen Rat Gleichgesinnte, könnten sie die Politik der EU stärker beeinflussen – und damit wiederum den nationalen Regierungen Möglichkeiten eröffnen, die sie bisher nicht haben.

Das beste Beispiel ist die Migration. Kickl möchte nach Orbáns Vorbild eine »Festung Österreich« bauen und die Zahl der Asylwerber auf null reduzieren. Das wollen auch andere wie Italiens Ministerpräsidentin Giorgia Meloni. Doch solange EU-Gesetze gelten, gestaltet sich das nicht so einfach. Orbán kennt aus Erfahrung die Rechtsstaatsmechanismen der EU. Gemeinsam mit Verbündeten könnten die Rechtspopulisten dagegen vorgehen und daran arbeiten, dass etwa Pushbacks – Zurückweisungen an den Außengrenzen ohne Asylverfahren – legalisiert oder zumindest geduldet werden, die Grenzschutzagentur Frontex härter gegen Migranten vorgeht und Abschiebungen in Länder gestattet wird, in denen den Migranten Gefahr droht. Damit wäre für Kickl der Weg frei, die »Festung Österreich« zu errichten.

Gewiss, bis zu einer Mehrheit in Europa ist es für die Rechtspopulisten noch ein weiter Weg. Doch jeder Wahlerfolg steigert ihren Einfluss; andere Parteien können auf die Idee kommen, die populäre Antimigrationspolitik mitzutragen, selbst für den Fall, dass diese den Grundwerten der EU widerspricht. Wer wird dagegenhalten? Die Ablehnung von Zuwanderung jeder Fasson steigt und reicht weit in die sprichwörtliche Mitte der Gesellschaft. Konservative, aber nicht rechtspopulistische Parteien haben wenig zu gewinnen, stellen sie sich diesem Trend entgegen. Aber auch links der Mitte entstehen Strömungen, die Migrationsskepsis zu ihrem Markenzeichen machen. In Österreich hat es Burgenlands Landeshauptmann Hans Peter Doskozil probiert, die SPÖ auf eine solche Linie zu bringen, in Deutschland betreibt Sahra Wagenknecht nicht erst seit ihrem Abgang aus der Partei Die Linke ein politisches Projekt, das einen rauen Anti-Asyl-Kurs mit linker Wirtschaftspolitik kombiniert. Auf dieser europaweiten Welle könnte ein »Volkskanzler« Kickl surfen und so in Österreich mehr bewegen, als seine tatsächliche Stärke vermuten lässt.

Welche Erfahrungen gibt es bisher mit rechtspopulistisch geführten Regierungen? Oft verläuft gerade die erste Amtszeit holprig, weil es an Erfahrung, qualifiziertem Personal und an konkreten Plänen mangelt. Keines der folgenden Beispiele ist voll und ganz auf eine allfällige Regierung unter Herbert Kickl übertragbar, doch werden sich einzelne Elemente bei ihm wiederfinden.

In Italien überrascht Giorgia Meloni mit ihrer Dreierkoalition zumindest anfänglich durch eine moderate Politik. Im Wahlkampf forderte sie eine »Seeblockade« gegen Flüchtlingsschiffe, doch seit ihrem Regierungsantritt im Herbst 2022 hat sich die Zahl der Asylwerber verdoppelt. Von Marine Le Pen wird sie deshalb als »Immigrationistin« verhöhnt. Meloni gibt sich europapolitisch als konstruktiv und steht auch hinter den Sanktionen gegen Russland.

In Frankreich war zwar der Rassemblement National (vormals Front National) noch nie in einer Regierung, doch als 1995 erstmals Politiker der Partei Bürgermeisterwahlen gewinnen, setzen in kommunalen Bibliotheken »Säuberungsaktionen« gegen unliebsame Bücher ein. Listen der Werke, die angeschafft werden sollen, müssen dem stellvertretenden Kulturstadtrat vorgelegt werden. Dabei werden Sammelbände mit Märchen aus aller Welt wegen »globalistischer Ideen« aussortiert. Marine Le Pen spielt diese Episode später herunter.

In den USA wird Präsident Donald Trump in seiner Amtszeit von 2016 bis 2020 sowohl durch eigene Mitarbeiter im Wei-

ßen Haus und in der Administration als auch durch widerständige Institutionen – unabhängige, staatliche Agenturen und
vor allem die Justiz – eingehegt. Viel von dem, was er plant, wird
nie ausgeführt. Für die Wahl 2024 vermuten Beobachter, dass
Trump in einer möglichen zweiten Amtszeit besser – gemeint
ist: in seinem Sinne besser – vorbereitet wäre, sowohl was die
Umsetzung seiner Vorhaben als auch was das Personal betrifft.

In Ungarn bemächtigt sich Viktor Orbán nach und nach aller wichtigen Institutionen – Justiz, Medien, Wirtschaft – und
sorgt mittels einer neuen Verfassung dafür, dass Änderungen
von einer anderen Regierung nur äußerst mühsam rückgängig gemacht werden können.

Herbert Kickl ist kein Quereinsteiger, seine Partei ist strukturiert und verfügt über einen erprobten Apparat. Vorbereitungen für eine Kanzlerschaft laufen, seit Kickl die Partei
übernommen hat. Um ein Wahlprogramm zu entwickeln und
sich thematisch für Regierungsverhandlungen in Stellung zu
bringen, lässt Kickl landesweit Arbeitsgruppen einrichten.
Die Gesamtkoordination liegt bei FPÖ-Klubdirektor Norbert
Nemeth, einem der wenigen Vertrauten des Parteichefs. Auch
in Sachen Personal agiert Kickl strategisch. Bei früheren Regierungsbeteiligungen fehlte es den Freiheitlichen an halbwegs vorzeigbaren Kabinettsmitarbeitern. Nun kümmert sich
der frühere Finanzvorstand der Österreichischen Bundesbahnen (ÖBB) Arnold Schiefer um das blaue Headhunting. Er behauptet, mittlerweile gebe es »genug Schwarmintelligenz« in
der Partei. Schiefer selbst gilt als Anwärter auf ein Ministeramt
und als Kickls Verbindungsmann zur Industrie. Kickl bezeichnet den »Green Deal«, den aktuellen Klimaplan der Europäischen Gemeinschaft, dessen Ziel es ist, die Netto-Emissionen
von Treibhausgasen bis 2050 auf null zu reduzieren, als »Öko-

kommunismus«. Donald Trump hat es vorgemacht, dass man aus dem Klimaabkommen auch wieder aussteigen kann, und eine Regierung Kickl könnte dasselbe tun, zumindest aber den Großteil der derzeitigen Klimaschutzpläne vereiteln. Die von der schwarz-grünen Koalition jüngst eingeführte CO_2-Steuer etwa wäre Geschichte.

Eine Regierung Kickl wird versuchen, die österreichische Medienlandschaft zu ihren Gunsten zu verändern. Oberstes Ziel ist ein Zugriff auf den ORF, was er keineswegs verheimlicht. Neben der Abschaffung der eben erst installierten Haushaltsabgabe zur Finanzierung des öffentlich-rechtlichen Senders wären auch inhaltliche Eingriffe zu erwarten. »Linker Woke-Wahnsinn«, »stinklangweilige Talk-Formate« sowie »abgehalfterte und abgetakelte Spaßmacher und Kabarettisten« verschwänden von den Bildschirmen und den Mikrofonen. Auch einer Neuorganisation der Inseratenvergabe und der Förderungen für Medienhäuser würden inhaltliche Absichten zugrunde liegen. Die Phase der Covid-Pandemie würde von höchster Stelle eine Neubewertung erfahren. Unter einem FPÖ-Kanzler werde es »eine groß angelegte Untersuchung dieser beschämenden Phase der österreichischen Politik geben«, verspricht Kickl. Im Falle einer neuerlichen Pandemie wäre mit behördlich eingerichteten Impfstraßen wohl kaum zu rechnen. Der »Volkskanzler« schwört weiterhin auf »Vitaminpräparate«, »Bitterstoffe« und viel frische Luft.

Wirtschafts- und sozialpolitisch verspricht eine FPÖ-Regierung »massive Steuersenkungen« (so Generalsekretär Michael Schnedlitz), vor allem bei den Verbrauchssteuern auf Grundnahrungsmittel, Energie und Treibstoffe. Die FPÖ will zur Gegenfinanzierung jedoch (anders als die SPÖ) keine neuen Steuern wie etwa eine Erbschafts- oder Vermögenssteuer einführen. Ihr schwebt ein ähnliches Einsparungspotenzial wie ihrer Schwesterpartei Rassemblement National in Frankreich vor: die Koppelung aller Sozialleistungen an die österreichische Staatsbürgerschaft und damit die Streichung der Unterstützungen auch für legal im Land lebende Ausländer. Außerdem fordert die FPÖ ein Einfrieren des EU-Budgets und damit des österreichischen Beitrags.

Bruchstellen mit der EU enthielte ein FPÖ-Regierungsprogramm zuhauf. Kickl kritisiert »Einheitswährung samt Schuldenunion«, er will (wie Viktor Orbán) die Finanzhilfe an die Ukraine blockieren, die Sanktionen gegen Russland aufheben und die »wahnwitzigen Urteile europäischer Gerichte« im Asylbereich bekämpfen. Er kündigt an, das Vetorecht Österreichs (bei solchen Entscheidungen des EU-Rates, die Einstimmigkeit erfordern) gegen jede Initiative einzusetzen, die nationale Handlungsspielräume einschränkt. Schließlich will er die Union gemeinsam mit Orbán und gleichgesinnten Rechtspopulisten zu einem »Europa der Vaterländer« rückabwickeln.

Schließlich stellt sich die Frage, ob Herbert Kickl Österreich in einen autoritären Staat verwandeln wird. Die Antwort darauf findet man nicht bei Kickl allein. Er spielt verbal mit Begriffen, die erahnen lassen, dass er fundamentale Elemente der Demokratie ablehnt. Eric Frey und Hans Rauscher weisen im *Standard* darauf hin, dass seine Attacken auf das »System« – gemeint ist die liberale Demokratie –, auf den »Systemkanzler«, die »Systemparteien« und die »Systemmedien« auf verräterische Weise an einen Ausspruch Adolf Hitlers erinnern, der 1932 verlangte, man müsse »die Systemparteien mit Feuer und Schwert ausrotten«. Kickls Nähe zu Orbán zeigt, dass ihn eine strategisch herbeigeführte Schwächung der Demokratie keinesfalls bekümmert.

Mit Herbert Kickl ist ein Politikertypus groß geworden, den es bisher nicht gegeben hat. Jahrzehntelang galt es als wesentliche Kompetenz, Ausgleich zu schaffen zwischen verschiedenen ökonomischen und sozialen Gruppen und mit anderen Parteien einen Konsens zu suchen, der als Basis weiterbestehen konnte, auch wenn Regierungen einander abwechselten. Nie trat jemand mit der Botschaft an, alles bisher Geschaffene sei ein verrottetes System aus Lüge und Betrug. Kickl tut genau das. Er spricht von allen anderen politischen Mitbewerbern als einem »Haufen von Systemlingen«, er sieht sich einer »Einheitspartei« gegenüber und nennt sie »Liste Volksverrat«.

In welchem Ausmaß ein »Volkskanzler« Kickl es wagen wird, Pfeiler der Demokratie in Österreich zu untergraben und umzustürzen, hängt nicht zuletzt vom europäischen und internationalen Kontext ab. Je stärker die autoritären Kräfte bei den Wahlen 2024 werden, desto kühner wird Kickl in seinem Kampf gegen das »System« vorgehen. Deshalb spielt es eine große Rolle, wie die Präsidentschaftswahlen in den USA ausgehen, wie rechtspopulistische Parteien bei den EU-Wahlen abschneiden und wie sich die AfD in Deutschland entwickelt. In einer Atmosphäre des Niedergangs der liberalen Demokratie lassen sich autoritäre Maßnahmen gegen Justiz, Medien, NGOs oder Minderheiten leichter durchsetzen. Martin Sellner, rechtsextremer Aktivist und ehemaliger Sprecher der Identitären Bewegung in Österreich, nennt Kickl einen »großartigen Politiker«, und er prophezeit: »Wenn es bei den Nationalratswahlen so bleibt, wie es jetzt aussieht, dann könnte ein Kanzler Herbert Kickl Europa verändern.« Natürlich kann es auch anders kommen: Die rechtspopulistische Welle verebbt, und die Parteien, die sie ausmachen, erreichen trotz einzelner Erfolge nie die kritische Masse, um die europäische Politik auf den Kopf zu stellen. Dann wird man den »leicht empörten, kleinen Mann aus Kärnten« und seine Mitstreiter in ganz Europa für ihre Großmäuligkeit belächeln. Danach sieht es aber derzeit nicht aus. Im Gegenteil. Die vielleicht größte politische Umwälzung auf dem Kontinent seit dem Ende des Kalten Krieges ist in vollem Gange – und der Bub aus der Erdmannsiedlung in Radenthein mittendrin.

INHALT